Bauen und Ökonomie

Herausgegeben von

Universitätsprofessor Dr. Dietrich-Alexander Möller

und

Universitätsprofessor Dr.-Ing. Wolfdietrich Kalusche

Bisher erschienene Werke:

Projektmanagement für Bauherren und Planer

Von

Dr.-Ing. Wolfdietrich Kalusche
Universitätsprofessor für Planungs- und Bauökonomie
Architekt und Wirtschaftsingenieur

R. Oldenbourg Verlag München Wien

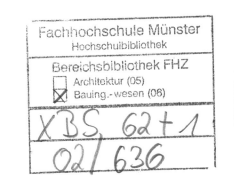

Die Deutsche Bibliothek - CIP-Einheitsaufnahme

Kalusche, Wolfdietrich:
Projektmanagement für Bauherren und Planer / von
Wolfdietrich Kalusche. – München ; Wien : Oldenbourg, 2002
  (Bauen und Ökonomie)
  ISBN 3-486-25839-7

© 2002 Oldenbourg Wissenschaftsverlag GmbH
Rosenheimer Straße 145, D-81671 München
Telefon: (089) 45051-0
www.oldenbourg-verlag.de

Gedruckt auf säure- und chlorfreiem Papier
Gesamtherstellung: Druckhaus „Thomas Müntzer" GmbH, Bad Langensalza

ISBN 3-486-25839-7

Vorwort für die Herausgeber

Mit dem vorliegenden Werk *Projektmanagement für Bauherren und Planer* erscheint ein weiterer Beitrag zur Schriftenreihe *Bauen und Ökonomie* im Oldenbourg-Verlag. Diese Schriftenreihe soll ein Publikationsforum sein für die vielfältigen und sich durchdringenden Fragen des Bauens, des Organisierens und des Wirtschaftens.

Entwickelt hat sich diese Reihe aus der gemeinsam von beiden Herausgebern getragenen Lehre im Fach *Planungs- und Bauökonomie* an der Architekturfakultät der Universität Karlsruhe. Das zunächst einbändige, seit 1996 zweibändige Lehrbuch *Planungs- und Bauökonomie* sowie das dazugehörige Übungsbuch behandeln die Grundlagen der wirtschaftlichen Bauplanung und Bauausführung. Das bisherige Lehrwerk ist vorwiegend objektorientiert, während die projektorientierten Fragen eher im Hintergrund stehen.

Insofern ist es folgerichtig, dass das neue Werk die Fragen des Projektmanagement behandelt, also eine projektorientierte Behandlung des Planungs- und Baugeschehens vornimmt. Hierfür ist Wolfdietrich Kalusche in besonderer Weise prädestiniert. Neben seiner wissenschaftlichen Auseinandersetzung mit diesem Themenkreis als Professor an der Brandenburgischen Technischen Universität in Cottbus kann er auf eine langjährige praktische Berufserfahrung im Baumanagement, insbesondere von Flughafenbauten, zurückblicken.

Seine besonderen analytischen Fähigkeiten bei der theoretischen Durchdringung der komplizierten Sachverhalte und seine große praktische Erfahrung führen zu einer überzeugenden und leicht verständlichen Darstellung der verschiedenen Aufgabenfelder des Projektmanagements. Seine Darstellung reicht von der Projektentwicklung im engeren Sinne über die Projektsteuerung bis hin zum Gebäudemanagement und umfasst damit alle wichtigen Managementaufgaben rund ums Bauen und Betreiben von Gebäuden. Der interessierte Leser wird dieses Werk mit großem Gewinn studieren.

Dietrich-Alexander Möller

Vorwort des Verfassers

Planen und Bauen zeichnet sich zunehmend durch die Zusammenarbeit von zahlreichen Spezialisten aus. Somit fallen mehr als bisher Koordinations- und Führungsaufgaben an. Die Seite des Auftraggebers stellt sich immer seltener als Bauherr im Sinne einer natürlichen Person dar, sondern eher als Organisation, in der durchaus unterschiedliche Interessen wirken.

Um unter diesen Bedingungen in kurzer Zeit und mit begrenzten Mitteln Aufgaben mit hoher Qualität zu meistern, sind besonders Kenntnisse des Projektmanagement sowie ein hohes Maß an praktischer Erfahrung und persönlicher Eignung notwendig.

Der Weg von der Praxis bei großen Bauprojekten zurück an die Universität vor einigen Jahren war für den Verfasser Anlass zu einem Aufsatz mit dem Titel „Der Architekt als Projektsteuerer", verbunden mit der Zielsetzung, die unterschiedlichen, selbst erlebten Rollen im Bereich der Bauherrenaufgaben und der Architektenplanung gedanklich nachzubereiten. Es folgten Vorträge und Seminare zu den Themen Projektsteuerung, Projektcontrolling, Generalplanung und Bauprojektmanagement in Kooperation mit den Bildungswerken der Architektenkammern sowie der Immobilienakademie der European Business School in Oestrich-Winkel.

In Verbindung mit wissenschaftlichen und praktischen Arbeiten entstand die Vorlesung „Projektmanagement für Planer" an der Brandenburgischen Technischen Universität Cottbus und wiederum hieraus das vorliegende Buch „Projektmanagement für Bauherren und Planer". Es soll Praktikern eine Hilfe bei der täglichen Arbeit und Studierenden bei der Vorbereitung auf die Praxis sein.

Die vorliegende Veröffentlichung erscheint fast zeitgleich mit der Umstellung von DM auf €. Die enthaltenen Angaben zu Kosten wurden deswegen bereits auf die neue Währungseinheit umgestellt, im Fall von Orientierungs- oder Richtwerten erfolgte die Umrechnung vereinfacht im Verhältnis von 2:1.

Wertvoll waren Kritik und Hinweise der Kollegen Univ.-Prof. Dr.-Ing. Hans-Joachim Bargstädt, Bauhaus-Universität Weimar, zum Projektmanagement in der Ausführung (Kapitel 11) und Univ.-Prof. Dr.-Ing. Ralf Woll, Brandenburgische Technische Universität Cottbus, zum Qualitätsmanagement (Kapitel 6).

Der Verfasser wurde ferner von seinen Mitarbeiterinnen und Mitarbeitern am Lehrstuhl für Planungs- und Bauökonomie bei der Entwicklung der Inhalte und der Erarbeitung des Manuskriptes nach Kräften unterstützt. Stellvertretend für viele seien Frau Dipl.-Ing. Ingeborg Dusatko und Frau Dr.-Ing. Sabine Naber sowie Frau Roswitha Kutzner im Sekretariat genannt. Ihnen allen sei an dieser Stelle herzlich gedankt.

Wolfdietrich Kalusche

Inhaltsverzeichnis

Abbildungsverzeichnis

Abkürzungsverzeichnis

AE	Abrechnungseinheit
AG	Aktiengesellschaft
AGB	Allgemeine Geschäftsbedingungen
AHO	Ausschuss der Ingenieurverbände und Ingenieurkammern für die Honorarordnung
ARGE	Arbeitsgemeinschaft
AT	Arbeitstage
AVA	Ausschreibung, Vergabe und Abrechnung
BauR	baurecht - Zeitschrift für das gesamte öffentliche und zivile Baurecht
BBK	Kosten des Bauwerks - Baukonstruktionen
BDA	Bund Deutscher Architekten e. V.
BGB	Bürgerliches Gesetzbuch
BGBl.	Bundesgesetzblatt
BGF	Brutto-Grundfläche
BGFa	Brutto-Grundfläche, allseitig umschlossen und überdeckt
BGH	Bundesgerichtshof
BMBF	Bundesministerium für Bildung und Forschung
BRI	Brutto-Rauminhalt
BRIa	Brutto-Rauminhalt, allseitig umschlossen und überdeckt
BTK	Kosten des Bauwerks - Technische Anlagen
II. BV	Zweite Berechnungsverordnung
bzw.	beziehungsweise
ca.	circa
CAD	Computer Aided Design
cm	Zentimeter
DAB	Deutsches Architektenblatt
dB	Dezibel
DBZ	Deutsche Bauzeitschrift
d. h.	das heißt
DIN	Deutsches Institut für Normung e. V. bzw. deutsche Norm
DM	Deutsche Mark
DV	Datenverarbeitung
DVGW	Deutscher Verein der Gas- und Wasserfachmänner
DVP	Deutscher Verband der Projektsteuerer e. V.
E	Ebenen
EDV	Elektronische Datenverarbeitung
EG	Europäische Gemeinschaft
EN	Europäisches Institut für Normung bzw. europäische Norm
EP	Einheitspreis
etc.	et cetera, und so weiter
€	Euro
e. V.	eingetragener Verein
f.	folgende (Seite)
fa_i	frühest möglicher Anfang der Tätigkeit i
fe_i	frühest mögliches Ende der Tätigkeit i
ff.	folgende (Seiten)
FF	Funktionsfläche
FMG	Flughafen München GmbH

GAEB	Gemeinsamer Ausschuss Elektronik im Bauwesen
GEFMA	German Facility Management Association e. V.
ggf.	gegebenenfalls
GIA	Gesetz zur Regelung von Ingenieur- und Architektenleistungen
GM	Gebäudemanagement
GMA	Gefahrenmeldeanlagen
GmbH	Gesellschaft mit beschränkter Haftung
GOA	Gebührenordnung für Architekten
GP	Gesamtpreis
GPM	Deutsche Gesellschaft für Projektmanagement
h	Stunde
HBO	Hessische Bauordnung
HNF	Hauptnutzfläche
Hrsg.	Herausgeber
HOAI	Honorarordnung für Architekten und Ingenieure
i. a.	im allgemeinen
i. d. R.	in der Regel
incl.	inclusive
ISO	International Organization for Standardisation bzw. internationale Norm
J/Q	Jahr pro Quartal
Kcal	Kilokalorie
Kfz	Kraftfahrzeug
KFA	Kostenflächenarten-Methode
kg	Kilogramm
KG	Kostengruppe
KGF	Konstruktions-Grundfläche
KGFa	Konstruktions-Grundfläche, allseitig umschlossenen und überdeckt
KWh	Kilowattstunde
LB	Leistungsbereich
LKW	Lastkraftwagen
LP	Leistungsphase
Lp	Leistungspaket
LV	Leistungsverzeichnis
m	Meter
m²	Quadratmeter
m³	Kubikmeter
MBO	Musterbauordnung
MSR	Mess-, Steuer- und Regeltechnik
MUC	Flughafen München
NBP	Nutzerbedarfsprogramm
NC	Nutzungs-Code
NE	Nutzeinheit
NF	Nutzfläche
NGF	Netto-Grundfläche
NGFa	Netto-Grundfläche, allseitig umschlossen und überdeckt
NHRS	Normenausschuss Heiz- und Raumlufttechnik
NJW	Neue juristische Wochenzeitschrift
NJW-RR	Neue juristische Wochenzeitschrift – Rechtsreport
NNF	Nebennutzfläche
Nr.	Nummer
NRI	Netto-Rauminhalt
OLG	Oberlandesgericht

PKW	Personenkraftwagen
PL	Planercode
PSP	Projektstrukturplan
RBBau	Richtlinien der Staatlichen Bauverwaltung des Bundes
RBerG	Rechtsberatungsgesetz
RLBau	Richtlinien der Staatlichen Bauverwaltung des Landes
S.	Seite
sa_i	spätest zulässiger Anfang der Tätigkeit i
se_i	spätest zulässiges Ende der Tätigkeit i
SFB	Schlüsselfertigbau
StLB	Standardleistungsbuch
t	Tonne
T€	Tausend Euro
TGA	Technische Gebäudeausrüstung
TÜV	Technischer Überwachungsverein
u. a.	unter anderem bzw. und andere
usw.	und so weiter
u. v. m.	und vieles mehr
V	Volt
VDE	Verband Deutscher Elektrotechniker
VDI	Verein deutscher Ingenieure e. V.
VE	Vergabeeinheit
Verf.	Verfasser
VF	Verkehrsfläche
vgl.	vergleiche
v. H.	vom Hundert
VOB	Verdingungsordnung für Bauleistungen
VOL	Verdingungsordnung für Leistungen
WF	Wohnfläche
z. B.	zum Beispiel
ZfBR	Zeitschrift für deutsches und internationales Baurecht
ZLT	zentrale Leittechnik
z. T.	zum Teil

1. Grundlagen des Projektmanagement

Ein Bauwerk (Objekt), das für die individuelle Nutzung vollständig geeignet ist, kann man nicht wie viele andere Wirtschaftsgüter „einfach" erwerben. Vielmehr sind eine sorgfältige Projektvorbereitung und für die Realisierung des Bauvorhabens (Projekt) eine umfangreiche Planung in Verbindung mit einer fachgerechten Ausführung unter Mitwirkung zahlreicher Fachleute erforderlich.

Dies erfordert auf der Seite des Bauherrn (Auftraggeber) ein hohes Maß an Initiative, Mitwirkung und Verantwortung. Er benötigt zudem Planer und ausführende Firmen (Auftragnehmer), welche in seinem Auftrag ihre Erfahrungen und ihr Leistungsvermögen in die Projektarbeit einbringen. Theoretische wie praktische Kenntnisse und Fertigkeiten im Projektmanagement sind bei allen damit verbundenen Aufgaben eine unverzichtbare Voraussetzung für den Erfolg.

Projektmanagement für Bauherren und Planer hat dabei zum Gegenstand:

- das Prozesswissen über die Vorbereitung, Planung und Ausführung unter enger Bezugnahme auf
- das Sachwissen über die Nutzung und
- das Fachwissen über die Planung und Ausführung von Bauobjekten

auf der Grundlage von Theorie und Praxis.

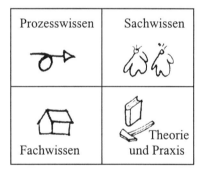

Abb. 1-1   Die notwendigen Wissensgebiete für das Projektmanagement

Unter **Projektmanagement** versteht man ganz allgemein die „Gesamtheit von Führungsaufgaben, -organisation, -techniken und -mitteln" für die Durchführung eines Projektes. Ein Projekt ist ein „Vorhaben, das im Wesentlichen durch Einmaligkeit der Bedingungen in ihrer Gesamtheit gekennzeichnet ist, wie z. B. Zielvorgabe, zeitliche, finanzielle, personelle oder andere Begrenzungen, Abgrenzung gegenüber anderen Vorhaben, projektspezifische Organisation."

(DIN 69901 Projektwirtschaft ... (08.87))

So ist auch für die erfolgreiche Zusammenarbeit der **Projektbeteiligten** das Projektmanagement entscheidend, besonders auf der Seite des Bauherrn als dem für das gesamte Projekt Verantwortlichen. Für die Projektorganisation, speziell im Hinblick auf das Projektmanagement, gibt es verschiedene Modelle. Diese lassen sich unter anderem danach unterscheiden, in welchem Maße der Bauherr Aufgaben selbst wahrnimmt bzw. in welchem Umfang er Leistungen des Projektmanagement von seinen Auftragnehmern erbringen lässt.

	Bauherrenaufgaben (Bauherr bzw. Bauherrenvertreter)
P	Objektplanung für
r	Gebäude (Architekt)
o	Freianlagen (Landschaftsarchitekt)
j	Raumbildende Ausbauten (Innenarchitekt)
e	Technische Ausrüstung (Fachingenieure)
k	1. Gas-, Wasser-, Abwasser- und Feuerlöschtechnik
t	2. Wärmeversorgungs-, Brauchwassererwärmungs-
m	und Raumlufttechnik
a	3. Elektrotechnik
n	4. Aufzugs-, Förder- und Lagertechnik
a	5. Küchen-, Wäscherei- und chemische Reinigungstechnik
g	6. Medizin- und Labortechnik
e	Tragwerksplanung
m	Technische Bauphysik
e	Schallschutz und Raumakustik
n	Bodenmechanik
t	Vermessungswesen
	Sonderfachleute (Berater, Gutachter)

Abb. 1-2   Bauherrenaufgaben, Projektmanagement und die Fachbereiche der Planung am Beispiel von Hochbauten

Die Durchführung von Projekten im Bauwesen erfordert bereits in der Planung die Beiträge zahlreicher **Fachbereiche**. Als Beteiligte sind zu nennen: Objektplaner, Fachingenieure, Berater, Gutachter und Sonderfachleute. Um die Planungen zu koordinieren und die Beiträge zu integrieren, ist Projektmanagement unverzichtbar. Entsprechendes gilt für die Ausführung. Obige Abbildung zeigt die Vielzahl der notwendigen Aufgaben. Gegenstand der weiteren Ausführungen wird es sein, für das Projektmanagement verschiedene Zuordnungen in Form von Organisationsmodellen darzustellen, zu vergleichen und zu bewerten.

Ein wesentlicher Teil des Projektmanagement ist **Bauherrenaufgabe**, so ist beispielsweise die Projektleitung dem Bauherrn zuzuordnen, es sei denn, er setzt einen Projektmanager ein, an den er Bauherrenaufgaben soweit wie möglich delegiert. Alternativ kann der Bauherr auch einen Planer, z. B. den Objektplaner, der ohnehin Koordinationsaufgaben hat, als Generalplaner über die eigentliche Objekt- und Fachplanung hinaus mit zusätzlichen Aufgaben des Projektmanagement beauftragen.

Welches Organisationsmodell im Einzelfall besonders geeignet ist, lässt sich nicht allgemeingültig sagen. Zu viele Rahmenbedingungen des Projektes, zu unterschiedliche Möglichkeiten und Anforderungen des Bauherrn bzw. der Nutzer und weitere Faktoren sind beim Aufbau einer Projektorganisation zu berücksichtigen.

Das vorliegende Buch soll hierzu nicht nur die Grundlagen bieten, sondern auch praktische Hinweise geben. Es werden die wichtigsten Funktionen im Zusammenhang mit dem Projektmanagement im Bauwesen dargestellt. Zu diesen zählen auf der Seite des Bauherrn die Projektentwicklung, die Projektleitung, das Projektcontrolling und die Projektsteuerung. In Bezug auf die Planung, bestehend aus Objekt- und Fachplanungen, ist vor allem die Organisationsform der Generalplanung von Bedeutung. Für die Ausführung werden ausgewählte Unternehmenseinsatzformen, z. B. die des Generalunternehmers, behandelt. Den Abschluss des Projektmanagement bildet die Inbetriebnahme des Objektes.

Bei der regulären **Nutzung** von Bauwerken handelt es sich um Objekte, d. h. abgeschlossene Projekte. Managementaufgaben fallen dann bezogen auf Objekte als Gebäudemanagement bzw. als Teil des Facility Management an. Im letzten Kapitel werden in knapper Form die Gesichtspunkte des Gebäude- oder Objektmanagement behandelt, die für das Projektmanagement auch im Sinne einer optimalen Vorbereitung der Nutzung von Bedeutung sind.

1.1 Projekte im Bauwesen

Im **Bauwesen** hat das Projektmanagement eine große Bedeutung und lange Tradition, da jedes Bauvorhaben als Projekt im Sinne der genannten Definition verstanden werden kann. Die Beauftragung von zahlreichen Auftragnehmern sowohl für die Planung als auch für die Ausführung der Bauprojekte ist bislang die am weitesten verbreitete Organisationsform.

Die Durchführung eines Bauvorhabens macht in einem solchen Fall für den Bauherrn den Abschluss von 30 und mehr Verträgen notwendig. Dies erfordert vom Auftraggeber Projektmanagement in Form der übergeordneten Planung, der Koordination und der Kontrolle seiner Auftragnehmer sowie die Übernahme damit verbundener Risiken.

Andererseits entwickeln sich seit etwa drei Jahrzehnten verstärkt neue Leistungsbilder und Unternehmenseinsatzformen, welche im Wesentlichen in der Übernahme von Aufgaben des Projektmanagement bestehen und dem Bauherrn eine Entlastung bieten können. Insgesamt ist Projektmanagement beim Bauen sowohl auf der Seite der Auftraggeber wie auch der Auftragnehmer unverzichtbar.

Zu nennen sind beispielsweise die Funktionen (vergleiche dazu nachfolgende Kapitel):

- Projektleitung, Projektcontrolling oder Projektsteuerung beim Bauherrn oder in einer Bauherrenorganisation
- Projektentwicklung als Aufgabe des Bauherrn, die auch von externen Fachleuten erbracht werden kann
- Projektmanagement in der Planung beim Objektplaner und bei den fachlich Beteiligten sowie in besonderer Weise als Generalplanung, gegebenenfalls auch als Projektcontrolling in der oder als Teil der Planung
- Projektwirtschaft bei den ausführenden Firmen, also den Fachunternehmen, und in besonderer Weise beim Auftrag als Generalunternehmer oder anderen Unternehmenseinsatzformen mit erweitertem Leistungsumfang
- Inbetriebnahmeorganisation als Überleitung in die Nutzung, dabei Berücksichtigung der Belange des Gebäudemanagement.

Alle Funktionen des Projektmanagement im Bauwesen werden nach kurzer Darstellung der Handlungsbereiche im Projektmanagement ausführlich behandelt.

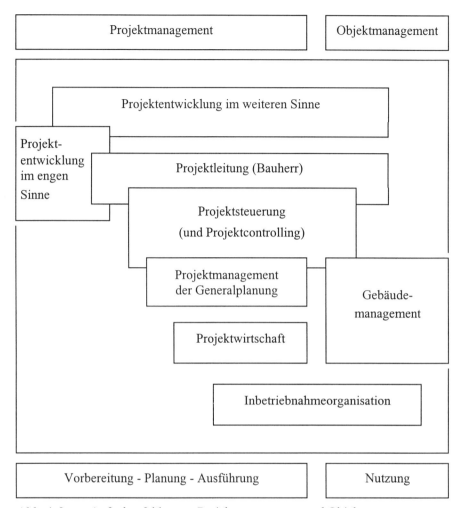

Abb. 1-3 Aufgabenfelder von Projektmanagement und Objektmanagement

Obige Abbildung zeigt den Zusammenhang der Aufgabenfelder und Leistungsbilder (vgl. Kapitel 4 Leistungsbilder, Vertrag und Vergütung) bezogen auf die
Lebensdauer von Gebäuden. Diese wird unterteilt in das Projektmanagement (vgl.
Kapitel 1 Grundlagen des Projektmanagement, Kapitel 10 Projektmanagement in
der Planung und Kapitel 11 Projektmanagement in der Ausführung) einerseits und
das Gebäudemanagement (vgl. Kapitel 13 Gebäudemanagement) andererseits.
Integraler Bestandteil des Projektmanagement sind Projektleitung und Projekt-
steuerung (vgl. Kapitel 3 Projektleitung und Projektsteuerung) mit ihren vier
Handlungsbereichen (vgl. Kapitel 5 Organisation, Information, Koordination und
Dokumentation, Kapitel 6 Qualitäten und Quantitäten, Kapitel 7 Kosten und
Finanzierung sowie Kapitel 8 Termine und Kapazitäten).

1.2 Management im Bauwesen

Management umfasst funktional die Gesamtheit dispositiver Aufgaben, deren Inhalte die Planung, Anordnung und Kontrolle sind. Die Ziele dieser Aufgaben können als Leistungs- und Qualitätswerte, Termine und Kosten vorgegeben werden. Bei den für das Projekt zu leistenden Managementaufgaben stehen weniger technische als vielmehr organisatorische und soziale Aspekte im Vordergrund.

Management kann aber auch als Institution verstanden werden. Hierbei sind die Träger dispositiver Aufgaben als Mitglieder einer Projektorganisation gemeint. Diese besteht aus der „Gesamtheit der Organisationseinheiten und der aufbau- und ablauforganisatorischen Regelungen zur Abwicklung eines bestimmten Projektes." Die Projektorganisation besteht in der Regel aus Bestandteilen der vorhandenen Betriebsorganisation und ergänzenden projektspezifischen Regelungen.
(DIN 69901 Projektwirtschaft .... (08.87))

Projekte werden in allen Bereichen des Kultur- und Wirtschaftslebens durchgeführt, so zur Unternehmensgründung, Forschung und Entwicklung, Einführung neuer Verfahren und Produkte sowie natürlich zur Planung, Ausführung und Unterhaltung von Bauwerken und Anlagen. In zunehmendem Maße wird inzwischen auch die Arbeit in großen Unternehmen aus herkömmlichen, meist hierarchischen Strukturen herausgelöst und in Form von Projekten geleistet.

Oberster Projektmanager bei einem Bauprojekt sollte im Grunde genommen immer der Bauherr selbst sein. Im einfachen Fall, also bei der Durchführung eines kleineren und einfachen Bauprojektes, z. B. eines Einfamilienhauses, kann der Bauherr leicht selbst „die Fäden in der Hand" halten. Ist das Bauprojekt komplex oder versteht sich der Bauherr nur als Eigentümer des zukünftigen Objektes, zerfällt die Rolle des Bauherrn häufig in Managementfunktionen. Im Rahmen des Management fallen bei einem **Bauprojekt** zum einen einmalige Aufgaben wie

- Standortwahl
- Bauprogramm
- vorbereitende Organisation der Durchführung

und zum anderen laufende Aufgaben an, die besonders im Bereich der Koordination liegen und zu denen auch Motivation, Führung und Kontrolle gehören. Die Eigenschaft, Bauherr zu sein, wird in erster Linie durch das Eigentum am Grundstück bestimmt. Je nachdem, ob der Bauherr seine Aufgaben im Rahmen der Projektarbeit mehr oder weniger wahrnimmt kann man unterscheiden:

- den Bauherrn, der sich mit der Durchführung selbst intensiv befasst und als oberster Projektmanager die Planung und Ausführung durch Leitung und Überwachung nach Kräften selbst gestaltet, dieser kann als fungierender Bauherr bezeichnet werden

-    den Bauherrn, der in erster Linie an der Verzinsung seines eingesetzten Kapitals interessiert ist, und ausschließlich zur Erhaltung und Mehrung seines Vermögens baut, er wird auch als Investor bezeichnet

-    den oder die Vertreter einer Bauherrenorganisation, die bei oft hoher Arbeitsteilung einzelne Funktionen des Bauherrn wahrnehmen, also als Manager auf der Bauherrenseite in einer der beiden oberen Gruppen tätig sind.

Davon zu unterscheiden ist der **Erwerber**, der ohne Bauherr zu sein, eine Immobilie, z. B. von einem Developer bzw. einem Bauträger, erwirbt. Für den Erwerber selbst ist das Projektmanagement von untergeordneter Bedeutung.

Wie in der Industrie, wo die Trennung von Eigentum und Management überall anzutreffen ist, hat sich auch im Bauwesen durch den Rückzug der fungierenden Bauherren eine Lücke aufgetan, die durch Projektmanager ausgefüllt wurde. Beispiele für die vollständige Trennung von Eigentum einerseits und Projekt- sowie Objektmanagement andererseits sind z. B. das Bauherrenmodell und die Immobilienfonds.

Während die einmaligen Aufgaben wie Standortwahl, Bauprogramm oder vorbereitende Organisation der Durchführung aufgrund ihrer Bedeutung vom Eigentümer-Bauherrn eigentlich selbst wahrgenommen werden sollten, können die laufenden Aufgaben durchaus an Vertreter des Bauherrn delegiert werden. So können der Projektleiter, ein Projektsteuerer oder in der Planung bzw. Ausführung stehende Projektmanager einen erheblichen Teil der Bauherrenaufgaben übernehmen.

1.3. Projektarbeit im Umfeld eines Unternehmens

Zunehmend werden auch in anderen Bereichen, so in Unternehmen der Produktion und Dienstleistung, spezielle Aufgaben als **Projekte** verstanden und als solche organisiert. Das bedeutet einerseits eine teilweise Ausgliederung aus der ansonsten bestehenden Unternehmensorganisation, andererseits bleiben viele Abhängigkeiten zwischen der Unternehmens- und der Projektorganisation erhalten. In vielen Fällen ist die Unterstützung des Projektleiters oder des Projektteams durch Abteilungen oder Fachleute des Unternehmens unverzichtbar, z. B. durch die Rechtsabteilung, den Einkauf oder die EDV. Dies gilt für Projekte jeder Art und natürlich auch für Bauprojekte.

Wer als Planer oder Projektsteuerer, vielleicht sogar als externer Projektleiter, was nur in Ausnahmefällen vorkommt, für ein Unternehmen tätig wird, kommt nicht umhin, sich wenigstens mit den Grundzügen der Unternehmensorganisation zu befassen. Denn das Projektmanagement soll dem Unternehmen als Auftraggeber nützen und sich möglichst rasch mit dessen Organisation zusammenfügen. Zwischen der Projekt- und der Unternehmensorganisation treten dann Schnittstellen auf, die zu Problemen bei der Kommunikation, bei Entscheidungen oder einer so scheinbar einfachen Aufgabe wie der Bearbeitung einer Rechnung für Bauleistungen führen können.

Organisation des Unternehmens   **Organisation von Projekten**

Abb. 1-4   Einbindung der Projektorganisation mehrerer unterschiedlicher Projekte in die Unternehmensorganisation (Beispiel)

Anmerkung: Die Projektorganisation einzelner Projekte, z. B. die Entwicklung eines neuen Produktes, die Entwicklung eines Werbekonzeptes, die Einführung eines DV-Systems oder der Neubau einer Werkhalle, besteht in Teilen aus der Unternehmensorganisation und wird durch die Zentralbereiche unterstützt, z. B. für die Beschaffung von Gütern und Dienstleistungen. Hierzu gehören auch die Beauftragung und Abrechnung von Planungs- und Bauleistungen. In Teilen besteht sie aus einer nur für das Projekt geschaffenen Organisation entsprechend den jeweiligen Erfordernissen, z. B. Ablaufplanung für das Projekt im Rahmen der Projektdauer.

Bei Bauprojekten geht es besonders in der **Projektvorbereitung** um die Anforderungen des Unternehmens an das Objekt als Ergebnis und genauso an das Projekt als Prozess der Zusammenarbeit zwischen Bauherr und Nutzern einerseits und den Planern und ausführenden Firmen andererseits. Wer hier als Projektmanager tätig wird, steht immer „zwischen den Fronten". Einen groben Überblick über die wesentlichen Unterschiede zwischen der Organisation eines Projektes und eines Unternehmens gibt die folgende Abbildung nach Gareis und Titscher.

Projekt	**Unternehmen**	**Folgerungen**
befristet	auf Dauer eingestellt	bringt instabiles Element in Unternehmensorganisationen
für komplexe, relativ neuartige Aufgaben	insbesondere für Routine gedacht, Berechenbarkeit im Vordergrund	Konsequenzen der Arbeit schwer abschätzbar, nicht auf bestimmte Bereiche abgrenzbar
erfordert Spezialisten, bedingt Sonder-ressourcen	Spezialisten und Sonder-ressourcen sind in Orga-nisationen nach anderen Kriterien auf verschiedene Bereiche verteilt	erhöht Konkurrenz zur Organisation und verstärkt für Projektteam den Bewährungs-druck
spezifisch zu verteilende Rollen, z. B. Lenkungs-ausschuss, Projektleiter, -mitarbeiter	tradierte Rollenverteilung nach Kompetenz, Aufgaben, Verantwortung	Probleme bei Eingliederung, Interrollenkonflikte
erfordert besondere Verfahren, z. B. Projekt-strukturplan	benötigt vergleichbare bzw. anschlussfähige Verfahren	Gefahr der Formalisierung obwohl doch „Innovatives" gefordert wird; bei Bewährung werden sie von der Basisorga-nisation übernommen
entwickelt eigene Werte, um Motivation/Identi-fikation der Projektmit-arbeiter zu sichern	braucht allgemein verbindliche Werte	Probleme der Kompatibilität zwischen Projekt- und Unternehmenswerten; Freiraum zur Selbstorganisation von Projekten als Chance/Gefahr
arbeitet mit flexiblen, phasenspezifischen Kommunikationsformen, z. B. Start-up, Close-down, Workshops	baut auf weitgehend standardisierte, formale Kommunikationsformen	spezielle Regelungen für Projekte kosten Geld, etc., erhöhen ebenfalls die Konkurrenz zur Unternehmens-organisation

Abb. 1-5   Unterschiede zwischen Projekt und Unternehmen

(Gareis, R. und Titscher, S.: Projektarbeit und Personalwesen, 1992)

1.4 Der Projektmanager im Bauwesen - Generalist oder Spezialist?

Wer Aufgaben aus dem Projektmanagement übernimmt, stellt sich die Frage, ob er als Generalist oder Spezialist gefordert ist bzw. wie man sich optimal auf das Projektmanagement im Bauwesen vorbereiten kann.

„Den **Generalisten** - den alten Baumeister -, der dilletierend alle Wissensgebiete beherrschte, vom Wasserbau bis zur Sternenkunde, von Philosophie bis zur Kunst, von der Form bis zur Gestalt, gibt es nur noch bei Vitruv nachzulesen; sollte es ihn jemals wiedergeben wollen, würde jeder versucht sein, ihn zu verhindern."
(Dokumentation zum Schinkelfest 1978 des Architekten- und Ingenieurvereins)

Dabei sollen die Fähigkeiten von guten Generalisten gar nicht in Abrede gestellt werden. Nur was ist heute darunter zu verstehen? Interessanterweise taucht der Generalist in der jüngeren Diskussion häufiger wieder auf, und zwar gerade im Zusammenhang mit den Aufgaben im Projektmanagement.

Dabei ist der Projektmanager der Fachmann - wenn man so will auch der Spezialist - für die erfolgreiche Durchführung einmaliger und komplexer Aufgaben unter besonderen Bedingungen. „Seine Spezialkenntnisse sind jedoch weniger im traditionellen Fachbereich zu suchen, sondern im Bereich der Integration von interdisziplinären Teilaufgaben zu einer höheren Ebene, der Systemebene." (Madauss, B.: Handbuch Projektmanagement, 2000, S. 10)

Auf der anderen Seite sind die traditionellen Aufgaben in der Planung und die dafür notwendigen Kenntnisse so komplex geworden, dass sie für den Einzelnen nicht zu bewältigen sind. Eine **Spezialisierung,** oder besser ausgedrückt, eine Konzentration auf bestimmte Gebiete, ist inzwischen unvermeidbar. Daneben bietet sie auch Chancen, indem sie die Entwicklung zum Fachmann bedeuten kann.

1.5 Projektmanager - eine andere Rolle

Es muss allen Projekt- und Planungsbeteiligten deutlich gemacht werden, wie sich das Projektmanagement bei Bauprojekten von den anderen Aufgaben, z. B. im Bereich der Produktion oder der Verwaltung, aber auch der Praxis des Projektmanagement in anderen Branchen unterscheidet.

Die manchmal vertretenen Auffassungen, man habe ja auch schon mal gebaut, z. B. das eigene Einfamilienhaus, und das sei doch nichts besonderes oder man müsse nur die richtigen Verträge abschließen, dann würde es doch ohne Probleme gehen, dürfen nicht unwidersprochen stehen bleiben! Ferner werden die planenden Architekten und Ingenieure aufgefordert, sich mehr als bisher üblich mit Projektmanagement nicht nur zu befassen, sondern gezielt zu qualifizieren. Es besteht bisher für **Projektmanager** weder eine allgemein gültige Ausbildungsordnung, noch gibt es eine verbindliche Zulassungsregelung für die Ausübung von Aufgaben des Projektmanagement.

Zu erwähnen ist in diesem Zusammenhang die Arbeit des **Deutschen Verbandes der Projektsteuerer e. V.** (DVP), der **Deutschen Gesellschaft für Projektmanagement (GPM)** und in letzter Zeit das verstärkte Engagement der Bildungswerke der Architektenkammern der Länder, die zunehmend Weiterqualifikationen für ihre Mitglieder zu Aufgaben aus dem Projektmanagement anbieten. Somit ergibt sich auch die Frage, wie die erforderliche Qualifikation für das Projektmanagement erworben werden kann bzw. welcher Personenkreis besonders gute Voraussetzungen für ein erfolgreiches Projektmanagement mitbringt.

Nachfolgend werden einige - aus Sicht des Verfassers - wesentliche Gesichtspunkte zur „anderen Rolle" des Projektmanagers erläutert, die für diejenigen relevant sind, die sich zuvor vor allem mit fachlichen Aufgaben als Architekt oder Ingenieur befasst haben und sich stärker als bisher mit dem Projektmanagement befassen wollen.

Ein Projektmanager ist insbesondere in der Projektvorbereitung hinsichtlich seiner Kommunikationsfähigkeit und seines Vermittlungsgeschickes gefordert. Das gilt dann um so mehr, wenn er innerhalb der Organisation in der er tätig ist, z. B. als Projektsteuerer auf der Seite des Bauherrn, häufig nicht mit allen erforderlichen Weisungsbefugnissen gegenüber den anderen Projekt- und Planungsbeteiligten ausgestattet ist.

Die von manchen Projektmanagern geübte Praxis der Vereinfachung von Planungsinhalten auf Kennwertbildung und Kennwertvergleiche führt zur Reduzierung der Planung auf Funktion, Kosten und Termine. Auch die EDV-gestützte Informationsverwaltung von Projektdaten kann nur ein Teil ansonsten inhaltlicher und vorausschauender Projektsteuerungsarbeit sein. Deshalb ist eine Qualifikation als z. B. Architekt oder Ingenieur, verbunden mit mehreren Jahren Praxis in der Planung bzw. Ausführung von Projekten im Grunde unverzichtbar.

Dem als Architekt oder Ingenieur ausgebildeten Projektmanager fällt es vergleichsweise leicht, sich in die vom Architekten erstellte Planung oder die vom Ingenieur aufgestellte Berechnung hineinzudenken. Andererseits muss er eigene Vorstellungen - um nicht zu sagen Vorlieben - zurücknehmen und die Leistungen des Fachkollegen mit den Augen des Bauherrn ansehen und werten.

Das Verständnis z. B. eines Architekten für Funktion und Gestaltung, die Fertigkeit, Planunterlagen zu lesen und erforderlichenfalls gedanklich ergänzen zu können, sind andererseits die beste Grundlage, um die Qualität des geplanten Gebäudes richtig einzuschätzen und gegenüber anderen Planungszielen, z. B. Kostenreduzierung, in einem ausgewogenen Verhältnis zu sehen.

Das Tätigkeitsprofil und der Alltag eines **Projektmanagers** unterscheiden sich von dem des Architekten oder Ingenieurs deutlich, es überwiegen bei der Tätigkeit des Projektmanagers:

- Kalkulation von Kosten und Terminplanung für das Gesamtprojekt
- Prüfung von Planunterlagen, Aufstellungen und Berechnungen
- Koordinationsbesprechungen
- Kontrolle von Planungs- und Ausführungsprozessen

- Analyse von Abweichungen und Ausarbeitung von Steuerungsvorschlägen
- Zusammenfassung und Dokumentation der Projektentwicklung.

Aus diesen Erfahrungen heraus kann der Architekt ableiten, in welchem Umfang und in welcher Weise ein Bauherr Beratung und Zuarbeit benötigt. Er kennt den Zeitbedarf und die Komplexität der Planung aus eigener Erfahrung und er kann dieses Wissen in Form realistischer Vorgaben in den Projektablauf einbringen. Der Wechsel von Architekten und Ingenieuren von der Planung in das Projektmanagement ist erfahrungsgemäß nicht ganz einfach, weil sie jetzt

- von vornherein ihre persönlichen Zielsetzungen als Architekt oder Ingenieur hinter diejenigen des Bauherrn zurückzustellen haben
- die Gestaltungsvorstellungen des beauftragten Architekten akzeptieren müssen, wenn diese ihrem Bauherrn zusagen
- die Ausarbeitungen des Architekten sowie der fachlich Beteiligten nach bestem Wissen und nach Maßgabe des Bauherrn zu prüfen und gegebenenfalls Änderungsvorschläge auszuarbeiten haben
- Termin- und Kostenvorgaben nicht nur vorzugeben haben, sondern auch für deren Durchsetzung sorgen müssen.

Aus der Zusammenarbeit mit Bauherren kennt z. B. der Architekt deren Ziele und Möglichkeiten aus unzähligen Planungsgesprächen. Er kann vor allem deren Kenntnisse und Erfahrungen beim Bauen sowie die Begrenztheit ihrer zeitlichen und finanziellen Möglichkeiten einschätzen.

Bei den bisher in der Praxis tätigen Projektmanagern überwiegen von der Ausbildung her die Bauingenieure, gefolgt von Architekten. Dabei ist zu berücksichtigen, dass sich Projektsteuerungsaufgaben sowohl auf den Hochbau, den Ingenieurbau wie auch den Anlagenbau beziehen. Mindestens bei den Hochbauten dürfen sich Architekten besonders angesprochen und geeignet fühlen, da sie für diesen Bereich der Planung über umfassende Kenntnisse verfügen.

Zur Vermeidung von **Interessenskollisionen** dürfen Projektmanager auf der Bauherrenseite bei ein und demselben Projekt keine weiteren Funktionen übernehmen. Überschneidungen von Leistungen zwischen den Planern und z. B. dem Projektsteuerer kommen bei der ungeteilten Beauftragung von Grundleistungen an den Objektplaner nicht vor. Nach dem Grundprinzip der strikten Trennung der Auftraggeber- und Auftragnehmerrolle im Sinne des Werkvertragsrechtes der §§ 631 ff. BGB verbietet sich die gleichzeitige Wahrnehmung von Projektsteuerungs- und Planerfunktionen bei einem Projekt durch eine Person bzw. ein Büro. Dies wird an ausgewählten Aufgaben verdeutlicht.

Die **Kostenplanung**, z. B. des Gebäudes oder für den Planungsumfang des Architekten, gehört zu den Grundleistungen des Architekten im Rahmen seines Auftrages (vgl. § 15 HOAI Leistungsbild Objektplanung für Gebäude, Freianlagen und raumbildende Ausbauten). Wird der Architekt nicht mit dem vollen Leistungsbild - zumindest im Rahmen der Grundleistungen - beauftragt, kann er auch nicht für den Gesamtumfang der entsprechenden Leistungen die Verantwortung tragen. Werden Objektplanung und Kostenplanung von verschiedenen

Auftragnehmern erbracht und kommt es zu Kostenüberschreitungen, so wird es dem Bauherrn schwer fallen, den Verursacher hierfür festzustellen.

Wird die Kostenplanung für die einzelnen Fachbereiche statt vom Objektplaner und den fachlich Beteiligten von einem Projektmanager auf der Seite des Bauherrn, z. B. Projektcontroller oder Projektsteuerer, aufgestellt, dann ist die von ihm durchzuführende Prüfung der Kostenermittlung gegenstandslos, die Kontrollfunktion des Projektmanagers auf der Seite des Auftraggebers entfällt. Auch wird er bei der Ermittlung der Kosten nicht auf jeden Fall den vollen Planungsinhalt erfassen können, da er lediglich auf Planunterlagen und Beschreibungen zurückgreifen kann und niemals so gut in die Planung eingebunden ist wie z. B. der Architekt selbst.

Zwischen der Ausführungsplanung und der Leistungsbeschreibung gibt es zahlreiche Übergänge, die am besten von einem verantwortlichen Planer, der auch die Objektüberwachung wahrnimmt, überbrückt werden können. Die Übertragung der Objektüberwachung an den Projektmanager, z. B. Projektcontroller oder Projektsteuerer, bedingt nicht nur einen Bruch in der Durchgängigkeit des Informationsflusses. Der bauleitende Projektmanager kontrolliert auch sich selbst. Zudem ist die andernfalls eindeutige und vollumfängliche Verantwortung für Planung und Bauleitung zum Nachteil des Bauherrn nicht mehr gegeben.

Wenn der Bauherr in seiner Funktion und bei der Wahrnehmung seiner Pflichten als Auftraggeber von einem kompetenten Projektmanager unterstützt wird, dürfen dadurch auch bessere Voraussetzungen für die Arbeit des Architekten und der Ingenieure sowie anderer Beteiligter erwartet werden. So soll der Projektmanager des Bauherrn dem Architekten oder Ingenieur ein kompetenter Ansprechpartner sein, der ihn bei seiner Arbeit durch qualifizierte Vorgaben und kompetente Würdigung seiner Arbeit eine Hilfe ist, z. B. bei der Abnahme von Leistungen, bei der Prüfung von Honorarrechnungen oder bei der Finanzplanung.

In Zeiten abnehmenden Bauvolumens und zunehmender Konkurrenz untereinander sowie mit anderen Unternehmensformen, z. B. Bauträger oder Generalübernehmer, muss es im Interesse der Planer sein, das **Projektmanagement** als Alternative oder Vervollständigung ihres bisherigen Leistungsbildes ernsthaft in Erwägung zu ziehen. Die Übernahme von Aufgaben des Projektmanagement bedeutet für Architekten und Ingenieure ohne Zweifel ein neues Erfahrungsfeld. Auch wenn sie sich nach Bearbeitung eines oder mehrerer Projekte wieder ihrer ursprünglichen Aufgabe, z. B. der Objektplanung, zuwenden, sind ihnen die neuen Kenntnisse von großem Nutzen für die Steuerung der eigenen Leistungen wie auch für das bessere Verständnis der Belange des Bauherrn und anderer Projektbeteiligter.

Die wachsende Bedeutung von Projektmanagement für Planer hat auch das Bundesministerium für Bildung und Forschung unter dem Thema „Der Ingenieur von morgen" ganz deutlich herausgestellt: „Das erforderliche **Qualifikationsprofil** des „Ingenieurs von morgen" vereint viele Talente, vor allem das Zusammenspiel von „hard skills" und „soft skills". Zu den hard skills zählen:

-     ein breites, interdisziplinär angereichertes technisches Wissen

- system- und problemorientiertes Denken
- Verständnis der gesamten Wertschöpfungskette
- betriebswirtschaftliche Kenntnisse
- Beherrschung von Methoden des Projektmanagements und der Entscheidungsfindung
- Marketingfähigkeiten
- gute Fremdsprachenkenntnisse
- Wissen um sozial-ökonomische Einbettung von Technik.

Diese **hard skills** können ... allerdings nur dann effektiv angewendet werden, wenn sie kombiniert sind mit soft skills, die ... in Ingenieurstudiengängen gar nicht oder nur unzureichend vermittelt werden. Zu den **soft skills** zählen:

- Kommunikations- und Teamfähigkeit
- Führungstechniken und Verhalten
- interkulturelles Verständnis und kulturelle Empatie
- Lernfähigkeit und Bereitschaft zum „long life learning" ... ."

(BMBF: Neue Ansätze ..., 2000, http)

1.6 Handlungsbereiche des Projektmanagement

Es gibt schon längere Zeit eine Fülle von Informationen zum Projektmanagement. Diese waren in der Mehrzahl zunächst auf Projekte in der Luft- und Raumfahrt, im Maschinenbau, in der Datenverarbeitung oder in anderen Bereichen, jedoch weniger auf Projekte im Bauwesen gerichtet.

Mit der Verbreitung der Projektsteuerung als Wahrnehmung delegierter Bauherren-aufgaben wurden in den etwa letzten zwanzig Jahren geeignete Leistungsbilder sowie Methoden speziell auch für das Bauwesen entwickelt und einem größeren Kreis von Interessierten zugänglich gemacht. Daneben verfügen öffentliche Bauherren schon länger über vergleichbare Regeln, z. B. Handbücher und Verwaltungsvorschriften für die Durchführung von Investitionen im Bauwesen. Als **Handlungsbereiche** (vgl. folgende Abbildungen) des Projektmanagement bzw. der Projektsteuerung werden

A   Organisation, Information, Koordination und Dokumentation

B   Qualitäten und Quantitäten

C   Kosten und Finanzierung

D   Termine und Kapazitäten

unterschieden und jeweils in eigenen Kapiteln ausführlich erläutert.

Handlungsbereich A Organisation, Information, Koordination und Dokumentation (Grundleistungen nach AHO)

1. Projektvorbereitung

1 Entwickeln, Vorschlagen und Festlegen der Projektziele und der Projektorganisation durch ein projektspezifisch zu erstellendes Organisationshandbuch
2 Auswahl der zu Beteiligenden und Führen von Verhandlungen
3 Vorbereitung der Beauftragung der zu Beteiligenden
4 Laufende Information und Abstimmung mit dem Auftraggeber
5 Einholen der erforderlichen Zustimmungen des Auftraggebers

2. Planung

1 Fortschreiben des Organisationshandbuches
2 Dokumentation der wesentlichen projektbezogenen Plandaten in einem Projekthandbuch
3 Mitwirken beim Durchsetzen von Vertragspflichten gegenüber den Beteiligten
4 Mitwirken beim Vertreten der Planungskonzeption mit bis zu 5 Erläuterungs- und Erörterungsterminen
5 Mitwirken bei Genehmigungsverfahren
6 Laufende Information und Abstimmung mit dem Auftraggeber
7 Einholen der erforderlichen Zustimmungen des Auftraggebers

3. Ausführungsvorbereitung

1 Fortschreiben des Organisationshandbuches
2 Fortschreiben des Projekthandbuches
3 Mitwirken beim Durchsetzen von Vertragspflichten gegenüber den Beteiligten
4 Laufende Information und Abstimmung mit dem Auftraggeber
5 Einholen der erforderlichen Zustimmungen des Auftraggebers

4. Ausführung

1 Fortschreiben des Organisationshandbuches
2 Fortschreiben des Projekthandbuches
3 Mitwirken beim Durchsetzen von Vertragspflichten gegenüber den Beteiligten
4 Laufende Information und Abstimmung mit dem Auftraggeber
5 Einholen der erforderlichen Zustimmungen des Auftraggebers

5. Projektabschluss

1 Mitwirken bei der organisatorischen und administrativen Konzeption und bei der Durchführung der Übergabe
2 Mitwirken beim systematischen Zusammenstellen und Archivieren der Bauakten inklusive Projekt- und Organisationshandbuch
3 Laufende Information und Abstimmung mit dem Auftraggeber
4 Einholen der erforderlichen Zustimmungen des Auftraggebers

Abb. 1-6   Handlungsbereich A gemäß § 204 Leistungsbild Projektsteuerung (AHO-Fachkommission (Hrsg.): ... Projektsteuerung ..., 1996, S. 14 - 18)

Handlungsbereich B Qualitäten und Quantitäten (Grundleistungen nach AHO)

1. Projektvorbereitung

1   Mitwirken bei der Erstellung der Grundlagen für das Gesamtprojekt hinsichtlich
    Bedarf nach Art und Umfang (Nutzerbedarfsprogramm NBP)
2   Mitwirken beim Ermitteln des Raum-, Flächen- oder Anlagenbedarfs und der
    Anforderungen an Standard und Ausstattung durch das Bau- und Funktionsprogramm
3   Mitwirken beim Klären der Standortfragen, Beschaffen der standortrelevanten
    Unterlagen, der Grundstücksbeurteilung hinsichtlich Nutzung in privatrechtlicher und
    öffentlich-rechtlicher Hinsicht
4   Herbeiführen der erforderlichen Entscheidungen des Auftraggebers

2. Planung

1   Überprüfen der Planungsergebnisse auf Konformität mit den vorgegebenen
    Projektzielen
2   Herbeiführen der erforderlichen Entscheidungen des Auftraggebers

3. Ausführungsvorbereitung

1   Überprüfen der Planungsergebnisse inklusive eventueller Planungsänderungen auf
    Konformität mit den vorgegebenen Projektzielen
2   Mitwirken beim Freigeben der Firmenliste für Ausschreibungen
3   Herbeiführen der erforderlichen Entscheidungen des Auftraggebers
4   Überprüfen der Verdingungsunterlagen für die Vergabeeinheiten und Anerkennen der
    Versandfertigkeit
5   Überprüfen der Angebotsauswertungen in technisch-wirtschaftlicher Hinsicht
6   Beurteilen der unmittelbaren oder mittelbaren Auswirkungen von Alternativangeboten
    auf Konformität mit den vorgegebenen Projektzielen
7   Mitwirken bei den Vergabeverhandlungen bis zur Unterschriftsreife

4. Ausführung

1   Prüfen von Ausführungsänderungen, gegebenenfalls Revision von Qualitätsstandards
    nach Art und Umfang
2   Mitwirken bei der Abnahme der Ausführungsleistungen
3   Herbeiführen der erforderlichen Entscheidungen des Auftraggebers

5. Projektabschluss

1   Veranlassen der erforderlichen behördlichen Abnahmen, Endkontrollen und / oder
    Funktionsprüfungen
3   Mitwirken bei der rechtsgeschäftlichen Abnahme der Planungsleistungen
4   Prüfen der Gewährleistungsverzeichnisse

Abb. 1-7   Handlungsbereich B gemäß § 204 Leistungsbild Projektsteuerung
            (AHO-Fachkommission (Hrsg.): ... Projektsteuerung ..., 1996,
            S. 14 - 18)

Handlungsbereich C Kosten und Finanzierung (Grundleistungen nach AHO)

1. Projektvorbereitung

1 Mitwirken beim Festlegen des Rahmens für Investitionen und Baunutzungskosten
2 Mitwirken beim Ermitteln und Beantragen von Investitionsmitteln
3 Prüfen und Freigeben von Rechnungen zur Zahlung
4 Einrichten der Projektbuchhaltung für den Mittelabfluss

2. Planung

1 Überprüfen der Kostenschätzungen und -berechnungen der Objekt- und Fachplaner sowie Veranlassen erforderlicher Anpassungsmaßnahmen
2 Zusammenstellen der voraussichtlichen Baunutzungskosten
3 Planung von Mittelbedarf und Mittelabfluss
4 Prüfen und Freigeben der Rechnungen zur Zahlung
5 Fortschreiben der Projektbuchhaltung für den Mittelabfluss

3. Ausführungsvorbereitung

1 Vorgabe der Sollwerte für Vergabeeinheiten auf der Basis der aktuellen Kostenberechnung
2 Überprüfen der vorliegenden Angebote im Hinblick auf die vorgegebenen Kostenziele und Beurteilung der Angemessenheit der Preise
3 Vorgabe der Deckungsbestätigungen für Aufträge
4 Überprüfen der Kostenanschläge der Objekt- und Fachplaner sowie Veranlassen erforderlicher Anpassungsmaßnahmen
5 Zusammenstellen der aktualisierten Baunutzungskosten
6 Fortschreiben der Mittelbewirtschaftung
7 Prüfen und Freigeben der Rechnungen zur Zahlung
8 Fortschreiben der Projektbuchhaltung für den Mittelabfluss

4. Ausführung

1 Kostensteuerung zur Einhaltung der Kostenziele
2 Freigabe von Rechnungen zur Zahlung
3 Beurteilen der Nachtragsprüfung
4 Vorgabe der Deckungsbestätigungen für Nachträge
5 Fortschreiben der Mittelbewirtschaftung
6 Fortschreiben der Projektbuchhaltung für den Mittelabfluss

5. Projektabschluss

1 Überprüfen der Kostenfeststellungen der Objekt- und Fachplaner
2 Freigabe der Rechnungen zur Zahlung
3 Veranlassen der abschließenden Aktualisierung der Baunutzungskosten
4 Freigabe von Schlussrechnungen sowie Mitwirken bei der Freigabe von Sicherheitsleistungen
5 Abschluss der Projektbuchhaltung für den Mittelabfluss

Abb. 1-8 Handlungsbereich C gemäß § 204 Leistungsbild Projektsteuerung (AHO-Fachkommission (Hrsg.): ... Projektsteuerung ..., 1996, S. 14 - 18)

Handlungsbereich D Termine und Kapazitäten (Grundleistungen nach AHO)

1. Projektvorbereitung

1   Entwickeln, Vorschlagen und Festlegen des Terminrahmens
2   Aufstellen / Abstimmen der Generalablaufplanung und Ableiten des
    Kapazitätsrahmens

2. Planung

1   Aufstellen und Abstimmen der Grob- und Detailablaufplanung für die Planung
2   Aufstellen und Abstimmen der Grobablaufplanung für die Ausführung
3   Ablaufsteuerung der Planung
4   Fortschreiben der General- und Grobablaufplanung für Planung und Ausführung
    sowie der Detailablaufplanung für die Planung
5   Führen und Protokollieren von Ablaufbesprechungen der Planung sowie Vorschlagen
    und Abstimmen von erforderlichen Anpassungsmaßnahmen

3. Ausführungsvorbereitung

1   Aufstellen und Abstimmen der Steuerungsablaufplanung für die Ausführung
2   Fortschreiben der General- und Grobablaufplanung für Planung und Ausführung
    sowie der Steuerungsablaufplanung für die Planung
3   Vorgabe der Vertragstermine und -fristen für die Besonderen Vertragsbedingungen
    der Ausführungs- und Lieferleistungen
4   Überprüfen der vorliegenden Angebote im Hinblick auf vorgegebene Terminziele
5   Führen und Protokollieren der Ablaufbesprechungen der Ausführungsvorbereitung
    sowie Veranschlagen und Abstimmen der erforderlichen Anpassungsmaßnahmen

4. Ausführung

1   Überprüfen und Abstimmen der Zeitpläne des Objektplaners und der ausführenden
    Firmen mit den Steuerungsablaufplänen der Ausführung des Projektsteuerers
2   Ablaufsteuerung der Ausführung zur Einhaltung der Terminziele
3   Überprüfen der Ergebnisse der Baubesprechungen (Baustellen-Jours-fixes) anhand
    der Protokolle der Objektüberwachung, Vorschlagen und Abstimmen von
    Anpassungsmaßnahmen bei Gefährdung von Projektzielen

5. Projektabschluss

1   Veranlassen der Ablaufplanung und -steuerung zur Übergabe und Inbetriebnahme

Abb. 1-9   Handlungsbereich D gemäß § 204 Leistungsbild Projektsteuerung
                (AHO-Fachkommission (Hrsg.): ... Projektsteuerung ..., 1996,
                S. 14 - 18)

2. Bauherr(-enorganisation)

Projektmanagement ist auf der Seite des **Bauherrn** unverzichtbar. Mindestens die **Projektleitung** muss im Grundsatz von ihm selbst wahrgenommen werden. Als Teil der Projektleitung oder als eigene Funktion ist bei größeren Bauvorhaben auch ein Projektcontrolling erforderlich. In vielen Fällen ist eine zeitliche und fachliche Entlastung des Bauherrn in der Form einer Projektsteuerung notwendig oder sinnvoll. Die hier angesprochenen Funktionen lassen den großen Umfang von Bauherrenaufgaben erkennen. Diese werden ausführlich behandelt. Zunächst aber stellt sich die scheinbar einfache Frage: Wer ist eigentlich der Bauherr?

2.1 Bauherreneigenschaften, -aufgaben und -pflichten

Wenn vom Bauherrn gesprochen wird, so ist damit nicht unbedingt der Bauherr als natürliche Person gemeint. Tatsächlich ist dieser Bauherr im herkömmlichen Sinne inzwischen die Ausnahme. Statt dessen haben es die anderen am Projekt Beteiligten mit **Bauherrenorganisationen** zu tun, welche in der praktischen Zusammenarbeit aus mehreren Bauherrenvertretern bestehen.

Worin besteht die **Bauherreneigenschaft**? Bauherr ist derjenige, der selbst oder durch Dritte ein Bauvorhaben für eigene oder für fremde Rechnung erstellt. Der Bauherr ist nicht immer eine einzelne Person. Bauherr können auch Personenmehrheiten, z. B. eine GmbH oder eine Aktiengesellschaft sowie öffentlichrechtliche Körperschaften oder Behörden sein. Bauherrenorganisationen zeichnen sich im Gegensatz zum Bauherrn als einzelne Person durch eine Vielzahl von Beteiligten auf der Seite des Auftraggebers aus, die bezogen auf das Projekt oft unterschiedliche Ziele verfolgen.

Diese von Beginn an zu erfassen und zu koordinieren, ist eine schwierige und zeitaufwendige Aufgabe. Sie obliegt grundsätzlich dem von der Bauherrenorganisation einzusetzenden Projektleiter. Gegenüber den meist zahlreichen Auftragnehmern, insbesondere den Planern, ist die interne Abstimmung der **Zielsetzungen** auf der Bauherrenseite und deren eindeutige Formulierung, z. B. in Form des Raum- und Funktionsprogramms, im Hinblick auf einen störungsfreien Projektablauf unerlässlich. Bauherren haben zum Gelingen eines Projektes durch die Wahrnehmung vielfältiger Aufgaben beizutragen. Hierzu gehören:

- Festlegen der Projektziele, z. B. Qualitätsvorstellungen
- Aufstellen eines Organisations- und Terminplanes für die Bauaufgabe
- Abschluss von Verträgen zur Verwirklichung der Projektziele
- Koordination und Steuerung der Projektbeteiligten mit mehreren Fachbereichen
- Prüfen der Planungsergebnisse auf Einhaltung der Planungsvorgaben

-   Untersuchen von Zielkonflikten und Entscheidung zur Fortschreibung der Projektziele
-   Ergänzen von Kostenermittlungen, soweit die anderen Projektbeteiligten dafür nicht zuständig sind.

Nach den **öffentlich-rechtlichen Vorschriften** hat der Bauherr weiterhin eine Vielzahl von Pflichten, die sich unter anderem aus den **Landesbauordnungen** ergeben. So hat er grundsätzlich

-   zur Vorbereitung, Überwachung und Ausführung eines genehmigungspflichtigen Bauvorhabens einen Entwurfsverfasser, einen Unternehmer und den verantwortlichen Bauleiter zu beauftragen.

Außerdem obliegen ihm

-   die nach den öffentlich-rechtlichen Vorschriften erforderlichen Anträge, Mitteilungen und Nachweise an die Bauaufsichtsbehörde und
-   eine Verkehrssicherungspflicht.

(Werner, U.; Pastor, W. und Müller, K.: Baurecht von A - Z, 1995, S. 173)

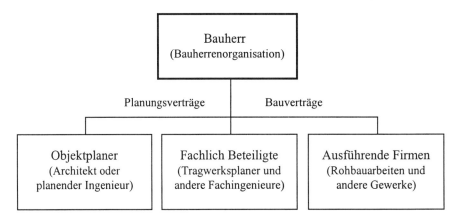

Abb. 2-1   Der Bauherr und die Vertragsbeziehungen zu seinen Auftragnehmern

Gegenüber Planern und ausführenden Firmen hat der Bauherr in vertraglicher Hinsicht die Funktion eines Auftraggebers. Teilweise wird auch vom Besteller gesprochen. Im weiteren Text werden die Bezeichnungen Auftraggeber und Bauherr gleichbedeutend verwendet. Das Verhältnis zwischen dem Bauherrn und seinen Auftragnehmern, Architekten, Ingenieure, ausführende Firmen, lässt sich vereinfacht in Form der **vertraglichen Beziehungen** als Planungs- und Bauverträge darstellen.

Letztlich trägt der Bauherr eine hohe **Verantwortung**, denn

„- Jedes Bauvorhaben einer nennenswerten Größenordnung wird von einer ganzen Reihe verschiedener Leistungsträger realisiert.

- Alle Projektbeteiligten sollten möglichst zielorientiert und arbeitsteilig zusammenarbeiten.

- Der Bauherr ist dafür verantwortlich, dass diese Zusammenarbeit effektiv geschieht. Deshalb hat er dafür zu sorgen, dass alle am Projekt Beteiligten optimal zusammenarbeiten, um das Bauvorhaben zu verwirklichen.

- Im Ergebnis kommt dem Bauherrn die Rolle des obersten Projektmanagers zu, die in der amerikanischen Managementliteratur allgemein wie folgt definiert wird: Managing is to get things done through others."

(Will, L.: Vom Bauherrn zum Projektsteuerer, 1987, S. 96)

Handelt es sich um eine Bauherrenorganisation, also um eine Vielzahl von Beteiligten auf der Seite des Bauherrn, können die Bauherrenaufgaben auf die jeweils vorhandenen Fachleute aufgeteilt werden, aber es entsteht dadurch innerhalb der Bauherrenorganisation ein nicht zu unterschätzender Koordinationsaufwand.

In diesem Fall ist das Treffen von **Entscheidungen** besonders schwierig, da in der Regel Interessengegensätze auftreten und im Innenverhältnis der Bauherrenorganisation zu klären sind, bevor diese an die externen Auftragnehmer, also Planer und ausführenden Firmen, weitergegeben werden können. Soweit Entscheidungen in den **Gremien** der Bauherrenorganisation getroffen werden müssen, entstehen leicht Schwierigkeiten in Form von

- langwierigen Entscheidungsprozessen auf der Suche nach einer einheitlichen Meinungsbildung

- mangelndem Engagement des Einzelnen und dem Versuch weitgehender Delegation der Verantwortung auf andere Beteiligte

- Reduzierung der Projektziele auf rein wirtschaftliche und funktionale Aspekte

- Verbrauchermentalität und Funktionsverhalten

- überhöhten und nicht erforderlichen Sicherheitsanforderungen.

Entsprechend kritisch beschreibt Conradi die Arbeit von Gremien:
„Die Gremien reden und wägen ab, die Bedarfsträger und Bedenkenträger suchen den Kompromiss, man sichert sich ab, vertritt das jeweilige Ressort - so entsteht Mittelmaß. Neues, Überraschendes, ja Revolutionäres entsteht selten aus Gremien." (Conradi, P.: Die Verantwortung des öffentlichen Bauherrn, 1995, S. 32)

Der Grund hierfür ist, dass letztlich einzelne Personen nicht die Verantwortung für notwendige Entscheidungen zu übernehmen bereit sind. Dabei handelt es sich in den meisten Fällen nicht einmal um die wirtschaftliche Verantwortung für die Mehrkosten oder Verluste aufgrund falscher Entscheidungen, auch die Personifizierung solcher Probleme ist für den einzelnen Projektbeteiligten für seine weiteren beruflichen Chancen schädlich.

Aus diesen Gründen versuchen zunehmend Bauherren sowohl das Projektmanagement als auch damit verbundene **Risiken** auf Dritte zu übertragen. Die eigene Planung kann teilweise, die Koordination und die Kontrolle der Auftragnehmer weitgehend delegiert werden. Die Formulierung der obersten Projektziele und das Treffen der für das Projekt wesentlichen Entscheidungen, z. B. zu Standort, Programm oder Freigabe von Leistungen, kann in letzter Verantwortung nur durch den Bauherrn selbst erfolgen. Bauherren fordern deshalb häufig von ihren Auftragnehmern:

„- volle Übernahme des technischen Risikos (z. B. durch erweiterte und verlängerte Gewährleistung)

- volle Übernahme des wirtschaftlichen Risikos (z. B. durch Erbringung einer gebrauchsfähigen Gesamtleistung möglichst zum Pauschalfestpreis einschließlich Zeitgarantie)

- volle Übernahme des rechtlichen Risikos (z. B. durch vertragliche Bindung an nur einen Verantwortlichen durch Übernahme der Gefahrtragung für die Gesamtleistung bis zu deren Abnahme usw.)

- volle Übernahme eigener Mitwirkungspflichten (z. B. durch Entlastung oder gar Übernahme von Koordinationsaufgaben)."

(Pfarr, K.: Trends, Fehlentwicklungen und Delikte in der Bauwirtschaft, 1988, S. 98)

Viele Auftragnehmer kommen diesen Anforderungen soweit wie möglich durch neue oder erweiterte Leistungsbilder bzw. Unternehmensformen nach: z. B. als Projektsteuerer, als Generalplaner, als Generalunternehmer oder als Totalunternehmer. In der Praxis sind auch häufig Mischformen anzutreffen. Auf die genannten Organisationsformen wird in den folgenden Kapiteln ausführlich eingegangen. Die Bedeutung des Bauherrn als verantwortliche **Führungsinstanz** bzw. in seiner Funktion als Auftraggeber bleibt aber davon unberührt.

Ebenfalls kritisch beschreibt Hobusch seine - allgemeingültigen - Erfahrungen mit Bauherren, die er bei der Realisierung von **Krankenhausprojekten** gewonnen hat. Er hat sie in Form der folgenden Interessenliste der Bauherren zusammengestellt:

„- das Interesse, Baukosten so zu gestalten, um das Projekt „in die Finanzierung zu bekommen"

- das Interesse nach einem schnellen Baubeginn aus Wahlkampfgründen

- das Interesse, aufgrund fehlender Mittel den Bauablauf zu strecken

- das Interesse, aus medizinischer Sicht oder auch aus Gründen ärztlichen Selbstbewusstseins, den modernsten Standard an Geräten und Ausstattung zu bekommen

- das Interesse, aus regionalen Arbeitsmarktgründen möglichst ansässige Firmen einzuschalten."

(Hobusch, R.: Was können Projektsteuerer leisten?, 1993, S. 230)

Die vorher beschriebenen - teilweise karikierten - Verhaltensweisen von Bauherren oder ihren Vertretern lassen sich nicht vollständig ändern, weil sie in deren persönlichen Eigenschaften begründet sind. Gleichwohl entstehen hieraus Probleme und Störungen des Projektverlaufes. Abhilfe setzt die richtige (Selbst-)Einschätzung des Bauherrn bzw. der Vertreter der Bauherrenorganisation voraus. Lösungen werden durch die geeignete Form des Projektmanagement gesucht.

Die Übernahme von Projektmanagementaufgaben durch andere Projektbeteiligte - als Auftragnehmer des Bauherrn - kann eine große Hilfe sein. Die Verantwortung für das Projekt als Ganzes kann dem Bauherrn allerdings niemand abnehmen.

Die Bedeutung der **Bauherrenrolle** hat der bekannte Architekt Hanz Pölzig mit den folgenden Worten beschrieben: „... wo der Auftraggeber mit Passion, der Bauherr als zeugender und empfangender Gegenpol fehlt, ist eigentlich Hopfen und Malz verloren."

(Will, L.: Vom Bauherrn zum Projektsteuerer, 1987, S. 96)

2.2 Arten und Formen von Bauherren

Unabhängig von der Stellung des Bauherrn und der Rechtsform der Bauherrenorganisation wurden teilweise Bauherren bereits einleitend nach der aktiven Wahrnehmung ihrer Eigenschaften, Aufgaben und Pflichten in die Arten

- selbstausübende Bauherren
- fungierende Bauherren
- Bauherren als Investoren

unterschieden und sollen darüber hinaus vom **Erwerber** eines Objektes abgegrenzt werden.

Arten von Bauherren			Nicht Bauherr
Selbstausübender Bauherr	Fungierender Bauherr	Bauherr als Investor	Erwerber

Abb. 2-2   Arten von Bauherren und Abgrenzung zum Erwerber

Das ursprüngliche Bauen erfolgte durch **selbstausübende Bauherren,** die von eigener Hand selbst planten und ausführten, ohne im heutigen Sinne Planer und ausführende Firmen zu benötigen. Es handelte sich dabei national und international in der Regel um kleinere selbstgenutzte Wohngebäude und landwirtschaftliche Bauten (architecture without architects). Dieses Bauen beschränkt sich heute auf einen kleinen Teil von Gebäuden in ländlichen Gegenden und die Selbsthilfe bei Eigenheimen. Diese Bauherren vereinigen alle Funktionen, die man bei großen und komplexen Aufgaben benötigt, im Idealfall in ihrer eigenen Person. Die bei vielen Projekt- und Planungsbeteiligten notwendige Koordination ist insoweit nicht erforderlich.

Der **fungierende Bauherr** (fungieren = ein Amt verrichten, tätig wirksam sein) nimmt alle Bauherrenaufgaben wie Ziele setzen, Entscheidungen treffen und Verantwortung übernehmen bewusst und uneingeschränkt wahr. Er beteiligt sich aktiv an der Planung im Zusammenwirken mit Planern und Nutzern und hat ein über die wirtschaftlichen Ziele weit hinausgehendes Interesse am Objekt selbst.

Für den **Bauherrn als Investor** steht die zielorientierte, langfristige Bindung finanzieller Mittel in ein Objekt im Vordergrund. Der Investor ist vordergründig an der Erhaltung und Mehrung des eingesetzten Kapitals (Rendite) interessiert.

Die Verwendung des eingesetzten Kapitals hinsichtlich Standort und Nutzung des Objektes ist zweitrangig. Der Investor hat am Objekt nur soweit Interesse, als seine wirtschaftlichen Zielsetzungen betroffen sind, er delegiert das Projekt und das Objektmanagement weitgehend an Dritte.

In größerem Umfang werden heute Immobilien, z. B. Bürogebäude, Reihenhäuser oder Wohngebäude mit Eigentumswohnungen, von Bauträgern bzw. Developern initiiert und nach Fertigstellung an Erwerber übereignet.

Der **Erwerber** kann zwar unter Umständen während der Planung in geringem Umfang Einfluss auf die Planung nehmen, z. B. Materialien im Innenausbau, ist jedoch kein Bauherr. Die Erwerber nehmen auf Planung und Ausführung nur insoweit Einfluss, als sie vor dem Erwerb an einzelnen Immobilien Interesse bekunden oder mit dem Bauträger oder Developer vertragseinig werden.

Wie in der Industrie, wo die Trennung von Eigentum und Management überall anzutreffen ist, hat sich auch im Bauwesen durch den Rückzug der fungierenden Bauherren eine Lücke aufgetan, die durch Projektmanager ausgefüllt werden musste. Beispiele für die vollständige Trennung von Eigentum einerseits und Projekt- sowie Objektmanagement andererseits sind z. B. Bauherrenmodell und Immobilienfonds.

Während die einmaligen Aufgaben aufgrund ihrer Bedeutung vom Bauherrn in seiner Eigenschaft als Eigentümer grundsätzlich selbst wahrgenommen werden sollten, können die laufenden Aufgaben durchaus ohne Probleme an Vertreter einer Bauherrenorganisation delegiert werden. So können der Projektleiter, ein Projektsteuerer oder in der Planung bzw. Ausführung stehende Projektmanager bei den unterschiedlichen Arten von Bauherren einen mehr oder weniger großen Umfang an **Bauherrenaufgaben** übernehmen.

Darüber hinaus sind Bauherren im Sinne von Rechts- und Organisationsformen von Bauherren zu unterscheiden. Als grobe Aufteilung reicht die Unterscheidung in die Formen

- private Bauherren
- erwerbswirtschaftliche Bauherren und
- öffentlich-rechtliche Bauherren.

2.2.1 Private Bauherren

Unter den **privaten Bauherren** ist am ehesten noch der Bauherr als natürliche Person anzutreffen. In der Mehrzahl handelt es sich um Projekte für dessen eigenen Bedarf, vom Einfamilienhaus bis zu größeren Bauten unterschiedlichster Art. Die Zusammenarbeit der am Projekt Beteiligten erfolgt meist im direkten Dialog zwischen dem Bauherrn und „seinem Architekten" sowie den Ausführenden. Die Organisation hat in diesem Fall wegen der eher geringeren Größe und Komplexität des Projektes oft informellen Charakter. Grundsätzliche Anforderungen an das Projektmanagement gelten unabhängig davon natürlich auch hier.

2.2.2 Erwerbswirtschaftliche Bauherren

Viele, insbesondere größere Unternehmen, z. B. Daimler Benz und Siemens, verfügen über **unternehmensinterne Bauabteilungen**. Diese übernehmen neben Umbauten und Bauunterhalt auch Planungsaufgaben. Bei Neubaumaßnahmen führen sie die Grundlagenermittlung durch und nehmen nach Beauftragung externer Planungsbüros die Bauherrenaufgaben wahr. Vorteile einer solchen Bauabteilung sind insbesondere die Kenntnisse über das Unternehmen sowie die Art der Bauvorhaben, z. B. Fabrikationsanlagen.

2.2.3 Öffentlich-rechtliche Bauherren

Zu den öffentlich-rechtlichen Institutionen als Bauherr zählen Bund, Länder, Gemeinden, öffentliche Körperschaften sowie Sondervermögensträger.

„Die Zahl der **öffentlichen Bauherren** ist beachtlich. Am 31.12.1992 gab es im gesamten Bundesgebiet allein 543 Landkreise und kreisfreie Städte sowie 16.043 Gemeinden. Die öffentlichen Bauinvestitionen sind über die drei Ebenen der Gebietskörperschaften allerdings nicht gleichmäßig verteilt. Der größte Anteil an Bauinvestitionen wird von den Gemeinden und Gemeindeverbänden getragen und zwar häufig unter Beteiligungsfinanzierung von Bund und Ländern."

(Leimböck, E.: Bauwirtschaft, 2000, S. 40)

Im Zuständigkeitsbereich der **Bauverwaltung** als zuständiges Organ des öffentlich-rechtlichen Bauherrn finden sich im Fall der Bundesbau- bzw. Finanzbauverwaltung:

- militärische Einrichtungen
- Arbeitsämter sowie
- Bundesämter, Bundesanstalten und Bundesministerien.

In die Zuständigkeit der Landesbauverwaltungen gehören:

- Hochschulen
- (Landes-)Museen
- Behördenbauten für Landesämter, Landesministerien und Landesanstalten
- Polizeidienststellen.

Die Bauverwaltungen haben für die Durchführung ihrer Projekte die „Richtlinien der Staatlichen Bauverwaltung des Bundes" (RBBau) bzw. entsprechend die Richtlinien der Länder (RLBau) anzuwenden.

Vom **Staat** als häufig bauendem öffentlichen Bauherrn wird erwartet, dass er verantwortungsbewusst mit seinen Mitteln, nämlich den Steuergeldern, umgeht und sowohl die Planung als auch die Ausführung von Bauvorhaben vorbildlich organisiert. Aus diesen Gründen wurde für die vielfältigen Neubaumaßnahmen und zur Erhaltung der Bausubstanz in allen Bundesländern eine fachkundige Bauherrenvertretung in Form der Staatlichen Hochbauverwaltung eingerichtet.

„Die Staatliche Bauverwaltung als fachkundiges Organ der öffentlichen Hand hat alle Aufgaben des staatlichen Bauens - insbesondere die der übergreifenden Koordinierung und Steuerung - wahrzunehmen. Die gesetzliche Grundlage für die Verantwortung der Bauverwaltung leitet sich vor allem aus haushaltsrechtlichen Vorschriften wie dem Haushaltsgrundsätzegesetz und der Bundeshaushaltsordnung und den darauf aufbauenden Verordnungen ab."
(Schnoor, C.: Projektsteuerung - Einsatz freiberuflicher Projektsteuerer in der Staatlichen Bauverwaltung, 1994, S. 187)

Zur Geschichte der **Staatlichen Hochbauverwaltung** sei erwähnt: Im Jahre 1723 wurde eine erste Einrichtung als „General-Oberfinanz-, Kriegs- und Domänen-Direktorium" von Friedrich Wilhelm I. eingerichtet. „Aufgabe der Staatlichen Hochbauverwaltung war es seit diesen Anfängen, in Preußen - grundsätzlich und losgelöst von zeit- und epochebedingten Abwandlungen in der Aufgabenstellung - die baulichen Anlagen des Staates baufachlich zu unterhalten, gegebenenfalls um- und auszubauen und staatliche Neubauten zu planen und zu bauen."
(Pfeiffer, U.: Projektmanagement in Bauprojekten der öffentlichen Hand am Beispiel der Staatlichen Hochbauverwaltung in Hessen, 1993, S. 36)

Die Bauherrenaufgaben der Staatlichen Bauverwaltung seien an den Beispielen Baden-Württemberg und Hessen eingehender erläutert: Die Ämter der Staatlichen Bauverwaltung auf der Ebene der **Oberfinanzdirektionen** mit Landesbauabteilungen, Staatlichen Bauämtern und Universitätsbauämtern erbringen als fachkundige Bauherrenvertretung:

- Bauherrenaufgaben mit Projektleitung und Controlling sowie in begrenztem Umfang
- Fachleistungen in Form von Planung und Überwachung der Bauausführung.

Für die Vorbereitung, Leitung und Durchführung von öffentlich-rechtlichen Bauvorhaben werden in der Regel nur solche Personen eingesetzt, die eine einschlägige Qualifikation als Architekt, Bauingenieur oder gleichwertig erworben haben und darüber hinaus für ihre Aufgabe durch besondere Maßnahmen vorbereitet wurden, z. B. Referendariat. Man spricht hierbei vom fachkundigen Bauherrn.

In Hessen müssen **fachkundige** Bauherrenvertreter, z. B. die Staatliche Bauverwaltung, als Kernbestand beispielsweise folgende nicht delegierbaren Aufgaben erbringen:

„1. Definition des Baubedarfs (quantitativ und qualitativ im Rahmen der Baueinleitung)

  2. Übernahme der Garantiepflicht für die sachgerechte Verwendung der Haushaltsmittel und demzufolge

   a) Wahrnehmung der Haushalts-, Kassen- und Rechnungsaufgaben

   b) Auftragsvergabe an Unternehmen (nach VOB) und Vertragsschluss mit Architekten/Ingenieuren (nach HOAI)

   c) Durchführung von Planungswettbewerben

   d) Überwachung von Qualität der erbrachten Bauleistungen und Endabnahme des Bauwerkes

   e) Bauaufsichtliche Verantwortung nach § 107 (7) HBO (hier: Hessische Bauordnung als Beispiel)

   f) Kontrolle der beauftragten Architekten- und Ingenieurbüros auf das Erbringen der Vertragsleistungen."

(Pfeiffer, U.: Projektmanagement in Bauprojekten der öffentlichen Hand am Beispiel der Staatlichen Hochbauverwaltung in Hessen, 1993, S. 36)

Ferner darf die Bezeichnung **sachkundiger** Bauherr für diejenigen Personen verwendet werden, die aufgrund einschlägiger Erfahrungen in Nutzung und Betrieb von Objekten besondere und für die Planung eines entsprechenden Projektes erforderliche Kenntnisse besitzen.

Vom sachkundigen bzw. vom fachkundigen Bauherrn wird nicht nur im Zusammenhang mit dem öffentlich-rechtlichen Bauherrn, sondern auch bei den anderen Formen des Bauherrn gesprochen.

Die Aufgaben des öffentlich-rechtlichen Bauherrn werden seit einigen Jahren teilweise privatisiert. Dies geschieht in Form von

- Unterstützung des öffentlich-rechtlichen Bauherrenvertreters durch freiberufliche Projektsteuerer

- Beauftragung von Planungsleistungen einschließlich Bauüberwachung an freie Architektur- und Ingenieurbüros
- Privatisierung von ganzen Bereichen der öffentlich-rechtlichen Aufgaben, z. B. Versorgungs- und Verkehrsbetriebe
- Gründung einer Baudurchführungsgesellschaft in der Rechtsform einer GmbH, welche die Bauherrenaufgaben anstelle eines Bauamtes für die Durchführung eines Projektes übernimmt und anschließend aufgelöst wird
- Durchführung von Projekten durch Investoren mit anschließender Nutzung der Objekte durch die öffentlich-rechtlichen Institutionen.

Die damit verbundene **Verschlankung** der öffentlich-rechtlichen Bauverwaltung bietet insbesondere denjenigen Planern Chancen, die aufgrund umfassender Kenntnisse und Erfahrungen im Projektmanagement Teile der Bauherrenaufgaben beispielsweise in Form der Projektsteuerung, der Generalplanung oder der Baubetreuung übernehmen können.

2.3 Bauherrenaufgaben im Spiegel der Kostenplanung

Bauherrenaufgaben verursachen einen Aufwand, der selbstverständlich auch bei der vollständigen Kostenermittlung zu berücksichtigen ist. Die DIN 276 Kosten im Hochbau (06.93) enthält die **Bauherrenaufgaben** in ihrer Gliederung unter KG (Kostengruppe) 700 Baunebenkosten. Die Begriffe bzw. Funktionen Projektleitung und Projektsteuerung werden im folgenden Kapitel ausführlich behandelt. Hinsichtlich der Betriebs- und Organisationsberatung wird auf Kapitel 6. Qualitäten und Quantitäten sowie Kapitel 12. Inbetriebnahme verwiesen.

Kostengruppe	Anmerkungen
710 Bauherrenaufgaben	
711 Projektleitung	Kosten, die der Bauherr zum Zwecke der Überwachung und Vertretung der Bauherreninteressen aufwendet
712 Projektsteuerung	Kosten für Projektsteuerungsleistungen im Sinne der HOAI sowie für andere Leistungen, die sich mit der übergeordneten Steuerung und Kontrolle von Projektorganisation, Terminen, Kosten und Qualitätssicherung befassen
713 Betriebs- und Organisationsberatung	Kosten für Beratung, z. B. zur betrieblichen Organisation, zur Arbeitsplatzgestaltung, zur Erstellung von Raum- und Funktionsprogrammen, zur betrieblichen Ablaufplanung und zur Inbetriebnahme
719 Bauherrenaufgaben, Sonstiges	Baubetreuung

Abb. 2-3   Bauherrenaufgaben gemäß DIN 276 Kosten im Hochbau (06.93)

3. Projektleitung und Projektsteuerung

Im Zusammenhang mit der Projektkoordination, insbesondere der Zusammenarbeit des Bauherrn mit seinen Planern und ausführenden Firmen, wird von den Bauherrenaufgaben gesprochen. Diese können nach den delegierbaren und nicht delegierbaren Bauherrenaufgaben unterschieden werden, also danach, welche der Bauherr selbst wahrzunehmen hat und welche er durch qualifizierte Dritte ausführen oder sich zuarbeiten lassen kann. In diesem Sinne sind die Funktionen Projektleitung auf der Bauherrenseite mit grundsätzlich nicht delegierbaren und Projektsteuerung bzw. Projektcontrolling für bedarfsweise delegierbare Bauherrenaufgaben zu verstehen.

Nicht delegierbare Bauherrenaufgaben	Delegierbare Bauherrenaufgaben
Bauherr in der Funktion Projektleitung	mit oder ohne Projektcontrolling
	mit oder ohne Projektsteuerung

Abb. 3-1   Nicht delegierbare und delegierbare Bauherrenaufgaben

Es handelt sich hierbei um grundsätzliche Alternativen für die Durchführung eines Projektes, welche im Zusammenhang mit der Einrichtung eines Projektcontrolling zu beurteilen sind. Einzelne Alternativen können miteinander kombiniert werden.

3.1 Projektleitung

Bauherren, die häufig oder ständig bauen - angesprochen sind größere private und öffentliche Institutionen - verfügen in der Regel über eigene Fachleute, deren Beruf - vereinfacht ausgedrückt - darin besteht, Bauherr zu sein. Es handelt sich hierbei in erster Linie um das Projektmanagement in Form der **Projektleitung**.

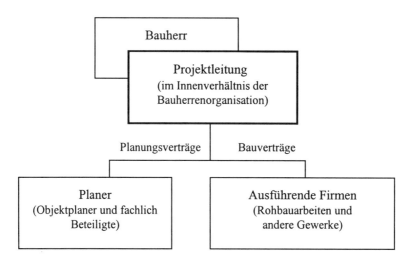

Abb. 3-2   Stellung der Projektleitung innerhalb der Projektorganisation

„Der Projektleitung obliegt stets die direkte Verantwortung für die Erreichung der Projekt-/Auftragsziele. Sie hat Linienfunktion und ist infolgedessen mit Entscheidungs-, Weisungs- und Durchsetzungsbefugnis ausgestattet. Nach Ansicht des Bundesrechnungshofes dürfen Leistungen der Projektleitung von öffentlichen Bauherren im allgemeinen nicht an freiberufliche Fachbüros übertragen werden. Gewerbliche oder private Bauinvestoren dagegen verfügen vielfach über keine eigenen Bauabteilungen mit entsprechend fachkundigem Personal, so dass sie durchaus auch Projektleitungsaufgaben delegieren."

(DVP e. V. (Hrsg.): DVP Informationen 1996, S. 10)

Bei der Wahl des Projektleiters kommt es darauf an, dass dieser zu Beginn des Projektes und damit so früh eingesetzt wird, dass er den Projektablauf maßgeblich gestalten kann. Dabei ist besonders darauf zu achten, dass die Kompetenzen des Projektleiters den ihm übertragenen Aufgaben entsprechen. Er wird in vielen Fällen auch innerhalb der Bauherrenorganisation Unterstützung benötigen und muss dazu an bestehenden, meist hierarchischen Strukturen vorbei die Mitwirkung von Stellen oder Abteilungen einfordern können. Dies betrifft beispielsweise das Controlling, die Vertragsabteilung und die Organisationsabteilung.

„Der Projektleiter sollte grundsätzlich demjenigen einer Konzernorganisation unterstellt werden, der den Durchgriff auf alle am Projekt beteiligten Fachbereiche/Abteilungen hat. ... Schon die firmeninterne Gewichtung eines höheren Vorgesetzten reicht in der Regel aus, um bei Problemen in anderen Betriebszweigen unterstützen zu können." (Wischnewski, E.: Modernes Projektmanagement, 1996, S. 46)

Die Projektleitung bzw. der Projektleiter - im Folgenden vereinfacht als Projektleiter bezeichnet - hat die Zusammenarbeit der am Projekt Beteiligten während der gesamten Dauer des Projektes sicherzustellen. Er ist im Außenverhältnis der Vertreter des Auftraggebers und hat die Zusammenarbeit der Auftragnehmer über alle Projektstufen zu steuern. Gegenüber den Auftragnehmern ist er zu Weisungen befugt. Er muss Entscheidungen treffen und durchsetzten. Er trägt damit die Verantwortung für das Projekt insgesamt.

In ihrer Eigenschaft als **Projektauftraggeber** wählt eine Bauherrenorganisation einen Projektleiter aus und definiert das Projekt. „In der Praxis der Projektarbeit ist es durchaus üblich, dass der Projektauftraggeber dem Projektleiter einen sehr unpräzisen, oft auch mündlichen Projektauftrag erteilt. In solchen Fällen sollte der Projektleiter versuchen, die Projektziele und -definition selbst zu formulieren und anschließend mit dem Projektauftraggeber zu vereinbaren." (Patzak, G. und Rattay, G.: Projektmanagement, 1996, S. 118)

In Bezug auf die Stellenbeschreibung und die Aufgaben, die Pflichten und das Selbstverständnis des Projektleiters werden ganz bewusst einschlägige Auffassungen wiedergegeben, die das heutige Verständnis dieser wichtigen Funktion deutlich machen.

Bereits mit der Ernennung zum Projektleiter muss dieser von seinem Vorgesetzten eine **Stellenbeschreibung** für die Tätigkeit als Projektleiter fordern. Die wesentlichen Bestandteile einer solchen Stellenbeschreibung sind:

„- Welche Funktionsträger der Linienorganisation sind weisungsbefugt gegenüber dem Projektleiter (disziplinarisch, fachlich)?
- Wer ist dem Projektleiter direkt untergeordnet, und welche Weisungsbefugnis (disziplinarisch, fachlich) erhält der Projektleiter gegenüber diesen Personen?
- Wer ist Vertreter?
- Welche Vollmachten hat der Projektleiter?
- Wofür ist der Projektleiter verantwortlich (im rechtlichen Sinne)?
- Welche Aufgaben hat der Projektleiter durchzuführen?
- Unterschriften des Vorgesetzten und des Projektleiters."

(Wischnewski, E.: Modernes Projektmanagement, 1996, S. 55)

Der Projektleitung obliegen im wesentlichen folgende Aufgaben:

„- Definition und Planung des Projektes mit Zeit- und Aufwandsschätzung (Kosten, Ressourcen)
- Abgrenzung der Teilgebiete des Projektes und Aufgabenverteilung (Arbeitspakete)
- Beeinflussung von anzuwendenden Methoden und Verfahren
- Zielverfolgung
- Koordination von Projektteam, Fachabteilungen und gegebenenfalls externer Beratung (Besprechungen, Gespräche)

- Förderung und Unterstützung der Teammitglieder
- Überwachung und Steuerung von Projektfortschritt/Leistungsumfang (Quantität und Qualität), Zeit (Termine), Kosten, Kapazität und Änderungen
- Impulsgebung bei zu veranlassenden Aktionen
- Wahrnehmung fachlicher Aufgaben entsprechend vorhandener Kenntnisse und Fähigkeiten, soweit möglich
- Information und Kommunikation innerhalb des Teams, mit Fachabteilungen und beteiligtem Management
- Dokumentation und Berichtswesen
- Kontakthaltung und Zusammenarbeit mit dem Auftraggeber und gegebenenfalls mit externen Partnern." (Zielasek, G.: Projektmanagement, 1995, S. 75)

Zu den Pflichten der Projektleitung gehören:

„- rechtzeitiges Herbeiführen der erforderlichen Entscheidungen
- Durchsetzen der erforderlichen Maßnahmen und Vollzug der Verträge
- Herbeiführen aller erforderlichen Genehmigungen, Einwilligungen und Erlaubnisse im Hinblick auf die Genehmigungsreife
- Konfliktmanagement zur Einhaltung einheitlicher Projektziele
- Leiten von Projektbesprechungen (auf Bauherrenseite)
- Führen aller Verhandlungen mit vertraglicher oder öffentlich-rechtlicher Bindungswirkung
- Wahrnehmen der zentralen Projektanlaufstelle
- Wahrnehmen projektbezogener Repräsentationspflichten."

(Volkmann, W.: Projektsteuerung für Architekten, 1996, S. 1875)

Zum Selbstverständnis des Projektleiters gehören:

„- Loyalität besteht in erster Linie dem Projekt gegenüber, er denkt in Projektzusammenhängen.
- Projektleiter übernehmen in erster Linie Führungsfunktionen.
- Der Projektleiter akzeptiert, dass jemand anderes die Aufgabe erledigt, die er selbst vielleicht schneller und besser erledigt hätte.
- Der Projektleiter hat Interesse an den Ergebnissen und weniger daran, wie sie zustande gekommen sind.
- Aufgaben werden nicht nur aufgetragen, er ergreift selbst die Initiative, setzt Ziele, bringt Dinge in Gang.
- Der Projektleiter erledigt Aufgaben im Team."

(Patzak, G. und Rattay, G.: Projektmanagement, 1996, S. 142)

Bei größeren Projekten mit über hundert Millionen Euro Bausumme besteht eine Projektleitung nicht nur aus dem Projektleiter, sondern aus einem Projektleitungsteam. Je nach den Möglichkeiten der Bauherrenorganisation und den Anforderungen aus der Projektaufgabe setzt sich das **Projektleitungsteam** aus mehreren Personen zusammen, die

- aus der Organisation des Auftraggebers für längere Zeit vollständig oder teilweise in das Projektleitungsteam abgestellt werden sowie
- als externe Spezialisten für die Projektarbeit als Projektsteuerer in das Projektleitungsteam aufgenommen werden.

Es kommt hierbei darauf an, dass sowohl das Wissen auf der Seite des Auftraggebers so gut wie möglich genutzt wird, als auch externe Mitarbeiter Erfahrungen in der Projektarbeit einschließlich ihrer Kapazität und geeigneter Methoden und Hilfsmittel, insbesondere für die Informationsverarbeitung, einbringen.

Es ist bei sehr kleinen Projekten nicht zweckmäßig, einer Person zwei oder drei Projekte zuzuordnen, so dass diese gleichzeitig dreifacher Projektleiter ist. Sie wird sich immer nur einem Projekt mit der notwendigen Aufmerksamkeit widmen können. In diesem Fall ist es zweckmäßiger, dem Projektleiter einige Aufgaben aus dem Projekt selbst zu überlassen, so dass er außer Projektleiter auch gleichzeitig Mitarbeiter ist. (Wischnewski, E.: Modernes Projektmanagement, 1996, S. 42)

Mitarbeiter des Auftraggebers, die für ein Projekt abgestellt werden, müssen grundsätzlich ihre bisherigen Aufgaben teilweise oder vollständig abgeben. Das ist insoweit nicht ganz unproblematisch, als nach Abschluss des Projektes die bisherige Stelle meist durch jemand anderes besetzt ist. Den sich aus der Projektarbeit ergebenden Chancen steht also auch eine gewisse Unsicherheit hinsichtlich der anschließenden Tätigkeit gegenüber. Häufig wird eine Regelung dahingehend getroffen, dass die für das Projekt freigestellten Mitarbeiter einen Tag in der Woche in ihrem bisherigen Arbeitsgebiet tätig bleiben und vier Tage dem Projekt zur Verfügung stehen.

Unter besonderen Umständen kann auch ein externer Fachmann als Projektleiter eingesetzt werden. Dies ist erforderlich, wenn auf der Seite des Bauherrn niemand bereit oder in der Lage ist, die unzweifelhaft schwierige Aufgabe der Projektleitung zu übernehmen. Auf die rechtzeitige Klärung der notwendigen Vollmachten und auch der Haftung des externen Projektleiters ist dann in diesem Fall in besonderem Maße zu achten.

Bei der Überlegung, wie der Bauherr - nicht nur im Bereich der Koordination - eine Entlastung finden kann, bieten sich zunächst einmal die Delegation von Aufgaben an ein möglicherweise externes Projektcontrolling oder einen Projektsteuerer an.

3.2 Projektcontrolling

Zum **Projektcontrolling** finden sich in Praxis und Theorie verschiedene Auffassungen. In der Literatur ist eine Vielzahl unterschiedlicher Definitionen zu finden. Allgemein darf jedoch festgestellt werden: Controlling ist „das Bereitstellen und Verwenden von Informationen zum Setzen von Zielen, zum Messen der Zielerreichung und zum steuernden Eingreifen..., wenn es zwischen Sollgrößen und Istgrößen zu Abweichungen kommt." (Heinrich L. J. und Roithmayr, F.: Wirtschaftsinformatik-Lexikon, 1998, S. 6)

Controlling ist eine Führungsaufgabe im Sinne des englischsprachigen Begriffs „control" = Beherrschung, Lenkung, Steuerung und Regelung von Prozessen. Gegenstand des Controlling bei Bauprojekten können grundsätzlich alle Ziele für ein Projekt sein, die vom Bauherrn vorgegeben werden. Herkömmlich richtet sich ein Projektcontrolling vorwiegend auf die messbaren Größen wie Kosten und Finanzierung sowie Termine und Kapazitäten. Die Formulierung von Zielgrößen erfolgt nicht nur in absoluten Größen, z. B. Baukosten des Projektes, sondern vorwiegend in Form von Kennwerten, die als Vergleichswerte oder Richtgrößen dienen, z. B. €/m² BGF Gebäude oder Bauleistung/Arbeitstag. Entsprechende Kennwerte erlauben den Soll-Ist-Vergleich während der Durchführung des Projektes und ebenso den Vergleich von Projekten unterschiedlicher Größenordnung oder Dauer.

Im Folgenden wird die Frage geklärt, durch wen, nämlich Bauherr, Berater oder Planer, und in welcher Form - sprich Leistungsbild und Vertrag - wird Projektcontrolling im Bauwesen wahrgenommen? Dazu werden auf der Grundlage eigener Tätigkeiten und unter Berücksichtigung weiterer Quellen zwei in ihren Grundzügen unterschiedliche Auffassungen dargestellt und bewertet.

3.2.1 Projektcontrolling als Aufgabe des Bauherrn

Als praktisches Beispiel für diese Form des Projektcontrolling, welches der Verfasser viele Jahre selbst ausgeübt hat, wird das Controlling für den Neubau **Flughafen München** herangezogen. Ein Auszug aus dem Organisationshandbuch zeigt in den wesentlichen Zügen nachfolgend das Leistungsbild.

Die Flughafen München GmbH (FMG) hatte für Planung und Bau des Flughafen München in der 1. Ausbaustufe mit Inbetriebnahme 1992 ein eigenes (Projekt-) Controlling eingerichtet. Auftragnehmer war eine Ingenieurgemeinschaft, die im Rahmen eines Dienstvertrages das Projektcontrolling im Aufgabenbereich des Bauherrn über viele Jahre wahrgenommen hat. Die Planung der zahlreichen einzelnen Projekte der Flughafen München GmbH (FMG), nämlich Ingenieurbauwerke und Verkehrsanlagen, Hochbauten etc., war entsprechend der Gliederung nach § 15 (2) HOAI wie folgt organisiert:

- Die Bauherrin FMG, insbesondere die Hauptabteilung Planung und Bau, erbrachte, unterstützt durch ein Controlling und einen Projektkoordinator (vgl. unten), die Leistungsphasen 1. Grundlagenermittlung und 9. Objektbetreuung und Dokumentation selbst.

- Die Leistungsphasen 2. Vorplanung bis 5. Ausführungsplanung wurden je Projekt an einen Generalplaner beauftragt. Neben dem vollen Umfang der Grundleistungen wurden auch Besondere Leistungen, insbesondere im Bereich der Kostenplanung, beispielsweise die Kostenermittlung nach Bauelementen, beauftragt.

- Die Leistungsphasen 6. Vorbereitung der Vergabe bis 8. Objektüberwachung wurden, nach Bereichen aufgeteilt, von Ingenieurgemeinschaften erbracht. Diese Leistungen wurden im vorliegenden Zusammenhang als Baumanagement bezeichnet.

Der Schwerpunkt des Controlling lag in der Kostenkontrolle und -steuerung, dem Betreiben eines AVA-Systems (AVA = Ausschreibung, Vergabe und Abrechnung) und dem Kostenberichtswesen. Das Leistungsbild unterschied sich nach Planung und Ausführung.

Die Aufgaben der Architektur- und Ingenieurbüros wurden im Umfang der Grundleistungen nicht gemindert, abgesehen davon, dass die Leistungsphasen 1. Grundlagenermittlung und 9. Objektbetreuung und Dokumentation vom Bauherrn selbst erbracht wurden.

Die Leistungsphasen 1. Grundlagenermittlung bis 5. Ausführungsplanung enthielten insbesondere die Aufgaben:

„- Fachliche Begleitung und Durchführung der Kostenplanung
- Kostenberichtswesen
- Investitionsplanung und -abrechnung (Gesamtkostenschätzung)
- Erstellen und Fortschreiben des Kostennetzes sowie des rollierenden Mittelabflussplanes
- Erstellen und Freigabe des (von der FMG) freigegebenen Kostenrahmens
- Kontrolle der Kostenvorgaben
- Prüfen und Abgleichen der von den Planern erarbeiteten Kostenschätzungen/ -berechnungen sowie von Wirtschaftlichkeitsberechnungen
- Überprüfen des Terminplanes hinsichtlich Auswirkungen auf Bauzeitzinsen."
(Flughafen München GmbH (Hrsg.): Projekthandbuch Teil 1 ..., 1987, S. 6)

In den Leistungsphasen 6. Vorbereitung der Vergabe bis 9. Objektbetreuung und Dokumentation waren die folgenden Leistungen von besonderer Bedeutung:

„- Laufende Budgetierung auf Objektebene
- Begleitende Kostenkontrolle
- Kontrolle der Leistungsverzeichnisse

- Mitwirkung bei der Vergabe
- Betreiben des Systems zur Ausschreibung, Vergabe und Abrechnung sowie zur Kostenkontrolle (AVA-KK-System)
- Herstellung des Vergabe-LV
- Abrechnung
- Nachträge
- Belegwesen für Anlagenbuchhaltung
- Beratung der FMG bei Sondervorschlägen
- Kostenfeststellung
- Kostenberichtswesen."

(Flughafen München GmbH (Hrsg.): Projekthandbuch Teil 1 ..., 1987, S. 7)

Es handelte sich bei diesem Projektcontrolling um Bauherrenaufgaben, welche zur zeitlichen und fachlichen Entlastung des Auftraggebers an einen Dritten über-tragen wurden. In Verbindung mit einer weiteren Institution, dem **Projekt-koordinator**, welche Koordinationsaufgaben sowie die Terminkontrolle und -steuerung für das Gesamtprojekt durchführte, hatte die Bauherrin eine umfassende Projektsteuerung vergeben. Die Bauherrenaufgaben und die Leistungen der Planer waren klar getrennt. Die weiteren Ausführungen zu den Leistungen eines Projekt-controlling bauen auf dieses Verständnis auf. Zunächst wird aber noch eine andere Auffassung dargestellt.

3.2.2 Projektcontrolling als Aufgabe eines Planers

Die folgende Auffassung zum Projektcontrolling wird u. a. von Heinrich vertreten. Er beschreibt das in seiner Veröffentlichung als Baucontrolling bezeichnete Projektcontrolling als einen Teil der herkömmlichen Objektplanung, die um Besondere Leistungen mit dem Schwerpunkt der Kostenplanung erweitert ist.

Leistungsphase nach § 15 (2) HOAI	Baucontrolling bzw. Projektcontrolling	Entwurfsarchitekt (Objektplanung)
1. Grundlagenermittlung	wesentliche Teile	-
2. Vorplanung	Besondere Leistungen (1)	Grundleistungen
3. Entwurfsplanung	Besondere Leistungen (1)	Grundleistungen
4. Genehmigungsplanung	-	Grundleistungen
5. Ausführungsplanung	-	Grundleistungen
6. Vorbereitung der Vergabe	Besondere Leistungen (1)	Grundleistungen
7. Mitwirkung bei der Vergabe	Grundleistungen	-
8. Objektüberwachung (Bauüberwachung)	Grundleistungen	-
9. Objektbetreuung und Dokumentation	Grundleistungen	-

Abb. 3-3   Baucontrolling in den Leistungsphasen nach § 15 (2) HOAI

(1)   z. B. Bauwerks- und Betriebs-Kosten-Nutzen-Analysen, Wirtschaftlichkeitsberechnungen und Kostenschätzung und Kostenberechnung nach Bauelementen oder Standardleistungsbuch

(Heinrich, M.: Der Baucontrollingvertrag, 1998, S. 6 - 9)

Infolgedessen übernimmt auch der **Baucontroller** in der Darstellung von Heinrich
in erheblichem Umfang Leistungen aus dem Leistungsbild des Objektplaners (§ 15
(2) HOAI). Als typisch sieht er die Aufteilung des herkömmlichen Leistungsbildes
in das des Bau- bzw. Projektcontrolling und das des Entwurfsarchitekten als
Objektplaner für die Leistungsphasen bis einschließlich 5. Ausführungsplanung
an.

Heinrich weist auch auf die Schwierigkeiten in der Abgrenzung hin, so zum
Beispiel in zeitlicher Hinsicht: „Noch im Rahmen der Objektüberwachung sind
Architekt und Baucontroller aufeinander angewiesen. Zwar ist die Tätigkeit des
ersten bei Beauftragung eines Baucontrollers im Grundsatz mit Abschluss der
Ausführungsplanung (§ 15 (2) Nr. 5 HOAI) beendet. Die HOAI verlangt indes

nicht, dass die Ausführungsplanung vor Beginn der Bauarbeiten fertiggestellt ist. Es genügt, dass die jeweils erforderlichen Unterlagen nach und nach rechtzeitig - dem Baufortschritt angemessen - verfügbar sind."

(Heinrich, M.: Der Baucontrollingvertrag, 1998, S. 12)

Eine klare Kontur für den Projektcontroller zu finden, ist dann besonders schwierig, wenn wie oben dargestellt, herkömmliche Leistungsbilder aufgeteilt werden. Dies gilt für die Zuständigkeiten, die Haftung wie auch für die Vergütung. Dass der Baucontroller nach der einen Auffassung in nicht näher zu definierender Weise zwischen allen Formen der Bauplanung anzusiedeln ist, nach anderer Ansicht aber mit dem Projektsteuerer weitgehend identisch sein soll, kann unter diesen Umständen nicht verwundern.

(Wingsch, D.: Der Projektsteuerungsvertrag in rechtlicher Hinsicht, 1984, S. 1056 und Böggering, P.: Die Abnahme beim Werkvertrag, 1983, S. 402)

3.2.3 Quantity Surveyor

Eine Ähnlichkeit der zuletzt dargestellten Auffassung besteht zu dem aus Großbritannien stammenden Leistungsbild des **Quantity Surveyor**.

Das Leistungsbild des Quantity Surveyor wird vom Verfasser auf der Grundlage verschiedener Unterlagen und Gespräche wie folgt übersetzt:

- Kostenplanung mit Budgetplanung, Kostenermittlung, -kontrolle und -steuerung, dabei vergleichsweise höhere Detaillierung der Kostenplanung, beispielsweise durch die Elementmethode, bedarfsweise Kalkulation von Leistungen aus der Sicht ausführender Firmen oder den Einsatz von Kostendatenbanken
- Finanzplanung und Liquiditätsplanung
- Vorbereitung der Vergabe mit Prüfung von Leistungsbeschreibungen, gegebenenfalls Erhebung von kostengünstigen Alternativen sowie Überprüfung der Vertragsbedingungen
- Mitwirken bei der Vergabe mit Angebotsprüfung und Durchführung von Bietergesprächen
- Objektüberwachung mit Kostenkontrolle bezogen auf Vergabeeinheiten oder Bauverträge und Führen des Bautagebuches sowie schließlich
- Wirtschaftlichkeitsermittlungen bezüglich der Planung, Ausführung und Nutzung von Bauwerken nach jeweiligen Erfordernissen.

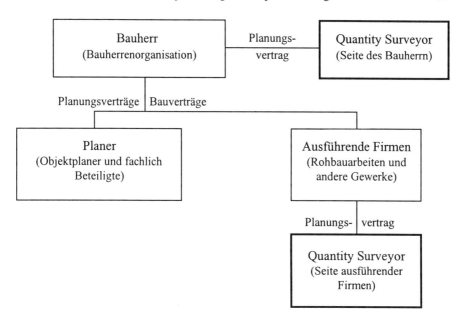

Abb. 3-4   Stellung des Quantity Surveyor innerhalb der Projektorganisation

Ein Quantity Surveyor nimmt nach unserem Verständnis in Deutschland nicht nur Bauherrenaufgaben, sondern gleichzeitig auch solche des Objektplaners wahr. Insofern ergeben sich, je nach Vertragsgestaltung, Fragen der Abgrenzung und bezüglich der Haftung zwischen dem Quantity Surveyor und anderen Planern.

Daneben wird der Quantity Surveyor im Auftrag ausführender Firmen tätig, indem er diese bei der Kalkulation unterstützt.

Wenn auch mit dem Quantity Surveyor dem Bauherrn ein Kostenfachmann direkt zur Seite steht, so dürfen dennoch nicht der Objektplaner oder die fachlich Beteiligten aus der in ihrem vollständigen Leistungsbild enthaltenen Kostenverantwortung entlassen werden.

Der Verfasser vertritt die Position, dass die Beauftragung eines Quantity Surveyor, beispielsweise im Bereich der Kostenplanung, nicht anstelle des Objektplaners oder der fachlich Beteiligten erfolgen darf, sondern allenfalls zusätzlich erfolgen kann. Nur so hat der Bauherr eindeutig einen Ansprechpartner für die vollständige Planung im Hinblick auf Funktion, Gestaltung und Wirtschaftlichkeit und in diesem Sinne auch eine ungeteilte Verantwortung.

Dies gilt für den Einsatz eines Quantity Surveyor wie für das von Heinrich beschriebene Modell des Baucontrolling bzw. Projektcontrolling in gleicher Weise.

3.3 Projektsteuerung

Zur zeitlichen und fachlichen Entlastung des Bauherrn bzw. des Projektleiters bedarf es nach Art, Komplexität und Dauer des Projektes häufig einer Unterstützung, die ebenfalls durch externe Fachleute erfolgen kann. Für die Wahrnehmung delegierbarer Bauherrenaufgaben hat sich die **Projektsteuerung** bewährt. Projektsteuerung ist die Wahrnehmung delegierter Auftraggeberfunktionen in organisatorischer, technischer und wirtschaftlicher Hinsicht.

Im Jahre 1976 wurde der § 31 Projektsteuerung in die Honorarordnung für Architekten und Ingenieure (HOAI) aufgenommen.

---

§ 31 Projektsteuerung

(1) Leistungen der Projektsteuerung werden von Auftragnehmern erbracht, wenn sie Funktionen des Auftraggebers bei der Steuerung von Projekten mit mehreren Fachbereichen übernehmen. Hierzu gehören insbesondere:

1. Klärung der Aufgabenstellung, Erstellung und Koordinierung des Programms für das Gesamtprojekt
2. Klärung der Voraussetzungen für den Einsatz von Planern und anderen an der Planung fachlich Beteiligten (Projektbeteiligte)
3. Aufstellung und Überwachung von Organisations-, Termin- und Zahlungsplänen, bezogen auf Projekt und Projektbeteiligte
4. Koordinierung und Kontrolle der Projektbeteiligten, mit Ausnahme der ausführenden Firmen
5. Vorbereitung und Betreuung der Beteiligung von Planungsbetroffenen
6. Fortschreibung der Planungsziele und Klärung von Zielkonflikten
7. laufende Information des Auftraggebers über die Projektabwicklung und rechtzeitiges Herbeiführen von Entscheidungen des Auftraggebers
8. Koordinierung und Kontrolle der Bearbeitung von Finanzierungs-, Förderungs- und Genehmigungsverfahren.

(2) Honorare für Leistungen bei der Projektsteuerung dürfen nur berechnet werden, wenn sie bei Auftragserteilung schriftlich vereinbart worden sind; sie können frei vereinbart werden.

Abb. 3-5   Projektsteuerung nach § 31 HOAI (01.96)

Zu § 31 Projektsteuerung heißt es in der Amtlichen Begründung zum Text: „Mit steigendem Bauvolumen wachsen die Anforderungen an den Auftraggeber, seine Vorstellungen von der Bauaufgabe in die Praxis umzusetzen, wobei er die Geschehensabläufe in technischer, rechtlicher und wirtschaftlicher Hinsicht zu koordinieren, zu steuern und zu überwachen hat. Diese Tätigkeiten sind originäre Aufgaben des Auftraggebers und von den Leistungen des Architekten und

Ingenieurs zu trennen. Infolge der zunehmenden Kompliziertheit der Geschehens-abläufe, insbesondere durch Einschaltung von anderen an der Planung fachlich Beteiligten, sind Auftraggeber ab einer bestimmten Größenordnung des Projekts nicht immer in der Lage, sämtliche Steuerungsleistungen selbst zu übernehmen. In der Praxis werden in diesen Fällen Aufträge für Leistungen bei der Projekt-steuerung erteilt. Die Aufträge umfassen insbesondere Beratungs-, Koordinations-, Informations- und Kontrollleistungen."

(HOAI - Text mit Amtlicher Begründung und Anmerkungen zu § 31, 1976)

Die in § 31 Projektsteuerung enthaltenen acht Punkte sind allerdings nicht geeig-net, um die im Einzelfall erforderlichen Leistungen eines Projektsteuerers ein-deutig und umfassend zu beschreiben. Sie können jedoch als Anhaltspunkte und als Grundlage für den Gegenstand einer Beauftragung dienen. Eine Vereinbarung in dem Sinne: „Der Auftragnehmer erbringt eine Projektsteuerung gemäß HOAI § 31" ist demnach nicht ausreichend. Aufgaben und besonders die Ergebnisse müssen in Art und Umfang festgelegt und im Verhältnis zur frei zu vereinbaren-den Vergütung geregelt werden.

Die Entscheidung, ob ein Projektsteuerer eingesetzt werden soll, kann nur der Bauherr selbst treffen. Er sollte diese Frage so früh wie möglich entscheiden, da wesentliche Aufgaben der Projektsteuerung in der Projektvorbereitung liegen. Aus Sicht des Bauherrn ist vorab zu klären:

- welche Kompetenz und Fachkenntnis er mitbringen kann
- in welchem Umfang er zeitlich gefordert ist sowie
- welche Stellung er als öffentlich-rechtlicher oder privater Auftraggeber hat und wie das Bauvorhaben finanziert wird.

Dabei ist zu berücksichtigen, dass der Bauherr zwar viele Aufgaben an einen Projektsteuerer delegieren kann, ihm jedoch auch nicht delegierbare Aufgaben verbleiben. Hierzu gehören

- Setzen der (obersten) Projektziele
- Treffen von Anordnungen
- Abschluss von Verträgen zur Verwirklichung der (obersten) Projektziele
- oberste Kontrolle der Verwirklichung der Projektziele
- rechtsgeschäftliche Erklärung der Abnahme der Werke
- letzte Verantwortung für die zeit- und mengengerechte Mittelbereitstellung.

Die Projektsteuerung unterstützt die **Projektleitung** im Rahmen einer beratenden Tätigkeit. Sie bietet in ihrer Stabsfunktion als solche eine Entlastung und erhöht damit auch die Sicherheit für den Projekterfolg. Der Projektsteuerer steht in keinem Vertragsverhältnis zu anderen Projektbeteiligten außer dem Bauherrn. Er hat infolgedessen keine Weisungsbefugnisse gegenüber anderen Projektbeteilig-ten, außer wenn der Bauherr ihn ausdrücklich bevollmächtigt.

„Auch die **Mitwirkungspflichten** des Auftraggebers sind regelungsbedürftig. Für den Projektsteuerer hat dieser Regelungskomplex erhebliche Bedeutung, weil der Auftraggeber sich nicht selten hinsichtlich seiner eigenen Kompetenz zur Ausübung der ihm verbleibenden (Rest-)Projektleitung überschätzt und ein späterer Streit über die von dem jeweiligen Auftraggeber zu erbringenden Leistungen (Beiträge) vorprogrammiert ist."

(Eschenbruch, K.: Recht der Projektsteuerung, 1999, S. 420)

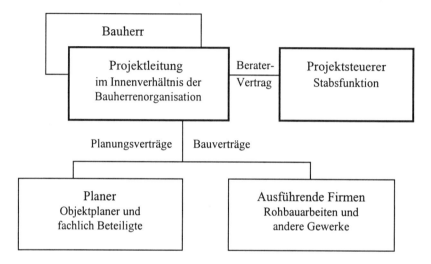

Abb. 3-6   Stellung der Projektsteuerung innerhalb der Projektorganisation

„Je nach Einzelfall kann es zweckmäßig sein, dem Projektsteuerer Vertretungsmacht für folgende Entscheidungen zu erteilen:

-   Planungs- und bauinhaltliche sowie organisatorische Anordnungen an die Projektbeteiligten im Rahmen der abgeschlossenen Verträge ohne Anordnungen solcher Maßnahmen, die zu Mehrvergütungen führen

-   Einforderung von Leistungen der Projektbeteiligten, einschließlich Inverzugsetzungen

-   Geltendmachung von Auskunfts- und Einsichtsrechten

-   Organisation von Baubesprechungen und Festlegung von Terminen und Qualitäten in Baubesprechungen

-   Entscheidungen zu Planungsfreigaben und Bemusterungen

-   Vertretung des Auftraggebers bei Abnahmen."

(Eschenbruch, K.: Recht der Projektsteuerung, 1999, S. 420)

Unabhängig von Bewertungsversuchen zum Nutzen der Projektsteuerung bietet eine qualifizierte Projektsteuerung nicht nur für den Bauherrn, sondern auch für andere Projektbeteiligte eine Reihe von Vorteilen. Hierzu gehören beispielsweise:

-   die fachlich und inhaltlich klare und umfassende Formulierung der Aufgabenstellung und damit eine größere Sicherheit für die Projektdurchführung
-   eine Entlastung des Bauherrn in zeitlicher und fachlicher Hinsicht
-   die verbesserte Transparenz und Kommunikation für alle Projektbeteiligten durch die professionelle Vorbereitung, Organisation und Dokumentation der Informationsflüsse und
-   zusätzliche Qualitäts-, Kosten- und Terminkontrollen im Interesse des Bauherrn.

Bauherren sind insbesondere bei der Durchführung von großen und komplexen Bauprojekten gut beraten, wenn sie einen in der Bauplanung erfahrenen Berater und Koordinator, z. B. einen Projektsteuerer, hinzuziehen. Dieser hat unabhängig von den Fach- oder Abteilungsinteressen auf der Seite des Auftraggebers für klare und realistische Vorgaben gegenüber Dritten, z. B. dem Architekten, zu sorgen.

„Der Platz für Projektsteuerung neben der Tätigkeit des planenden Architekten wird um so größer sein, das „Projekt" umfassendere Leistungen erfordern als das „Objekt", wenn es sich um Großbauvorhaben, Gesamtprojekte handelt, wo eine übergreifende Steuerung erforderlich ist und eine Koordination hinsichtlich des Projekts wird, die über die bauwerksbezogene Koordination des Architekten hinausgeht." (Locher, H. u. a.: Kommentar zur HOAI ..., 1996, S. 595)

Bei großen Organisationseinheiten ist die Entscheidungsfindung auf der Bauherrenseite und die fachgerechte Formulierung des Bauherrenwillens eine anspruchsvolle Aufgabe. Diese kann erheblich über die vom Architekten zu erbringenden Leistungen in der Leistungsphase 1. Grundlagenermittlung (§ 15 (2) HOAI (01.96)) hinausgehen.

Die Vorteile der Einschaltung eines externen Büros für Projektsteuerung zur Unterstützung der Projektleitung liegen in folgenden Punkten:

„-   Die externen Mitarbeiter sind unbelastet von internen Vorgängen.
-   Die externen Mitarbeiter werden nur projektbezogen eingesetzt und müssen anschließend nicht „versorgt" werden.
-   Die externen Mitarbeiter sind von Beginn an in den Projektsteuerungsmethoden ausgebildet.
-   Ein externes Büro steht unter Erfolgsdruck hinsichtlich der Ergebnisse.
-   Der Projektleiter wird von Personalführungsaufgaben in diesem Bereich entlastet.
-   Der Projektleiter kann jederzeit weitere Leistungen abfragen, ohne sich um die Personalbeschaffung kümmern zu müssen."

(Sommer, H.: Projektmanagement im Hochbau, 1998, S. 101)

Entsendet ein Büro für Projektsteuerung einen oder mehrere Mitarbeiter in ein Projekt und sind diese in der Projektorganisation des Auftraggebers mehrere Jahre tätig, so ist bei den Mitarbeitern häufig die Entfremdung vom eigenen Büro zu beobachten. Häufig verlassen gerade die guten Mitarbeiter eines Büros für Projektsteuerung nach erfolgreichem Abschluss des Projektes ihren bisherigen Arbeitgeber und suchen eine berufliche Verbesserung oder machen sich selbständig.

Für die Einschaltung von Projektsteuerern durch die **Bauverwaltung** bei öffentlichen Bauvorhaben gilt:

„- Die Bauverwaltung zieht für die Erledigung ihrer Aufgaben freiberuflich Tätige hinzu, wenn sie die erforderlichen Leistungen nicht selbst erbringen kann.

- Die Beteiligung freiberuflich Tätiger ist dann wirtschaftlich, wenn die eigenen Kapazitäten ausgelastet sind oder wenn Art und Umfang der Leistung dies erfordern.

- Die freiberuflich Tätigen können nur dann richtig eingesetzt werden, wenn die Bauverwaltung deren Leistungsfähigkeit zuverlässig beurteilen und sie qualifiziert beaufsichtigen kann.

- Die volle Verantwortung bei der Durchführung der Baumaßnahme muss bei der Bauverwaltung verbleiben, da die Entscheidungskompetenz nicht übertragbar ist."

Dabei sollen so viele Eigenleistungen bei der Bauverwaltung verbleiben, dass sie durch die ständige Beschäftigung mit diesen Fragen ihre Sicherheit als fachkundiger, erfahrener und qualifizierter Partner bei der Überwachung von Freischaffenden erhalten kann. (Schnoor, C.: Projektsteuerung ..., 1994, S. 188)

Projektleiter und Projektsteuerer sind also Bauherren auf Zeit. Allen weiteren Beteiligten sollten sie kompetent entgegentreten und als qualifizierte Ansprechpartner willkommen sein. Dass dies nicht immer so ist, hört man in der Praxis bisweilen leider auch. Gründe dafür sind oft genug mangelnde Führungsqualifikation, ungeklärte Zielkonflikte oder mangelhafte Vorgaben. Im ungünstigen Fall gibt es auch Überschneidungen bei den Leistungsbildern oder die fehlende Beauftragung von Planern. Ein gutes Projektmanagement hat also gerade auf der Seite des Bauherrn eine hohe Bedeutung mit Wirkung auch auf alle anderen Projektbeteiligten.

„Viele Auftraggeber unterscheiden kaum zwischen den Aufgaben der Projektleitung und der Projektsteuerung. Dennoch ist es aus Gründen der **Haftung** und Verantwortung wichtig, die Unterschiede zu kennen und zu beachten. Nicht selten wurden in der Vergangenheit Aufträge für Projektsteuerung erteilt mit der Erwartungshaltung des Auftraggebers, dass der Auftragnehmer selbstverständlich auch die Projektleitung wahrnehmen werde." (Schulte, K.-W.: Handbuch Immobilien-Projektentwicklung, 1996, S. 38)

Setzt der Bauherr sowohl einen Projektsteuerer als auch einen **Generalplaner** bei ein und dem selben Projekt ein, dann verringern sich zwangsläufig die Leistungen des Projektsteuerers ganz erheblich. Während der Generalplaner für die vollständige Koordination der fachlich Beteiligten zu sorgen hat, wird sich der Projektsteuerer auf die Projektvorbereitung auf der Bauherrenseite, die Unterstützung des Auftraggebers im Bereich der Bauherrenorganisation und die übergeordnete Kontrolle und erforderlichenfalls Steuerung des Projektes als Ganzes konzentrieren. Für diese Teilfunktion der Projektsteuerung wird häufig auch die Bezeichnung **Projektcontrolling** gewählt.

4. Leistungsbilder, Vertrag und Vergütung

Verbindliche **Leistungsbilder** für das Projektmanagement gibt es nicht. Die Form des Vertrages, Grundlage und Höhe der Vergütung sind von Fall zu Fall zwischen den Parteien zu vereinbaren. Für die Leistungen des Projektmanagement herrscht sowohl Leistungs- als auch Preiswettbewerb.

4.1 Leistungsbilder im Projektmanagement

Die nachfolgenden Überlegungen zu Leistungsbildern, zum Vertrag und zur Vergütung gehen von der Projektsteuerung als einer häufig beauftragten und hinsichtlich der angesprochenen Fragen am weitesten strukturierten Teilleistung des Projektmanagement im Bauwesen aus.

Die Wahrnehmung der Projektleitung, also aller dispositiven Bauherrenaufgaben einschließlich des Treffens von Entscheidungen und Anordnungen gegenüber weiteren Projektbeteiligten, oder die Übernahme der umfangreichen Aufgaben des Projektmanagement im Rahmen der Generalplanung lassen sich von der Projektsteuerung durchaus ableiten.

Der Umfang der Aufgaben im Bereich des Projektmanagement kann - wie in der Projektsteuerung - in vier **Handlungsbereiche** unterschieden werden:

A   Organisation, Information, Koordination und Dokumentation
B   Qualitäten und Quantitäten
C   Kosten und Finanzierung
D   Termine und Kapazitäten.

Den Handlungsbereichen werden die nachfolgenden Kapitel 5 bis 8 gewidmet. Deshalb brauchen an dieser Stelle die Leistungsbilder nur in den Grundzügen, soweit es für den Vertrag und die Vergütung von Bedeutung ist, behandelt zu werden.

4.1.1 Die Kunst des Projektmanagement

Hinsichtlich der Ziele, die bei einem Bauprojekt erreicht werden sollen, liegt der Vergleich mit denen einer Volkswirtschaft nahe. Dort wird im Zusammenhang mit den Zielen Vollbeschäftigung, Geldwertstabilität und Gleichgewicht der Leistungsbilanz vom „**Magischen Dreieck**" gesprochen. Das grundsätzliche Problem besteht darin, dass aufgrund wechselseitiger Abhängigkeiten der gesamtwirtschaftlichen Variablen die verschiedenen Ziele nicht alle gleichzeitig und in vollem Umfang erreicht werden können.

Handlungsbereich A Organisation, Information, Koordination und Dokumentation gilt als unverzichtbare Voraussetzung für ein erfolgreiches Projektmanagement. Treten in diesem Bereich Mängel auf, dann müssen auch die Vorgaben in den drei anderen Handlungsbereichen in Frage gestellt werden. Hohe Qualitäten und Quantitäten, niedrige Kosten und günstige Finanzierung sowie kurze Termine und geringe Kapazitäten lassen sich nicht gleichzeitig uneingeschränkt erreichen. Somit besteht die „**Kunst des Projektmanagement**" darin, Zielkonflikte zu lösen: die Interessen und damit die Ziele der Beteiligten in Bezug auf das Bauprojekt so zu steuern, dass eine insgesamt gute Lösung erreicht wird. Diese besteht zwangsläufig in einem Kompromiss, jedoch mit einer möglichst hohen Akzeptanz der Beteiligten.

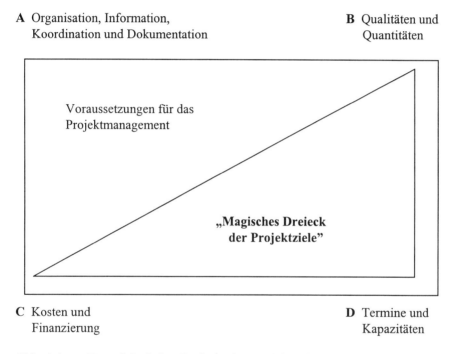

A Organisation, Information, Koordination und Dokumentation

B Qualitäten und Quantitäten

Voraussetzungen für das Projektmanagement

„**Magisches Dreieck der Projektziele**"

C Kosten und Finanzierung

D Termine und Kapazitäten

Abb. 4-1   Das „Magische Dreieck der Projektziele" im Lösungsraum des Projektmanagement

4.1.2 Abgrenzung von Projektmanagement und Planung

Bei den Leistungen der Projektsteuerung handelt es sich um **delegierbare Auftraggeberfunktionen**. Sie sind nicht in den Grundleistungen anderer Leistungsbilder enthalten.

§ 15 HOAI Leistungsbild Objektplanung für Gebäude, Freianlagen und raumbildende Ausbauten enthält Grundleistungen und Besondere Leistungen. Nach § 2 HOAI umfassen die Grundleistungen die Leistungen, die zur ordnungsgemäßen Erfüllung eines Auftrags im allgemeinen erforderlich sind. Dagegen können die Besonderen Leistungen zu den Grundleistungen hinzu oder an deren Stelle treten, wenn besondere Anforderungen an die Ausführung des Auftrages gestellt werden, die über die allgemeinen Leistungen hinausgehen oder diese ändern.

Anders verhält es sich bei einzelnen **Besonderen Leistungen**, die sich in Aufgaben zur Ergänzung der Planung, Mitwirkungsaufgaben und Aufgaben, welche die Grundlagen der Planung und Entscheidungsvorbereitung betreffen, einteilen lassen. Es kommt dann zu Überschneidungen von Leistungen des Objektplaners und des Projektsteuerers, wenn der Objektplaner mit folgenden Leistungen beauftragt wird:

- Aufstellen eines Zeit- und Organisationsplanes (Leistungsphase 2)
- Aufstellen eines Finanzierungsplanes (Leistungsphase 2)
- Wirtschaftlichkeitsberechnung (Leistungsphase 3)
- Aufstellen, Überwachen und Fortschreiben von differenzierten Zeit-, Kosten- und Kapazitätsplänen (Leistungsphase 8)
- Ermittlung und Kostenfeststellung zu Kostenrichtwerten (Leistungsphase 9).

„Der Projektsteuerer darf ... keine Grundleistungen der Planer übernehmen, dies würde sowohl dem Sinn und Zweck des § 31 HOAI als auch den Auftrag-geberinteressen insgesamt widersprechen. **Projektsteuerungsaufgaben** sollen in nicht unerheblichem Maße Kontrollaufgaben in Bezug auf die werkvertraglichen Arbeitsergebnisse der übrigen Projektbeteiligten sein. ... Dass an seiner Loyalität zum Auftraggeber bei einer Doppelfunktion als Planer und eigenständiger unab-hängiger Auftraggebervertreter erhebliche Zweifel bestehen mussten, ergibt sich von selbst."
(Knipp, B.: Rechtliche Rahmenbedingungen ..., 1995, S. 28)

Verbindliche Festlegungen zu Art und Umfang des Projektmanagement bestehen nicht, weder für den Auftraggeber noch für den Auftragnehmer. Die Aufgaben, welche ein Projektmanager bzw. Projektsteuerer übernehmen sollte, sind von Fall zu Fall zwischen dem Bauherrn und seinem Auftragnehmer zu vereinbaren. Kriterien für die dabei zu treffenden Festlegungen sind

- erforderliche zeitliche und fachliche Entlastung des Bauherrn
- Komplexität des Projektes in Bezug auf Größe, Dauer, Zahl der Beteiligten u. v. m.
- notwendige Prüfungen und Nachweise gegenüber Aufsichtsorganen
- Nutzen-Kosten-Verhältnis des Projektmanagement für den Bauherrn.

Ähnlich wie die Leistungen der Architekten und Ingenieure werden zumindest die Leistungen der Projektsteuerung in Stufen unterteilt werden. Die Leistungsphasen des § 15 (2) HOAI werden zur Orientierung in Klammern angegeben.

Projektstufen (Leistungsphasen)	Bewertung der Grundleistung in v. H. des Grundhonorars nach § 206 (DVP)
1 Projektvorbereitung (Projektentwicklung, strategische Planung, Grundlagenermittlung)	26
2 Planung (Vor-, Entwurfs- und Genehmigungsplanung)	21
3 Ausführungsvorbereitung (Ausführungsplanung, Vorbereiten der Vergabe und Mitwirken bei der Vergabe)	19
4 Ausführung (Projektüberwachung)	26
5 Projektabschluss (Projektbetreuung, Dokumentation)	8
Summe	100

Abb. 4-2   Bewertung der Projektstufen (DVP e. V. (Hrsg.): DVP-Informationen 1996, S. 14)

4.1.3 Rechtsberatung bei Bauprojekten

Rechtsberatung ist häufig als Teil des Projektmanagement erforderlich, und zwar als Rechtsberatung, die vorbeugend gewährleisten soll, dass der nötige juristische Sachverstand rechtzeitig in das Baugeschehen einfließt.

„Das macht den Unterschied zum „Einschalten" des Rechtsanwalts nach selbstgefühltem Bedarf aus. Denn das ist kein organisatorisches Konzept, sondern das Gegenteil davon. Die Qualität der Leistung liegt zunächst einmal in der Qualität des organisatorischen Konzepts, das die Rechtsberatung immer da, wo sie nötig ist, „automatisch" (das ist wichtig) präsent hält und damit nicht nur juristische Fehler im Projektablauf vermeidet, sondern - das müsste jedenfalls die Zielsetzung sein - die juristische Seite des Projektablaufs durch Integration in das Projektmanagement optimiert."
(Quack, F.: Verträge über Projektmanagement, 1999, S. 15)

In § 31 HOAI heißt es: „Projektsteuerung ist die Wahrnehmung delegierter Auftraggeberfunktionen in organisatorischer, rechtlicher, technischer und wirtschaftlicher Hinsicht im Sinne von § 31 HOAI. Wird die Projektsteuerung von externen Fachbüros erbracht, so müssen diese neutral und unabhängig sein."

Die darin enthaltene Wahrnehmung delegierter Auftraggeberfunktionen auch in „rechtlicher Hinsicht" ist aus heutiger Sicht nicht mehr vertretbar. Denn die gelegentliche Rechtsberatung durch den Projektsteuerer hat zu berechtigten Einsprüchen der Vertreter der Juristen geführt.

Bei Bauvorhaben sollte erforderlichenfalls ein im Baurecht fachkundiger **Jurist** eingeschaltet werden, der im Wege der baubegleitenden Rechtsberatung den Bauherrn und damit auch den Projektsteuerer in rechtlicher Hinsicht berät.

„§ 1 Erlaubnis

(1) Die Besorgung fremder Rechtsangelegenheiten einschließlich der Rechtsberatung und der Einbeziehung fremder oder zu Einbeziehungszwecken abgetretener Forderungen darf geschäftsmäßig - ohne Unterschied zwischen haupt- und nebenberuflicher oder entgeltlicher oder unentgeltlicher Tätigkeit - nur von Personen betrieben werden, denen dazu von der zuständigen Behörde die Erlaubnis erteilt ist ... ." (Rechtsberatungsgesetz (RBerG) (12.98))

„Verträge, die eine unzulässige Rechtsberatung zum Gegenstand haben, sind nichtig, § 134 BGB. Die Nichtigkeit der auf unzulässigen Rechtsbesorgung gerichteten Bestimmungen führt nach § 139 BGB im Zweifel zur Gesamtnichtigkeit des Projektsteuerungsvertrages."
(Eschenbruch, K. und Lederer, M.: Leistungsbild ..., 1997, S. 38)

Bei den rechtlichen Aufgaben ist zwischen der Rechtsberatung und der sogenannten **Rechtsbesorgenden Tätigkeit** zu unterscheiden. „Rechtsbesorgende Tätigkeit ist nur erlaubt, wenn ohne die Einbeziehung der Rechtsbesorgung eine ordnungsgemässe Erledigung der eigentlichen Aufgaben des Unternehmers nicht möglich ist. Es muss sich um eine Hilfs- oder Nebentätigkeit handeln, die sich im Rahmen der eigentlichen Berufsaufgabe vollzieht und deren Zweck dient, ohne dass sie untergeordnet zu sein braucht."
(Kniffka, R.: Die Zulässigkeit rechtsbesorgender Tätigkeit ..., 1994, S. 254)

Unabhängig von der Rechtsberatung enthalten auch die Leistungsbilder der HOAI (z. B. § 15 HOAI (01.96)) Tätigkeiten, die zur Rechtsbesorgung zu zählen sind:

- Prüfen der Umwelterheblichkeit
- Prüfen der Umweltverträglichkeit
- Durchführen der Voranfrage (Bauvoranfrage)
- Vorverhandlungen mit Behörden und anderen an der Planung fachlich Beteiligten über die Genehmigungsfähigkeit
- fachliche und organisatorische Unterstützung des Bauherrn in z. B. Widerspruchs- und Klageverfahren
- Zusammenstellen der Verdingungsunterlagen für alle Leistungsbereiche und
- Antrag auf behördliche Abnahmen und Teilnahme daran.

Wünscht oder benötigt der Auftraggeber eine **baubegleitende Rechtsberatung**, dann kommt diesbezüglich eine Mitgestaltung oder juristische Begleitung zu u. a. folgenden Punkten in Frage:

- vertragsrechtliche Fragen und Vergaben
- Prüfung von Unternehmerforderungen, beispielsweise Nachtragsforderungen
- Darlegungen des Rechtsstandpunktes des Bauherrn gegenüber seinen Vertragspartnern
- Verhandlungen des Auftraggebers mit seinen Vertragspartnern
- rechtsgeschäftliche Abnahmen.

4.2 Verträge für Projektmanagementleistungen

Die Frage nach dem Vertrag kann nur im Zusammenhang mit dem Leistungsbild und der Art der Tätigkeit bzw. dem daraus eventuell geschuldeten Erfolg behandelt werden. Eine allgemein gültige Form „des Vertrages" gibt es im Projektmanagement genauso wenig wie ein entsprechendes Leistungsbild. Es werden zunächst die Auffassungen und einzelne Urteile zur Projektsteuerung dargestellt und davon ausgehend andere verwandte Leistungsbilder behandelt.

4.2.1 Dienstvertrag oder Werkvertrag

Bei den Architekten- und Ingenieurleistungen handelt es sich im Fall der üblichen Beauftragung von Leistungen der Planung bzw. Bauüberwachung um einen Werkvertrag. Ob es sich beim Projektsteuerungsvertrag um einen **Dienstvertrag** (BGB § 611) oder einen **Werkvertrag** (BGB § 631) handeln soll, war lange umstritten. Abgesehen von individuellen Vereinbarungen wurden durch Gerichte folgende Einzelentscheidungen getroffen:

- beim **Projektsteuerungsvertrag** handelt es sich um einen Geschäftsbesorgungsvertrag mit werkvertraglichem Einschlag (Urteil des OLG München 1994)

- der Projektsteuerungsvertrag ist kein Werkvertrag (Urteil des BGH 1995).

Diese Auffassung wird von Mantscheff durch die folgende Argumentation unterstützt: „Abweichend vom üblichen Architekten- und Ingenieurvertrag wird aber der Auftrag zur Erbringung von Leistungen der Projektsteuerung als Dienstvertrag anzusehen sein, weil der Auftragnehmer mit den dem Auftraggeber obliegenden Koordinierungs-, Steuerungs- und Überwachungsleistungen und der damit verbundenen Beratung Dienstleistungen erbringt und keinen Erfolg schuldet ... ."
(Mantscheff, J.: Honorarordnung für Architekten und ... , 1996, S. 882)

Entscheidend ist die Art der vereinbarten Leistung. So heißt es sinngemäß auch in einem Urteil des OLG Düsseldorf: „Werden in einem Projektsteuerungsvertrag in erster Linie Beratungs-, Informations- und Koordinierungsleistungen übertragen, so handelt es sich um einen Dienstvertrag."
(Urteil des OLG Düsseldorf 1998)

Auftraggeber und Projektsteuerer müssen sich, um **falsche Erwartungen** oder gegebenenfalls einen späteren Rechtsstreit zu vermeiden, darüber klar werden, was ein Projektsteuerer überhaupt leisten kann. Dies gilt vor allem dann, wenn man sich darüber im Klaren ist, dass er den Bauherrn zwar in vielfältiger Weise unterstützt, z. B. durch Beratungsleistungen, nicht aber ohne weiteres die dem Bauherrn - in seiner Eigenschaft als Projektleiter - vorbehaltenen Entscheidungen treffen und Weisungen gegenüber den weiteren Projektbeteiligten erteilen darf. Letztere sind für den Projekterfolg ausschlaggebend.

Bauherren nehmen teilweise **Bonus-Malus-Regelungen** mit in den Vertrag des Projektsteuerers auf, um der Einhaltung von vorgegebenen Kosten und Terminen besonderen Nachdruck zu verleihen. Somit wird die Einhaltung dieser Projektziele für den Projektsteuerer erfolgswirksam, indem ein Teil seiner Vergütung hiervon abhängt. Der Bauherr sollte sich dabei aber auch darüber im Klaren sein, dass

-   in vielen Fällen der Projektsteuerer Abweichungen von den Projektzielen gar nicht verhindern kann, z. B. wenn der Auftraggeber selbst Entscheidungen verzögert und damit das Erreichen der Terminziele verhindert und
-   einseitiges Festhalten an Termin- oder Kostenvorgaben meist nur unter Inkaufnahme von Verschlechterung der Qualität des Objektes erreicht werden kann.

Eine **Erfolgsgarantie** für z. B. eine absolute Einhaltung einmal gesetzter Kosten- und Terminziele wird ein Projektsteuerer ohnehin nicht geben können, wenn er doch nicht einmal die hierfür erforderlichen Entscheidungen treffen und Weisungen erteilen darf. In diesem Fall würde der Auftragnehmer, Auftrag und Vollmacht vorausgesetzt, die Projektleitung wahrnehmen und im Vergleich zu einer Beratung eine völlig andere Aufgabe übernehmen.

Die Erwartungen vieler Bauherren gehen - häufig stillschweigend - bei der Beauftragung einer Projektsteuerung davon aus, eine Projektleitung zu erhalten. Viele Anbieter von Leistungen des Projektmanagement erklären sich - zumindest bei ihren Bemühungen um einen Auftrag - zur Übernahme der Projektleitung in der Lage. Die schwierigen Fragen von Garantien und Haftung werden zu diesem Zeitpunkt sehr häufig nicht mit der erforderlichen Sorgfalt besprochen.

§ 31 HOAI ist die einzige Rechtsnorm, die sich explizit mit der **Projektsteuerung** befasst. Sie enthält jedoch lediglich eine Aufzählung von wesentlichen Leistungen der Projektsteuerung in Abgrenzung zu den sonstigen Objekt- und Fachplanungsleistungen nach Teil II der Honorarordnung. Ein für vertragliche Vereinbarungen ausreichendes Leistungsbild stellt diese Aufzählung von Leistungen nicht dar. Somit ist die praktische Bedeutung des § 31 HOAI gering.

Es muss dann gefragt werden:

-   Unter welchen Bedingungen können Garantieversprechen, z. B. Einhaltung einer Kostenobergrenze, überhaupt eingehalten werden?
-   Welchen Anspruch könnte ein Auftraggeber gegenüber einem Projektmanager im Fall einer erheblichen Abweichung durchsetzen, wenn z. B. das Kostenziel für ein Projekt um ein Mehrfaches der Honorarsumme für das Projektmanagement überschritten wird?

Übernimmt ein Auftragnehmer die im Grunde dem Bauherrn obliegende **Projektleitung**, so sind neben den zu erteilenden Vollmachten, hierbei üblicherweise im Rahmen eines Werkvertrages, auch der zumutbare Umfang der Haftung zu klären.

Wird ein Teil der Bauherrenaufgaben an einen Generalplaner beauftragt, welcher dann allerdings dem Umfang einer Projektsteuerung nicht voll entspricht, dann ist das Projektmanagement üblicherweise Teil des Architekten- und Ingenieurvertrages und damit eines Werkvertrages, welcher durch den überwiegenden Teil der Architekten- und Ingenieurleistungen bestimmt wird.

Im Einzelfall ist die Frage des Vertrages und der Haftung immer unter Mitwirkung eines im Bauwesen kundigen Juristen zu klären.

4.2.2 Schriftformerfordernis bei der Honorarvereinbarung

Bei den Planungsleistungen verlangt die HOAI teilweise die Schriftform und teilweise nicht. Die **Schriftformerfordernis** beim Honorarvertrag ist allgemein

- nicht generell zwingend, Verträge sind auch wirksam, wenn sie mündlich geschlossen werden oder gegebenenfalls auch durch schlüssiges Handeln zustande kommen,

- häufig im Fall des öffentlich-rechtlichen Auftraggebers Voraussetzung für die Wirksamkeit der Verpflichtungserklärung, dies ist im Einzelfall zu prüfen,

- bei einer Honorarabrechnung für Architekten- und Ingenieurleistungen über dem Mindestsatz erforderlich (vgl. § 4 (1) HOAI), dies betrifft die Leistungen des Projektmanagement jedoch nicht,

- aus Beweisgründen und Gründen der Klarheit über den Leistungsgegenstand sowie die Art und Weise der Honorierung in jedem Fall anzuraten.

Die schriftliche Form eines Honorarvertrages ist „nach § 126 BGB nur dann gewahrt, wenn die Honorarvereinbarung von beiden Parteien unterschrieben ist, und zwar auf derselben Urkunde. Angebot und Annahme in zwei getrennten Schriftstücken erfüllen das gesetzliche Schrifterfordernis ebenso wenig wie ein Bestätigungsschreiben auf eine mündliche Vereinbarung."

(Enseleit, D. und Osenbrück, W.: HOAI - Anrechenbare Kosten ..., 1991, S. 37)

Bestreitet der Auftraggeber die Beauftragung und damit zusammenhängend eine Honorarvereinbarung mit dem Architekten, dann

- obliegt dem Auftragnehmer die Beweisführung,

- kann der Bauherr behaupten, der Auftragnehmer habe Leistungen im Rahmen der Akquisition kostenlos erbracht,

- kann der Auftragnehmer häufig auf Zeugen für mündliche Vereinbarungen nicht zählen.

Auf die Änderung der Schriftformerfordernis beim **Projektsteuerungsvertrag** ist in diesem Zusammenhang hinzuweisen. In der vorliegenden Fassung des § 31 (2) HOAI (01.96) heißt es: „Ein Honorar für Leistungen bei der Projektsteuerung darf nur berechnet werden, wenn dies bei Auftragserteilung schriftlich vereinbart wurde." Die Schriftform ist diesem Wortlaut entsprechend also Wirksamkeitsvoraussetzung. Wird durch die Parteien eine entsprechende Vereinbarung nicht getroffen, so steht dem Projektsteuerer kein Honorar zu.

Diese Bestimmung des Absatzes 2 erfuhr jedoch der Korrektur und es erging folgendes Urteil: „§ 31 II Halbs. 1 HOAI ist mangels Ermächtigung nichtig, soweit die Wirksamkeit von Honorarvereinbarungen für Projektsteuerungsleistungen davon abhängig gemacht wird, dass sie „schriftlich" und „bei Auftragserteilung" getroffen worden sind." (Urteil des BGH 1997)

4.3 Vergütung von Leistungen der Projektsteuerung

Leistungen im Projektmanagement unterliegen sowohl einem Leistungswettbewerb als auch einem Preiswettbewerb, da Leistungsbild und -umfang individuell geregelt werden können und keine verbindliche Honorarordnung als **Preisverordnung** besteht. Im Unterschied dazu besteht

- ein **Leistungswettbewerb** für Architekten- und Ingenieurleistungen bei Beachtung der Honorarordnung sowie

- ein **Preiswettbewerb** für Bauleistungen auf der Grundlage einer erschöpfenden Leistungsbeschreibung.

Eine Vereinbarung der Vergütung von Leistungen im Projektmanagement kann nur dann für beide Parteien ohne größeres Risiko erfolgen, wenn ein entsprechendes Leistungsbild zu Grunde gelegt wird.

„§ 1 HOAI bestimmt, dass die Regelungen der Verordnung für die Berechnung der Entgelte für die Leistungen der Architekten und der Ingenieure gelten, soweit diese durch Leistungsbilder oder andere Bestimmungen der Verordnung erfasst werden. Zu den „anderen Bestimmungen" gehört § 31 HOAI, so dass ein Anknüpfungspunkt für die Anwendung der HOAI gefunden ist. Die allgemeinen Vorschriften der HOAI passen allerdings bis auf wenige Ausnahmen (§§ 6 - 8 HOAI) kaum zur Projektsteuerung." (Knipp, B.: Rechtliche Rahmenbedingungen bei der Projektsteuerung, 1995, S. 24)

Auch für die häufig beauftragte Projektsteuerung gibt es bisher weder ein einheitliches **Leistungsbild** noch eine Regelung der **Vergütung** auf gesetzlicher Grundlage. Die in manchen Verträgen zu findende Formulierung „Der Auftragnehmer erbringt Leistungen der Projektsteuerung gemäß § 31 HOAI" ist nicht nur unzureichend, sie ist insoweit sogar gefährlich als durch den Bezug auf die HOAI Klarheit suggeriert wird. Ferner enthält der § 31 HOAI keine Honorarregelung (vgl. § 31 (2) HOAI). Demzufolge muss von Fall zu Fall zwischen dem Bauherrn und dem Projektsteuerer das Honorar frei vereinbart werden. Entsprechendes gilt für die Zahlung des Honorars.

Angebot und Abrechnung der Leistungen können entweder

- auf der Grundlage anrechenbarer Kosten
- als Aufwand nach Mann-Monatssätzen oder Mann-Tagesverrechnungssätzen sowie
- als Gesamtpauschale

vereinbart werden. Dabei ist auch zu regeln, inwieweit Nebenkosten enthalten sind oder gesondert - auf Nachweis - abgerechnet werden.

Der Verfasser vertritt folgende Auffassung: Zur **Honorarfindung** für Leistungen im Projektmanagement sollen parallel folgende Ermittlungen in Abstimmung zwischen dem Auftraggeber und dem Auftragnehmer bzw. den Bewerbern der engeren Wahl erstellt werden:

- Aufwandskalkulation für die Projektsteuerung auf der Grundlage der notwendigen bzw. gewünschten Leistungen und des dafür erforderlichen Personals
- überschlägige Honorarbemessung anhand von Honorartafeln, z. B. AHO-Fachkommission § 206 auf der Grundlage der Projektkosten
- Vergleichsrechnung für den Aufwand bei gleichen Leistungen im Fall der Eigenleistung durch den Bauherrn mit eigenem Personal bei gleicher Qualifikation.

Die damit verbundenen Ermittlungen und Abstimmungen bieten am ehesten den Anlass dafür, dass die Erwartungen des Bauherrn einerseits und die wirtschaftlichen und fachlichen Möglichkeiten des späteren Auftragnehmers zur Sprache kommen. Leistungsbild und Vergütung kommen also gleichzeitig zur Sprache.

4.3.1 Honorarermittlung nach den anrechenbaren Kosten

In Ermangelung einer Regelung der Vergütung von Leistungen im Projektmanagement, speziell in der Projektsteuerung, wurden verschiedene Vorschläge von einzelnen Autoren und vom **Deutschen Verband der Projektsteuerer (DVP)** aufgestellt. Alle Vorschläge entsprechen in der Vorgehensweise grundsätzlich der Honorarermittlung für die Objektplanung (vgl. HOAI, Teil II). Um eine Vergütung für Leistungen des Projektmanagement- bzw. der Projektsteuerung nach den anrechenbaren Kosten vereinbaren zu können, ist es wie bei der Ermittlung eines Planungshonorares, z. B. für den Objektplaner, erforderlich, dass sowohl die anrechenbaren Kosten zumindest überschlägig als auch das Leistungsbild in den Grundzügen bekannt sind oder festgelegt werden können.

Vorteile der Vergütung auf der Basis anrechenbarer Kosten sind:

- die Nachvollziehbarkeit der Honorarfindung
- die Bekanntheit des Ermittlungsverfahrens, nämlich entsprechend HOAI
- die Möglichkeit der phasenweisen Beauftragung
- die Ermittlung der Honorarsumme zu Projektbeginn.

Zu den Nachteilen zählen:

- die Erhöhung des Honorars bei Erhöhung der anrechenbaren Kosten und
- der daraus verminderte Anreiz, die Projektkosten zu senken.

Aufgrund des daraus entstehenden Konfliktes kann das **Vertrauensverhältnis** zwischen Auftraggeber und Auftragnehmer belastet werden.

(Borchardt, H.: Vergütung von Projektsteuerungsleistungen, 1996, S. 16)

Von Bedeutung ist die Verbreitung der Vorschläge und damit ihre Akzeptanz bei der Verhandlung von Bauherren mit Bewerbern bzw. Auftragnehmern der Projektsteuerung. Nachfolgend werden drei **Honorartafeln** vorgestellt. Sie unterscheiden sich teilweise deutlich in den Honorarfunktionen und damit in der Höhe der Vergütung vergleichbarer Leistungen.

Zur Honorierung der Projektsteuerung hat Ludwig Will bereits im Jahre 1988 folgenden Vorschlag unterbreitet. Es handelt sich nach Kenntnis des Verfassers dabei um die erste Honorartafel mit größerer Verbreitung und Beachtung.

Anrechenbare Projektkosten in T€	Honoraransatz in % der anrechenbaren Projektkosten vom Aufwand für das Projekt		
	niedrig	mittel	hoch
1.000	2,75	3,23	4,20
25.000	1,87	2,20	2,86
50.000	1,20	1,41	1,83
75.000	0,93	1,09	1,42

Abb. 4-3   Honorartafel für die Projektsteuerung nach Will (Will, L.: Bauherrenaufgaben und Projektsteuerung, 1988, S. 415, Umrechnung in € durch den Verf.)

Deutlich differenzierter ist die Honorartafel vom **Deutschen Verband der Projektsteuerer e. V. (DVP)**. Allerdings stellt auch dieser Vorschlag keine verbindliche Preisverordnung dar. Die nachfolgende Darstellung des § 206 Honorartafel für die Grundleistungen der Projektsteuerung (DVP) ist verkürzt, zeigt jedoch in groben Zügen das Verhältnis von Honorar zu anrechenbaren Kosten. Ähnlich wie bei der Objektplanung wird nach Zonen, die allerdings anderen Bewertungsmerkmalen unterliegen als die Honorarzonen der §§ 11 und 12 HOAI, unterschieden.

Anrechen-bare Kosten (T€)	Honorar (%)				
	Zone I	Zone II	Zone III	Zone IV	Zone V
500	2,91 - 3,57	3,57 - 4,55	4,53 - 5,47	5,47 - 6,14	6,14 - 7,10
5.000	1,92 - 2,33	2,33 - 2,96	2,96 - 3,54	3,54 - 3,98	3,98 - 4,59
50.000	0,93 - 1,08	1,08 - 1,37	1,37 - 1,60	1,60 - 1,81	1,81 - 2,08

Abb. 4-4   Honorartafel für die Projektsteuerung nach DVP e. V ((Hrsg.): DVP-Informationen 1996, S. 21, Auszug, Umrechnung in € durch den Verf.)

Der Begriff „**anrechenbare Kosten**" im Zusammenhang mit der Projektsteuerung unterscheidet sich vom gleichlautenden Begriff in der Objektplanung (vgl. § 10 HOAI) durch die zusätzliche Berücksichtigung von Planungsleistungen. So wird im Entwurf der AHO in § 202 Grundlagen des Honorars definiert: „(1) Das Honorar für die Grundleistungen der Projektsteuerung richtet sich nach den anrechenbaren Kosten des Projektes gem. DIN 276 (Juni 1993) mit den Kosten-gruppen 100 bis 700 ohne 110, 710 und 760, nach der Honorarzone, der das Projekt angehört sowie nach der Honorartafel in § 206. ... ."
(AHO-Fachkommission (Hrsg.): ... Projektsteuerung ..., 1996, S. 10)

Einfach und praxisgerecht ist der Vorschlag für die Vergütung der Projekt-steuerung von Hartmann.

Anrechenbare Kosten €	Honorarsatz in Prozent der anrechenbaren Kosten	
	Mindestsatz	Höchstsatz
2 500 000	3,23	3,94
25 000 000	2,63	3,38
50 000 000	2,16	2,91
75 000 000	1,81	2,50
100 000 000	1,52	2,14
125 000 000	1,29	1,82
150 000 000	1,12	1,53

Abb. 4-5   Honorartafel für die Projektsteuerung nach Hartmann (Hartmann, R.: Die neue Honorarordnung ... , 1995)

Wichtiger als die aufgeführten Vorschläge und Entwürfe ist die tatsächliche Vergütung der Projektsteuerung in der Praxis. Hierzu liegt eine, wenn auch auf

Grund der geringen Menge statistisch verwertbarer Daten zwar nicht repräsentative, jedenfalls aber zur Orientierung dienliche Auswertung vor:

„Im Frühjahr 1995 wurde seitens der AHO-Fachkommission eine Fragebogenaktion zur Projektsteuerung von Hochbauten durchgeführt. Aus 30 Fragebogenrückläufen konnten 47 Hochbauprojekte ausgewertet werden. Die wesentlichen Auswertungsergebnisse waren: ... Die erzielten Honorare betrugen im Durchschnitt 453 T€ (Umrechnung durch den Verf.). Als gewichteter Mittelsatz ergab sich jedoch ein Honorar von 1,5 v. H. der anrechenbaren Kosten. Im Vergleich zu den Honorartabellen gem. Honorartafel zu § 206 (1) sind die erzielten Honorare häufig niedriger, teilweise jedoch auch deutlich höher." (AHO-Fachkommission (Hrsg.): ... Projektsteuerung ..., 1996, S. 87)

4.3.2 Honorarermittlung nach Aufwand

Alternativ kann das Honorar für Leistungen im Projektmanagement, speziell auch im Bereich der Projektsteuerung nach dem tatsächlichen oder dem geschätzten Aufwand ermittelt werden. Besteht die Absicht, die Vergütung nach dem Aufwand zu vereinbaren, sind einige Voraussetzungen zu prüfen, denn diese Art der Berechnung soll nur erfolgen, wenn

- die Leistung nicht genau beschrieben werden kann
- der Leistungsumfang nicht bekannt ist
- es sich um eine weisungsgebundene, unterstützende Leistung handelt und
- der Einsatz kurzzeitig erfolgt.

Es sind mindestens festzulegen: Stundensätze oder Mann-Monatssätze der Mitarbeiter, ihre Qualifikationen, Einsatzzeiten und Einsatzort, Nebenkosten und eventuell eine Regelung zur Preisgleitung.

Von Vorteil sind:

- die Bindung der Leistungen an Personen, die meistens beim Auftraggeber eingesetzt werden
- die Kontrollierbarkeit sowie
- die individuelle Dispositionsmöglichkeit.

Zu den Nachteilen zählen:

- anfangs nicht bekannte Kosten,
- ein hoher Verwaltungsaufwand,
- fehlende Verantwortung für die Vollständigkeit der Leistung und ungenügende Kalkulierbarkeit.

Es besteht ferner das Risiko, dass die Höhe der Vergütungssätze nicht angemessen ist und dass die Kosten überschritten werden.
(Borchardt, H.: Vergütung von Projektsteuerungsleistungen, 1996, S. 16)

Der spätere Auftragnehmer sollte eine Schätzung des **personellen Aufwandes** vornehmen und gegenüber dem Auftraggeber erläutern. Dies kann beispielsweise wie folgt aussehen: Voraussetzung für die Projektsteuerung eines größeren komplexen Bauprojektes kann z. B. den Einsatz einer **Projektsteuerungsgruppe** erfordern, bestehend mindestens aus:

- dem leitender Projektsteuerer: Dipl.-Ing. Architekt oder Bauingenieur mit zehn Jahren einschlägiger Berufserfahrung und

- zwei Mitarbeitern mit grundsätzlich gleichwertiger Qualifikation, z. B. Wirtschaftsingenieur mit mindestens fünf Jahren einschlägiger Berufs-erfahrung.

Die Gruppe wird durch ein Sekretariat vor Ort oder durch das Stammhaus im Bereich von Organisations-, Schreib- und Dokumentationsaufgaben einschliess-lich EDV-Anwendungen unterstützt.

Die untere Grenze der Brutto-Gehälter dieser Gruppe sollte betragen:

- leitender Projektsteuerer   :   60.000.- € p.a.

- Mitarbeiter   :   50.000.- € p.a.

- Mitarbeiter   :   40.000.- € p.a.

Alle weiteren Kosten können über einen Faktor (**Gemeinkostenzuschlag**, hier angenommen mit dem Faktor 2,5) ermittelt werden: Organisations- und Schreib-arbeiten, Erstellung der Dokumentation, EDV-Anwendungen, Büroausstattung, Fahrzeuge etc..

Es ergeben sich auf dieser Grundlage rund 375.000.- € durchschnittliche jährliche Gesamtkosten für die Gruppe bei ausschließlicher Bearbeitung des Projektes und voller Auslastung durch das Projekt. Bei einer Projektdauer von fünf Jahren ergibt sich eine notwendige Honorarsumme von 1,875 Mio. €.

Ein Großprojekt mit rund 125 Mio. € anrechenbarer Kosten und einem Von-Hundert-Satz von 1,5 % für ein umfangreiches Leistungsbild im Bereich der Projektsteuerung würde ein entsprechendes Honorar gestatten und wohl auch rechtfertigen.

4.3.3 Pauschalierung des Honorars

Eine **Pauschalvergütung** für Projektmanagement- bzw. Projektsteuerungsleistun-gen sollte nur dann vereinbart werden, wenn

- das Leistungsbild bekannt ist

- der Leistungsumfang bekannt ist und

- der Aufragnehmer eine umfassende und in sich abgeschlossene Leistung erbringt.

Kritisch ist die Pauschalvergütung insbesondere im Fall einer sehr langen Projektdauer und beim Risiko von **Änderungen** des Projektes oder der Projektdauer zu
sehen.

Von Vorteil bei einer Pauschalierung sind:

- die Festlegung der Honorarsumme bei Projektbeginn
- die Möglichkeit der Honorarermittlung über den geschätzten Aufwand oder
  auf der Grundlage der anrechenbaren Kosten
- die Verantwortung des Auftragnehmers für den vollen Leistungsumfang und
- die Möglichkeit der phasenweisen Beauftragung.

Als Nachteile stehen entgegen:

- die zeitaufwendige Vorbereitung durch Ermittlungen und Vertragsgespräche
- die notwendige Berücksichtigung eventueller Leistungsänderungen
- die Abhängigkeit des Auftragnehmers vom Auftraggeber und anderen
  Projektbeteiligten in Bezug auf seine Verantwortung und deren
  Arbeitsqualität.

(Borchardt, H.: Vergütung von Projektsteuerungsleistungen, 1996, S. 17)

4.3.4 Vergütung verwandter Leistungsbilder

Die vorangegangenen Überlegungen für die Leistungen der Projektsteuerung
gelten im Grundsatz auch für die verwandten Leistungsbilder Projektleitung,
jedoch mit einem deutlich größeren Umfang an Leistungen und Verantwortung,
und für das im Rahmen einer **Generalplanung** übernommene Projektmanagement, letzteres mit einem geringeren Anteil an den Bauherrenaufgaben im
Vergleich mit der Projektsteuerung.

4.3.4.1 Vergütung der Projektleitung

Unter besonderen Umständen kann ein externer Fachmann als **Projektleiter**
eingesetzt werden. Dies ist erforderlich, wenn auf der Seite des Bauherrn niemand
bereit oder in der Lage ist, die unzweifelhaft schwierige Aufgabe der Projektleitung zu übernehmen. Auf die rechtzeitige Klärung der notwendigen Vollmachten und auch der Haftung ist dann in besonderem Maße zu achten.

Der Aufwand des Bauherrn kann in die Projektleitung und in die delegierbaren
Bauherrenaufgaben in Form der Projektsteuerung zerfallen. Einerseits sind
brauchbare Auswertungen über den **Aufwand des Bauherrn** bzw. der Projektleitung kaum verfügbar, andererseits steht über den delegierbaren Teil, also die
Projektsteuerung, ausreichend Information zur Verfügung. Rückschlüsse gestatten
es, den Aufwand des Bauherrn für die verbleibende Projektleitung zu ermitteln.

Zur Bewertung der Projektleitung, die in besonderen Fällen auch an Dritte
vergeben wird, kann herangezogen werden:

§ 207 Honorar für die Projektleitung

„(1) Das Honorar für die Wahrnehmung der Projektleitung mit dem Leistungsbild gem. § 205 beträgt bei gleichzeitig beauftragter Projektsteuerung mit den Grundleistungen nach § 204 ca. 50 v. H. des vereinbarten Honorars für die Projektsteuerung. ..." (AHO-Fachkommission (Hrsg.): ... Projektsteuerung ..., 1996, S. 23)

Aus § 207 AHO wird gefolgert: Der Umfang der Bauherrenaufgaben lässt sich in: 1/3 Aufwand Projektleitung und 2/3 Aufwand Projektsteuerung aufteilen.

Ein höherer Aufwand auf der Seite des Bauherrn trotz Projektsteuerung ist dann zu rechtfertigen, wenn innerhalb der **Bauherrenorganisation** eine Vielzahl von schwierigen Aufgaben zu lösen ist wie z. B. die Koordination von Nutzeranforderungen oder die Integration bestehender komplexer technischer Systeme in die Planung der neuen Anlagen.

4.3.4.2 Vergütung der Generalplanung

Eine Honorierung für das Leistungsbild **Generalplanung** findet sich in der Honorarordnung für Architekten und Ingenieure nicht. Der Vertrag des Generalplaners unterscheidet sich von einem Architekten- oder Ingenieurvertrag zunächst einmal nur dadurch, dass hier mehrere Leistungsbilder wie z. B. **Objektplanung** für Gebäude, Objektplanung für Freianlagen, Leistungen bei der Tragwerksplanung, Leistungen der Technischen Gebäudeausrüstung usw. zum Gegenstand eines Vertrages werden. Zusätzlich erbringt der Generalplaner Leistungen des Projektmanagement.

Hinsichtlich der Vergütung der Generalplanung ist zu berücksichtigen: Eine gesonderte Honorierung des zusätzlich übernommenen Projektmanagement, welches der Auftraggeber vom Generalplaner erwartet, wird in der Regel von diesem nicht nur gefordert, sondern inzwischen auch vom Auftraggeber in den meisten Fällen akzeptiert.

Die Ermittlung des Honorars für die infolge der Generalplanung zusätzlich erforderlichen Leistungen wird am besten als Zuschlag auf die nach der Honorarordnung zu ermittelnden Planungshonorare vereinbart und beträgt im Allgemeinen

- nicht unter 6 % von der Summe aller Honorare für Einzelleistungen einschließlich der des Generalplaners, i. d. R. des Objektplaners, oder

- 10 % oder mehr von der Summe der Honorare für die Leistungen der Subplaner. Letzteres ist dann zweckmäßig, wenn der Anteil der Leistungen von Subplanern sehr groß ist.

Auch im Innenverhältnis, d. h. für die Honorierung der **Subplaner**, kann der Generalplaner besondere Vereinbarungen zur Vergütung aufgrund der Übernahme des Projektmanagement treffen. Es ist in jedem Fall zu klären:

- Übernimmt der Generalplaner Teilleistungen aus dem Leistungsbild und -umfang seiner Subplaner?
- Steht das anteilige Honorar des Generalplaners zu den von ihm übernommenen Leistungen im richtigen Verhältnis?
- Sind Aufteilung von Leistungen und Honoraranspruch von Anfang an klar und einvernehmlich geregelt?

Dabei gilt bezüglich des Honoraranspruchs eines jeden Planers, unabhängig davon ob der Bauherr oder ein anderer Planer dessen Auftraggeber ist: Vergibt ein Ingenieur Teile seines Gesamtauftrages an andere Ingenieure, so werden deren Leistungen nach den **anrechenbaren Kosten** der ihnen übertragenen Teilwerke berechnet, nicht nach den anrechenbaren Kosten des Gesamtprojektes. Dies gilt natürlich in gleicher Weise für einen Architekten und im besonderen für den als Generalplaner tätigen Architekten oder Ingenieur. „Die HOAI gilt auch, wenn ein Architekt Planungsleistungen an einen Ingenieur weiter vergibt (...)."

(Urteil des OLG Frankfurt 1994)

5. Organisation, Information, Koordination und Dokumentation

Wesentliche Voraussetzung für den nachfolgend beschriebenen Handlungsbereich Organisation, Information, Koordination und Dokumentation ist die Festlegung der Projektziele, da sich an diesen die oben genannten Aufgaben ausrichten müssen. Wie bereits zuvor dargestellt, besteht bei praktisch jeder Projektarbeit eine Zielkonkurrenz zwischen den zahlreichen Teilzielen, die zu Qualitäten und Quantitäten (Handlungsbereich B), Kosten und Finanzierung (Handlungsbereich C) sowie Termine und Kapazitäten (Handlungsbereich D) gebündelt werden sollten.

Die Organisation, Information, Koordination und Dokumentation bzw. die Vorbereitungen und Festlegungen hierzu stellen eine unabdingbare Voraussetzung für die zielgerichtete Planung, Kontrolle und Steuerung der Projektarbeit dar. Aus diesen sind die Anforderungen an das spätere Objekt als Ergebnis aus dem Projektmanagement abzuleiten.

Die **Projektziele** und die Durchführung der Projektarbeit unterscheiden sich im Einzelfall danach, ob zum Beispiel

- im Falle umfangreicher Nutzerwünsche und -änderungen auf deren Erfüllung eingegangen wird und dabei die Kosten des Objektes als nachrangig angesehen werden, weil die Finanzierung entsprechend geregelt werden kann, d. h. die obersten Ziele liegen im Bereich der Qualitäten und Quantitäten

- der Bauherr das Objekt möglichst frühzeitig mit Gewinn an einen Dritten verkaufen möchte, d. h. die obersten Ziele liegen im Bereich der Kosten und Finanzierung

- die geplante Inbetriebnahme eine höhere Priorität hat als die Kosten des Objektes, d. h. die obersten Ziele liegen im Bereich der Termine und Kapazitäten.

Unabhängig von den Prioritäten bei der Zielsetzung sind für die Zusammenarbeit der meist zahlreichen Projekt- und Planungsbeteiligten Regeln für die Zusammenarbeit und die Erreichung der Projektziele aufzustellen. Diese Regeln werden Gegenstand von Organisationsunterlagen, z. B. in Form des Organisationshandbuches, gehen in Verträge ein, beispielsweise als Pflichtenhefte oder Leistungsbilder, und finden ihre Ausprägung in der Information der Projekt- und Planungsbeteiligten untereinander sowie bei deren Koordination, die sich aus der heute üblichen Arbeitsteilung zwangsläufig ergibt.

Die langfristig benötigten **Informationen** werden Gegenstand der Dokumentation, deren Inhalt und Struktur bereits vor dem Projektstart so genau wie möglich feststehen sollte, z. B. Projekthandbuch, Kennwerte u. a., damit die Dokumentation begleitend und ohne besonderen zusätzlichen Aufwand entstehen kann.

Die nachfolgenden Abschnitte dienen der Darstellung von Grundlagen und sollen ebenso praktische Handlungsanweisungen bieten.

5.1 Organisation

Mit Größe, Dauer und Komplexität von Projekten steigt die Zahl der Beteiligten und damit das Erfordernis der **Organisation**. Diese bringt mit sich:

- Arbeitsteilung und Kompetenzregelung,

- Formalisierung von Abläufen,

- Kontrolle von Arbeitsergebnissen,

- Abstraktion der Informationen (EDV).

Unter einer Projektorganisation ist die „Gesamtheit der Organisationseinheiten und der aufbau- und ablauforganisatorischen Regelungen zur Abwicklung eines bestimmten Projektes" zu verstehen. (DIN 69901 Projektwirtschaft, Projektmanagement, Begriffe (08.87))

Die Organisationswissenschaften sind Teil der Betriebswirtschaftslehre. Dementsprechend sind auch hier die in Frage kommenden Definitionen zu finden. In den meisten Fällen wird jedoch nicht das Projekt, sondern die Unternehmung als Gegenstand der Organisation gesehen.

„Das System der Unternehmung bedarf der integrativen, gefügehaften Strukturierung seiner Elemente und Beziehungen in einer dynamischen und variablen Umwelt. Diese formale Struktur der Unternehmung lässt sich als ein eigenes System, als Organisationssystem betrachten. Es betrachtet als Elemente Aufgaben, Personen und Sachmittel, die durch die Gestaltung besonderer organisatorischer Beziehungen miteinander verbunden werden. Diese lassen sich als Verteilungs- und Arbeitsbeziehungen kennzeichnen. Die einzelnen Organisationselemente werden durch sie formal, räumlich und zeitlich strukturiert."
(Sellien, R. und Sellien, H. (Hrsg.): Dr. Gablers Wirtschaftslexikon, 1979, S. 581)

Für die praktische Anwendung stellt sich die Frage, wie eine Organisation darstellbar und vermittelbar ist. Hierzu gehört neben den Beschreibungen vor allem die „grafische Darstellung organisatorischer Tatbestände. Durch Visualisierung sollen Organisationsschaubilder meist sehr komplexe Zusammenhänge einsichtig machen."

Dabei ist eine Unterteilung möglich in:

„1. Strukturschaubilder: typisch Organigramm als Abbild der Funktions- und Abteilungsgliederung.

 2. Ablaufschaubilder (Flussdiagramme o. ä.) ..."
(Sellien, R. und Sellien, H. (Hrsg.): Dr. Gablers Wirtschaftslexikon, 1979, S. 593)

Demzufolge wird auch bei der Projektorganisation im Bauwesen zwischen der Aufbauorganisation (vgl. Strukturschaubilder) und der Ablauforganisation (vgl. Ablaufschaubilder) unterschieden.

5.1.1 Aufbauorganisation

Im Rahmen der **Aufbauorganisation** sollen die notwendigen projektbezogenen Aufgaben geeigneten Funktionsträgern als Projektbeteiligten zugeordnet werden und deren Verantwortungsbereiche und Weisungsbefugnisse sowie ihr gegenseitiger Informationsaustausch geregelt werden. Die Liste der Projektbeteiligten ist laufend mit dem Projektfortschritt zu erweitern: In schriftlichen Unterlagen, insbesondere Organigrammen, sollte die Art der Beziehung zwischen den Projektbeteiligten dargestellt werden, und zwar insbesondere im Hinblick auf die Vertragsverhältnisse, Weisungs- und Entscheidungsbefugnisse und Informationspflichten.

Auch für die Projekte im Bauwesen kommen die folgenden drei Formen der Aufbauorganisation in Betracht:

- Linienorganisation
- Stablinienorganisation
- Matrixorganisation.

Die **Linienorganisation** (vgl. Abbildung folgende Seite) ist bei den meisten Bauherrenorganisationen anzutreffen. Sie ist gekennzeichnet durch

- hierarchische Gliederung der organisatorischen Einheiten wie Stellen, Abteilungen, Bereiche usw. zueinander und
- einheitliche Abläufe hinsichtlich Weisungsbefugnis, Verantwortung und Mitteilungen.

Die Linienorganisation ist bei kleineren Organisationen zweckmäßig, sie schafft klare und übersichtliche Verhältnisse und eindeutige Abgrenzungen. Bei großen Organisationen wie Unternehmen, aber auch bei großen Bauvorhaben „bringt die Einhaltung des Dienstweges unter Umständen eine erhebliche Arbeitsbelastung der einzelnen Zwischeninstanzen mit sich, die nach oben immer größer wird."
(Wöhe, G.: Einführung in die Allgemeine Betriebswirtschaftslehre, 1990, S. 188)

Die Nachteile der Linienorganisation wachsen mit der Zahl der hierarchischen Ebenen. Große Industrieunternehmen verfügen in Einzelfällen vom Vorstand bis zum Sachbearbeiter über bis zu sieben Ebenen, allein Ergebnismeldungen von „unten nach oben" können deswegen nicht nur Tage, sondern im ungünstigen Fall auch Wochen dauern.

Solche Verhältnisse sind für die Projektarbeit, bei der es auf schnelle Information und Reaktion ankommt, ungeeignet. Deswegen wird zunehmend in großen Organisationen die Zahl der hierarchischen Ebenen verringert und geeignete Aufgaben werden als Projekte mit entsprechend abgewandelter Organisation bearbeitet.

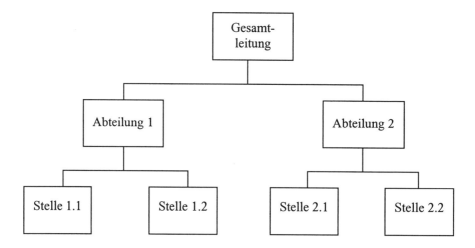

Abb. 5-1   Grundform einer Linienorganisation

Ist die für Bauaufgaben zuständige Stelle oder Abteilung innerhalb eines großen Industrie- oder Dienstleistungsunternehmens in einer unteren Hierarchieebene angesiedelt und hat sich die Unternehmensleitung vorbehalten, auch an weniger wichtigen das Bauvorhaben betreffenden Entscheidungen maßgeblich mitzuwirken, so ist dies dem Projektfortschritt eher hinderlich.

Häufig werden spezielle Aufgaben aus der Linienorganisation herausgenommen und einer Stabsstelle oder -abteilung zugeordnet.

Die Aufgabe einer **Stabsstelle** (vgl. Abbildung folgende Seite) besteht darin, „Teilaufgaben einer Leitungsinstanz zu übernehmen im Sinne von Vorbereitung und Unterstützung dieser Instanz bei der Wahrnehmung ihrer Leitungs- und Ausführungsaufgaben. So kann eine Instanz für bestimmte Funktionen Spezialisten einsetzen, die bestimmte Fragen untersuchen und bearbeiten und der übergeordneten Instanz, der sie beigegeben sind, Vorschläge unterbreiten bzw. für sie bestimmte Aufgaben erledigen. Stabs-stellen haben nur beratende Funktion."
(Wöhe, G.: Einführung in die Allgemeine Betriebswirtschaftslehre, 1990, S. 190)

Als Stabsstellen findet man in großen Organisationen z. B. „Sekretariat, Rechts-, Organisations-, Revisions-, Statistik-, Presse-Abteilungen."
(Sellien, R. und Sellien, H. (Hrsg.): Dr. Gablers Wirtschaftslexikon, 1979, S. 1340)

Typische **Stabsfunktionen** im Zusammenhang mit Bauvorhaben sind Bau- oder Projektcontrolling und die für die Dauer eines Bauprojektes eingerichtete und durch externe Fachleute besetzte Funktion der Projektsteuerung.

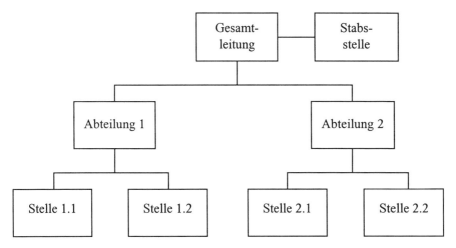

Abb. 5-2   Grundform einer Stablinienorganisation

Im Zusammenhang mit der Projektorganisation besonders häufig anzutreffen ist die **Matrixorganisation**, deswegen auch als Matrix-Projektorganisation bezeichnet (vgl. Abbildung folgende Seite).

Die Matrixorganisation entsteht durch Überlagerung von fachlichen und projektbezogenen Organisationsstrukturen. Die einzelnen Aufgaben sind dadurch gekennzeichnet, dass sie in der Schnittmenge liegen und damit die Form einer Matrix ausfüllen. Dies trifft auf Projekte im Unternehmen zu und in besonderer Weise für Bauvorhaben.

Bei Bauprojekten sind praktisch immer auch externe Fachleute beteiligt, die mit aus Bauherrensicht internen Stellen oder Abteilungen zusammenarbeiten müssen: Projektleitung, Einkauf auch von Planungs- und Bauleistungen, Rechts- oder Vertragsabteilung, Abteilungen durch ein Bauprojekt betroffener Nutzungsbereiche u. v. m.. Insofern bietet sich nicht nur für Projekte ganz allgemein, sondern für Bauprojekte ganz besonders die Matrixorganisation an. Die Führungsaufgaben sind im Fall der Matrixorganisation allerdings besonders anspruchsvoll, weil

- immer eine doppelte Zuständigkeit gegeben ist
- die Planung der Kapazitäten bei einer Mehrzahl von Projekten - sowohl Nicht-Bauprojekte als auch Bauprojekte - erschwert ist
- Verantwortung und Erfolg oder Misserfolg häufig nicht klar zugeordnet werden können
- Projekte und Projektleiter in Konkurrenz zueinander treten.

Diese Aussagen gelten für Bauherrenorganisationen, Planungsbüros als auch ausführende Firmen, denn gerade in den beiden letzteren ist die Projektarbeit kaum anders zu organisieren.

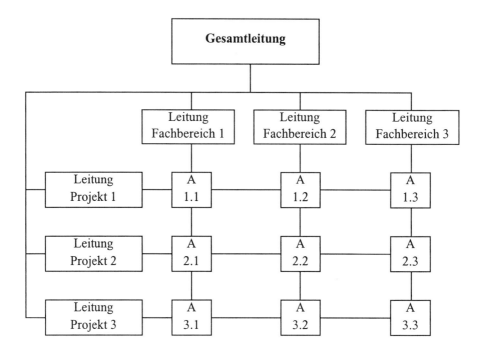

Abb. 5-3   Grundform einer Matrix-Projektorganisation

5.1.2 Ablauforganisation

Für die **Ablauforganisation** (vgl. Abbildung folgende Seite) sind Regelabläufe zu schaffen. Die Beschreibung und Vorgabe von Regelabläufen soll erfolgen z. B. für

„- Verfahren bei Architektenwettbewerben
- Verfahren zur Optimierung der Planung
- Verfahren für die Ausführungsplanung, Rohbau, Technische Gebäudeausrüstung und Ausbau
- Verfahren für Ausschreibungen und Vergaben
- Verfahren für die Rechnungslegung, -prüfung und Zahlungsanweisung
- Verfahren für die Dokumentation von Projektunterlagen während der Projektabwicklung und für die Archivierung."

(AHO-Fachkommission (Hrsg.): ... Projektsteuerung ..., 1996, S. 26)

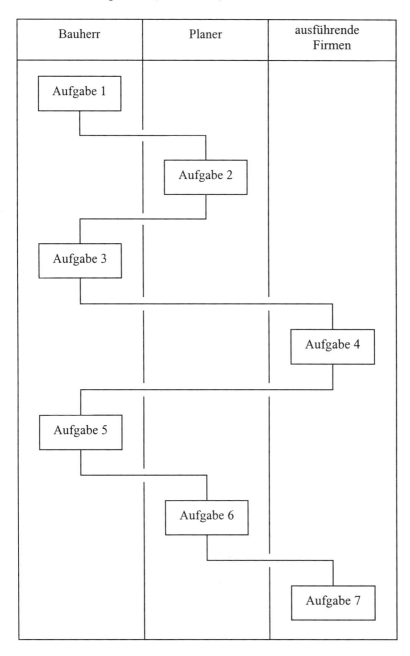

Abb. 5-4   Beispiel für eine Ablauforganisation als Ablaufschema

5.1.3 Projektstruktur

Unter einer **Projektstruktur** ist die „Gesamtheit der wesentlichen Beziehungen zwischen den Elementen eines Projektes" zu verstehen. „Innerhalb eines Projektes wird häufig zwischen Aufbau- und Ablaufstruktur unterschieden".
(DIN 69901 Projektmanagement (12.80))

Einfacher ausgedrückt lässt sich Struktur auch als die „unsichtbare Ordnung" bezeichnen. Im Grundsatz geht es um die von vornherein vollständige und einheitliche Gliederung des Bauprojektes in sachlicher, zeitlicher und organisatorischer Hinsicht. Erforderliche Hilfsmittel sind ein Projektstrukturplan, Leistungsübersichten sowie Ordnungs- und Kennzeichnungssysteme.

Der **Projektstrukturplan** (PSP) ist eine Gliederung der Gesamtaufgabe in plan- und kontrollierbare Teilaufgaben. Hierzu gehören:

„- Systematische Erfassung (durch Zerlegung/Sammlung) aller das Projekt beinhaltenden Aufgaben
- Untergliederung des Projekts bis zu plan- und kontrollierbaren Arbeitspaketen
- übersichtliche Darstellung des Projektinhalts (Kommunikationsinstrument)
- Definition einer Struktur, die für das gesamte Projekt gilt und Basis für nachfolgende Managementaktivitäten ist: Terminplanung, Aufgabenverteilung, Personal- und Kostenplanung, Satzungsagenda, Controlling-Checklisten, Archivierung, Ablageordnung etc."
(Patzak, G. und Rattay, G.: Projektmanagement, 1996, S. 166)

Bei der Bildung von **Strukturen** für ein Bauprojekt sollte auf die bekannten, teilweise in Normen enthaltenen Gliederungen zurückgegriffen werden. Diese sind in der Praxis erprobt und bekannt und werden von den Projekt- und Planungsbeteiligten deswegen auch am ehesten akzeptiert.

Strukturen, insbesondere Informationsstrukturen, sind eine wesentliche Voraussetzung für ein erfolgreiches Projektmanagement. Sie bilden den Aufbau und die Abläufe der Projektorganisation ab. Gleichzeitig können sie Bestandteil einer Datenbankanwendung sein, welche zur Informationsverarbeitung bei größeren Projekten heutzutage praktisch unverzichtbar ist.

Die Informationsstrukturen eines Projektes bzw. Objektes werden
- spezifisch aufgebaut; sie müssen auf die Besonderheiten des Projektes selbst wie auch für die speziellen Anforderungen der Projektleitung in besonderem Maße abgestimmt sein, andererseits sind im Umgang mit
- allen weiteren Projektbeteiligten möglichst viele Standardlösungen für einen Teil der Projektstrukturen vorzugeben. Hierzu gehören die im Bauwesen üblichen Gliederungen von Normen, Verordnungen u. a., mit welchen Planer, Behörden und ausführende Firmen umzugehen gewohnt sind.

Informationsstrukturen sind aus projekt- und objektspezifischen Erfordernissen heraus zu entwickeln. Für die Mengenermittlungen, die Kostenplanung, die

Leistungsbeschreibung und die Abrechnung von Leistungen bei Planung und Ausführung, für das Vertragsmanagement und das **Gebäudemanagement** dienen

- geometrische Projektstruktur, beispielsweise Bauteile oder Nutzungseinheiten
- funktionale Projektstruktur wie Layout, Funktionsbereiche und Betriebsprozesse
- Qualitätsmanagement in Form der Anwendung des Raumbuches, Schnittstellen und Standards
- Bauelemente und Ausführungsklassen
- Ablauf- und Kapazitätsplanung wie Projektstufen, Leistungsphasen und Bauabschnitte
- Verträge, Leistungsbilder und Pflichtenhefte für Planung, Ausführung und Nutzung
- Kontengliederungen des Finanz- und Rechnungswesens sowie der Anlagen-buchhaltung
- Berücksichtigung von Sonderaspekten wie Steuern oder Zuschüsse
- Gliederungen für die Abrechnung von Dienstleistungen, z. B. der Reinigung

Diese sind in die Gesamtheit der Informationsstrukturen aufzunehmen. Für den Informationsaustausch und die Datenbankanwendung sind, soweit die Möglich-keit besteht, Kataloge über Standardklassifikation, Bauelemente, Vergabeeinheiten u. v. m. aufzubauen oder von anderen Projekten zu übernehmen und miteinander nach den Anforderungen des Bauherrn bzw. Betreibers sowie den Belangen der weiteren Projektbeteiligten zu verknüpfen. Grundlage der Informationsstrukturen sollen soweit wie möglich auf allgemein gültige Regelwerke aufbauen. Insbesondere zur Mengenermittlung, Kostenplanung, Leistungsbeschreibung und Abrechnung von Leistungen dienen zum Beispiel

- DIN 277 Grundflächen und Rauminhalte von Bauwerken im Hochbau
- DIN 276 Kosten im Hochbau
- DIN 18960 Baunutzungskosten von Hochbauten (04.76) bzw.
- DIN 18960 Nutzungskosten im Hochbau (08.99)
- Standardleistungsbuch (StLB) mit Leistungsbereichen
- Verdingungsordnung für Bauleistungen Teil C (VOB/C) mit Leistungspositionen
- Projektstufen (nach DVP) bzw. Leistungsphasen (nach HOAI).

Auch diese sind in die Gesamtheit der Informationsstrukturen aufzunehmen. Für die Datenbankanwendung notwendige Kataloge sind teilweise vorhanden oder vorzubereiten, sie werden ebenfalls nach Bedarf miteinander verknüpft.

Informationsstrukturen können im Grundsatz danach unterschieden werden, ob sie in erster Linie für das Qualitätsmanagement oder das Kostenmanagement erfor-derlich und geeignet sind. Deren Verknüpfung ist allerdings unverzichtbar.

Zum Aufbau der Projektstrukturen ist eine mehrfache Erweiterung der vorrangig auf die Planung gerichteten Kostengliederung nach DIN 276 zweckmäßig. Entsprechend den Erfordernissen des Projektes erfolgt die Verknüpfung mit geeigneten Gliederungen für die Bauausführung, z. B. StLB, mit dem Katalog der Vergabeeinheiten und der Aufträge einschließlich Nachträge zu Bauelementen bzw. Kostenelementen. Dabei sind auch die Anforderungen aus der Nutzung, z. B. Funktionsbereiche bzw. Mietflächen, der Kosten- und Erlösplanung sowie weiterer Aspekte wie Finanzierung, Buchhaltung, Steuern u. a. soweit wie möglich zu berücksichtigen.

Phasen	KG-Stellen	LB	VE	AA	AE	LV-Pos	Sonst.
0 / 1	2	-	-	-	1	-	-
2	3 - 4	(3)	-	(2)	1	-	-
3 / 4 / 5	4	3	-	2	1	-	-
6 / 7 / 8 / 9	4	3	3	2	1	4	(1)
10 Nutzung	4	3	3	2	1	4	(1)

Abb. 5-5   Beispiel einer Kostengliederungsstruktur

Phasen = Leistungsphasen (1 bis 9) nach HOAI sowie die weiteren Phasen 0 Vorbereitung und 10 Nutzung

HOAI = Honorarordnung für Architekten und Ingenieure

KG = Kostengruppe nach DIN 276 (erweitert), mehrstellig (2 bis 4-stellig)

LB = Leistungsbereich nach Standardleistungsbuch

VE = Vergabeeinheit, z. B. Gewerk, Fachlos, Teillos

AA = Ausführungsart, Berücksichtigung unterschiedlicher Qualitäten, z. B. Materialien

AE = Abrechnungseinheit für Mengenermittlungen der Kennwerte und Einheitspreise, z. B. in m, m², m³, h, Stk. u. a.

LV-Pos. = Position des Leistungsverzeichnisses, hier vierstellig

( ) = kann erfolgen, ist fallweise festzulegen.

Geeignet für die Verknüpfung sind mehrstellige Schlüssel für Bauelemente, welche aus Teilschlüsseln für Kostengruppen (DIN 276), Leistungsbereichen (StLB), Vergabeeinheiten (VE), Abrechnungseinheiten, z. B. m³, Qualitäts-merkmalen wie Standardklassifikation und weitere Zuordnungen, z. B. Leasing, bestehen. Diese bilden eine Ebene der Aggregation für Auswertungen von der Entwurfsplanung mit Kostenberechnung an bis zur Fertigstellung des Projektes mit Kostenfeststellung. Die Bauelemente des Projektes sind, soweit für die Nutzung des Objektes erforderlich, in das Gebäudemanagement zu überführen. Darüber hinaus sind sie wesentlicher Bestandteil der Projektdokumentation, weil über diese der Zugriff auf alle weiteren Informationen möglich ist.

Die Verknüpfung von Information, z. B. der Kennwert für einen geplanten mit einem vermieteten Quadratmeter Bürofläche oder der Einheitspreis einer geplanten Bauleistung mit einer abgerechneten Bauleistung, erfolgt soweit möglich über Mengeneinheiten, die über alle Projektstufen durchgängig vorhanden sind.

Vorgänge mit einer höheren Auflösung als der von Bauelementen werden unter diese subsummiert. Hierzu gehören insbesondere die Leistungspositionen der Ausschreibung, Vergabe und Abrechnung mit häufig Mengeneinheiten im Vergleich mit den Kennwerten der Planung. Entsprechendes gilt für die Nutzung.

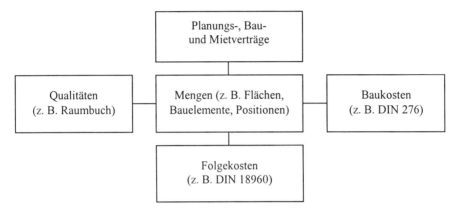

Abb. 5-6   Mengen als Bezugsgrößen für die Verknüpfung von Informationen

Die Erstellung mehrstelliger **Schlüssel** kann nicht einfach durch die beliebige oder vollständige Kombination aus Teilschlüsseln erfolgen. Dies hätte zur Folge, dass nicht benötigte Kombinationen entstehen könnten, wichtige Kombinationen fehlen und im Zweifelsfall der Vorrat an Schlüsseln zu umfangreich ausfiele.

Am Beispiel der Abwasser-, Wasser- und Gasanlagen zeigt die nachfolgende Tabelle, welche Kombinationen von Kostengruppen, hier auf 4 Stellen erweitert, und Leistungsbereichen bei Bauprojekten vorkommen. Aus 20 Kostengruppen und 6 Leistungsbereichen könnten bei Kombination aller Teilschlüssel zwar rein rechnerisch 120 KG-LB-Schlüssel entstehen, jedoch werden erfahrungsgemäß etwa 20 davon benötigt (in nachfolgender Tabelle durch ein x gekennzeichnet).

Kostengruppe	Leistungsbereich						
410 Abwasser-, Wasser- und Gasanlagen	**011**	**042**	**044**	**045**	**046**	**049**	**-**
4111 Abwasserleitungen - Abläufe	-	-	x	-	-	-	-
4112 Grundleitungen - Abläufe	-	-	x	-	-	-	-
4114 Abscheider	x	-	-	-	-	-	-
4115 Abwasserhebeanlagen	-	-	-	-	x	-	-
4119 Sonstige Abwasseranlagen	-	-	x	-	-	-	-
4122 Wasseraufbereitungsanlagen	-	-	-	-	x	-	-
4123 Druckerhöhungsanlagen	-	-	x	-	-	-	-
4124 Wasserleitungen	-	x	-	-	-	-	-
4125 Dezentrale Wassererwärmer	-	-	x	-	-	-	-
4126 Sanitärobjekte	-	-	-	x	-	-	-
4128 Sanitäreinrichtungen	-	-	-	x	-	-	-
4129 Sonstige Wasseranlagen	-	-	x	-	-	-	-
4141 Sprinkleranlagen	-	-	-	-	-	x	-
4142 Wasservernebelungsanlagen	-	-	-	-	-	x	-
4143 Löschwasserleitungen	-	-	-	-	-	x	-
4144 Wandhydranten	-	-	-	-	-	x	-
4149 Sonstige Feuerlöschanlagen	-	-	-	-	-	x	-
4191 Installationsblöcke	-	-	x	-	-	-	-
4910 Baustelleneinrichtung	-	-	-	x	-	-	-
4920 Gerüste	-	-	x	-	-	-	-

Abb. 5-7   Kombinationen von Kostengruppen und Leistungsbereichen

Legende zu den Leistungsbereichen nach Standardleistungsbuch:

LB 011   Abscheideranlagen, Kleinkläranlagen
LB 042   Gas- und Wasserinstallationsarbeiten: Leitungen und Armaturen
LB 044   Abwasserinstallationsarbeiten: Leitungen, Abläufe
LB 045   Gas-, Wasser- und Abwasserinstallationsarbeiten:
              Einrichtungsgegenstände, Sanitärausstattungen
LB 046   Gas-, Wasser- und Abwasserinstallationsarbeiten:
              Betriebseinrichtungen
LB 049   Feuerlöschanlagen, Feuerlöschgeräte

Abbildung: Kostengruppe-Leistungsbereich-Schlüssel am Beispiel von
              Abwasser-, Wasser- und Gasanlagen

Durch die Aufgabenteilung in Planung und Ausführung von Projekten und im Hinblick auf die Belange der Nutzung von Objekten entstehen Schnittstellen. Diese sind frühzeitig zu identifizieren. **Schnittstellen** treten z. B. auch dann auf, wenn ein Projekt in mindestens zwei Teilprojekte oder das spätere Objekt in Nutzungsbereiche aufgeteilt wird. Das ist der Fall, wenn das Objekt an eine Vielzahl unterschiedlicher Nutzer vermietet werden soll. Diese wollen voraussichtlich ihre Flächen vom Bauherrn und späteren Betreiber nach eigenen Erfordernissen oder Wünschen ausbauen und ausstatten lassen. Alternativ ist auch die Übernahme von Flächen im Zustand als „erweiterter Rohbau" denkbar, verbunden mit der Möglichkeit, diese selbst durch eigene Planer und ausführende Firmen fertig stellen zu lassen, z. B. eigenes Corporate Design.

Die damit unvermeidbaren Schnittstellen in technischer, wirtschaftlicher und rechtlicher Hinsicht sind so früh und so genau wie möglich festzulegen und zu beschreiben. In der Praxis häufig auftretenden Auseinandersetzungen kann so vorgebeugt werden und es wird Sicherheit in der Kostenplanung sowie der Vertragsgestaltung geschaffen.

Die **Schnittstellenkoordination** soll in der Projektvorbereitung beginnen und hat eine besondere Bedeutung für den Abschluss von Mietverträgen, die Aufteilung von Planung und Ausführung in Nutzungsbereichen bzw. die Kostenübernahme für Leistungen sowie das Gebäudemanagement im Betrieb des Objektes. Die Schnittstellen müssen sich in der Projektstruktur widerspiegeln und in den Informationsstrukturen der Datenbankanwendung während der Projektdurchführung und im Gebäudebetrieb wiederfinden. Für die Handlungsbereiche Qualitäten und Quantitäten, Kosten und Finanzierung sowie für das Vertragsmanagement ist die Schnittstellenkoordination in mehrfacher Hinsicht eine notwendige Voraussetzung.

Leistung	Bauherr	Dritte
Abgrenzung nach DIN 276 (06.93)	Bestandteil der baulichen Hülle	Eigenleistung (1) oder Kostenübernahme (2)
Innenwände (Beispiel)	tragende Innenwände, Innenstützen, Türen in Brandwänden oder Bauabschnitten, Türen zu anderen Bereichen als Teilflächen	nichttragende Innenwände, Innentüren und -fenster, Innenwandbekleidungen, elementierte Innenwände innerhalb der Teilflächen und zwischen den Teilflächen und -bereichen, z. B. Warteräume
Fernmelde- und Informations- technische Anlagen (Beispiel)	Telekommunikationsanlage vollständig mit Tertiärnetz und Endgeräten	Kostenübernahme der Telekommunikationsanlage über Leistungsabrechnung
	Informationsanlage für allgem. Informationen im öffentlichen Bereich	Informationsanlagen für allgemeine Informationen in Nutzerräumen
		Türsprech- und Türöffner- anlagen (1), Uhrenanlagen, Zeiterfassungsanlagen (1 oder 2), Gegen- und Wechselsprech- anlagen (1 oder 2) nach technischer Abstimmung mit dem Bauherrn
	Fernseh- und Antennenanlage bis zur Anschlussdose	Kostenübernahme gegen Monatsgebühr
	Zentrale Einrichtungen und Schlitzkabel für Funkanlagen mit übergeordneter Funktion	Anmietung der Endgeräte
	Übergeordnete GMA (Gefahrenmeldeanlagen)	nutzereigene GMA innerhalb der Nutzerräume (z. B. Bankalarm)
	Übergeordnete Übertragungs- netze	nutzereigene Netze innerhalb eines Raumes (1)
	Übergeordnete Datensysteme	nutzereigene Netze übergreifend (2)

(1) Planungsinhalte werden vom Nutzer als Eigenleistung erbracht.
(2) Planungsinhalte müssen seitens des Bauherrn vollständig erbracht und zur Aus-
     führung beauftragt werden. Für vom Nutzer gewünschte Zusatzausstattungen
     erfolgt eine Kostenübernahme.

Abb. 5-8   Schnittstellen am Beispiel von Mietflächen für die ausgewählten
                Bereiche Innenwände sowie Fernmelde- und informationstechnische
                Anlagen

(Kalusche, W.: Vorbereitung der Planung ..., 1998, S. 308)

5.1.4 Organisationshandbuch

Öffentliche wie private Bauherrenorganisationen, beispielsweise Staatsbauverwaltungen oder Industrieunternehmen, verfügen üblicherweise über interne **Organisationshandbücher** für ihr Kerngeschäft. Ein Teil der darin enthaltenen Regeln gilt meist auch für die Zusammenarbeit mit externen Dritten, also auch bei Bauprojekten, z. B. Investitionsanträge, Beauftragung und Abrechnung von Leistungen Dritter.

Zur reibungslosen Projektdurchführung werden die vorhandenen Teile der internen Regeln, welche auch auf das Bauprojekt zutreffen, durch spezifische Organisationsunterlagen ergänzt und speziell für das Projekt als Organisationshandbuch zusammengestellt und den Beteiligten ihre Aufgaben betreffend vorgegeben. Die Beschränkung auf das Wesentliche und die Wahl einer übersichtlichen Form ist dabei besonders zu beachten. Das Organisationshandbuch sollte die folgenden Gliederungspunkte beinhalten:

1. Projektstruktur
2. Projektbeteiligtenliste
3. Informationsstrukturen
4. Aufbau- und Ablaufdiagramme
5. Besprechungs-, Protokoll- und Berichtswesen
6. Qualitätsmanagement durch Raumbuchanwendung
7. Kostenplanung und mittelfristige Finanzplanung
8. Termin- und Kapazitätsplanung
9. Schnittstellenkoordination
10. Vertragsmanagement und Pflichtenhefte
11. Ausschreibung, Vergabe einschließlich Nachträge, Abrechnung
12. Entscheidungsmanagement
13. Änderungsmanagement
14. Dokumentation und Projektkennwerte
15. Projekthandbuch mit Projektchronik.

Das Organisationshandbuch sorgt für klare Organisationsstrukturen, einfache und effektive Ablauf- und Informationssysteme und enthält deshalb insbesondere Nachweise

- für Verantwortung,
- für Entscheidungs-, Weisungs-, Kontroll- und Informationsbefugnisse,
- für Regelabläufe in Form einer Aufbauorganisation und einer Ablauforganisation.

Ein Organisationshandbuch bietet für die Projektbeteiligten, insbesondere aber für den Auftraggeber bzw. Projektleiter, folgende Vorteile:

- für den Auftraggeber die beste Möglichkeit, die Projektziele und die Erwartungen und Anforderungen gegenüber den Projektbeteiligten darzustellen
- bereits gemachte Erfahrungen aus anderen Projekten einzubringen

- klare Vorgaben für alle Mitarbeiter und Auftragnehmer durch die schriftliche Festlegung von Regeln in der Projektbearbeitung
- allgemeine Gültigkeit, weil diese Bestandteil interner Anweisungen und der Verträge mit Dritten werden
- Verfügbarkeit durch die Schriftform, gegebenenfalls auch im Intranet einsehbar
- einheitliche Form und damit höhere Qualität der Projektbearbeitung aufgrund von Vorgaben, z. B. Abläufe, Vertragsteile, Formblätter, Datenformate u. a.
- Zeitersparnis durch zentrale Datenpflege, z. B. Adressen der Projektbeteiligten
- Vereinfachung der Kommunikation durch vorgegebene Strukturen, Terminologie und Standards der Informationen wie EDV, Akten, Pläne u. a.
- bessere Möglichkeiten für die Information des Auftraggebers bzw. Projektleiters und für Auswertungen, Prüfungen, Berichte sowie zur Steuerung
- wichtigste Voraussetzung für die Projektdokumentation, u. a. als Grundlage für die Inbetriebnahme und das Gebäudemanagement.

5.1.5 Projektbüro

Um die Zusammenarbeit der Projektbeteiligten zu fördern, ist ein eigenes **Projektbüro** von großem Vorteil, hierbei kommt es auf folgende Gesichtspunkte an:

- Das Projektbüro sollte möglichst zentral bzw. möglichst nahe am Gegenstand der Projektarbeit liegen, also anfangs beim Auftraggeber und später auf der Baustelle
- Im Projektbüro arbeiten nicht nur die Projektleitung und gegebenenfalls das Projektcontrolling, sondern auch externe Projektsteuerer mindestens vier Tage in der Woche zusammen, denn die räumliche Nähe fördert die Kommunikation innerhalb der Projektgruppe am ehesten.
- Alle Auftragnehmer, nämlich Architekten, Ingenieure und ausführende Firmen haben eine Anlaufstelle und können im Projektbüro zahlreiche Aufgaben erledigen: Einholen von Auskünften, Teilnahme an Projektbesprechungen, Abgabe von Planungen, Angeboten u. v. m.
- Das Projektbüro benötigt alle technischen sonstigen Einrichtungen wie ein Büro einer Abteilung des Auftraggebers bzw. wie ein Planungsbüro: Sekretariat, Arbeitsräume für die Projektleitung sowie weitere Mitarbeiter, Besprechungsraum, Archiv, Informations- und Kommunikationstechnik und verfügt möglichst über ein eigenes Telefonnetz und eine eigene Poststelle.
- Das Projektbüro soll mit unterschiedlichen Verkehrsmitteln einfach zu erreichen sein und über genügend Parkplätze verfügen.

„Zu den Aufgaben des Projektbüros gehören im einzelnen:
- zentrale Stelle für eingehende und ausgehende Post
- Registrierung, Verteilung und Aufbewahrung aller Dokumente
- Erstellung der Dokumente ... (Schreibdienste)
- Registrierung und Verfolgung von Materialanforderungen, Bestellungen, Reisekostenabrechnungen usw.
- Verteilung der Vordrucke für die Berichterstattung
- Erfassung der Fortschrittsberichte
- Zusammenstellung der Projektberichte
- Dienstleistungen jeder Art für das Projekt (Beschaffung von Räumen, Telefonanschlüssen, Büromaterial usw.).“

(Wischnewski, E.: Modernes Projektmanagement, 1996, S. 60)

Auftraggeber sind gut beraten, wenn die Arbeitsplätze aller Mitglieder eines Projektteams, z. B. Projektleitung und eine zusätzliche externe Projektsteuerung, räumlich zusammengefasst sind. Der Informationsfluss wird durch räumliche Nähe, auch durch zufälliges Zusammentreffen von Projektbeteiligten, erheblich gefördert.

5.2 Information

Die laufende **Information**, Koordination und Abstimmung der Projektbeteiligten muss für alle Projektstufen jederzeit sichergestellt sein. Notwendig ist hierzu eine regelmäßige mündliche und schriftliche Berichterstattung in Verbindung mit einer koordinierten Datenverarbeitung, denn die Projektarbeit ist gekennzeichnet durch eine für den einzelnen Projektbeteiligten unüberschaubare Fülle von Informationen aus den zahlreichen benötigten Fachgebieten. Zu den notwendigen Vorbereitungen und zur erfolgreichen Durchführung gehören:

„- Information und Schulung aller am Projekt Beteiligten einschließlich des gesamten Management bezüglich der anzuwendenden Methoden bzw. der „Philosophie“ des Projektmanagement
- Schaffung eines Informationssystems, das den Bedürfnissen von Projektplanung und -controlling gerecht wird
- laufende Information aller am Projekt Beteiligten über den Projektverlauf, insbesondere bei Projektschwierigkeiten
- regelmäßiger Dialog zwischen Projektleiter und Auftraggeber über das Projektgeschehen
- Förderung der Kommunikation zwischen den Projektmitarbeitern
- Einführung der „Informations-Bring- und Holschuld“ und schnellstmögliche Information an die Betroffenen (Bewusstsein der Kunden-Lieferanten-Beziehung).“ (Zielasek, G.: Projektmanagement, 1995, S. 200)

Vor allem der Bauherr benötigt seinen Voraussetzungen und Anforderungen entsprechend aufbereitete Informationen zum aktuellen Projektstand sowie zur weiteren Entwicklung. Zweckmäßig sind vierzehntägige oder monatliche Projektberichte, die einheitlich aufgebaut, knapp und anschaulich sein sollen und zeitnah zugehen müssen.

Bereits mit der Planungsvorbereitung ist zu klären, welche Informationen über das spätere Gebäude (Objekt) für das Gebäudemanagement einschließlich Inbetriebnahme benötigt werden. Erfahrungsgemäß gehören hierzu:

- technische Informationen für die Ermittlung von Flächen, die Raumbelegung, die Erhaltung und die Veränderung von Flächen sowie für den Betrieb von Anlagen und Einrichtungen wie Planunterlagen, Bauverträge, Betriebsanweisungen u. a.

- kaufmännische Informationen für die Selbstkostenrechnung sowie die Kostenumlage von Abschreibung, Kapitalkosten und den Kosten aus laufenden Maßnahmen auf die Nutzungsbereiche. Zum Teil sind detaillierte Abrechnungen von Bauleistungen erforderlich, in vielen Fällen genügen auch Kennwerte

- Vertragsmanagement mit Regelungen zur Schnittstellendefinition und für die Abrechnung von Verbrauchs- und Serviceleistungen im Rahmen des Gebäudemanagement, beispielsweise Verwaltung, Steuern, Gebäudereinigung, Abwasser und Wasser, Strom, Bedienung, Wartung und Inspektion, Verkehrs- und Grünflächen, Sicherheitsdienst und Bauunterhalt.

Ferner ist festzulegen, welche Informationen zum Projekt für welche Beteiligten zur Verfügung stehen sollen. Der Bauherr bzw. sein Projektleiter muss uneingeschränkte Kenntnis haben. Dagegen sind viele Informationen zwar für Auftragnehmer nützlich, dürfen aber nicht ohne weiteres zur Verfügung gestellt werden, z. B. Vertragsinhalte, Kostendaten, Protokolle zu internen Gesprächen. Hinsichtlich der Verteilung von schriftlichen Unterlagen bzw. der Vergabe von Zugriffsrechten auf die Datenbank oder das Intranet sind Festlegungen durch den Projektleiter zu treffen.

Die Zusammenarbeit der Projektbeteiligten ist wesentlich durch den Austausch von **Informationen** gekennzeichnet. Diese findet im Projekt in Form von Besprechungen und informellen Gesprächen, Koordinationssitzungen, Berichten, Protokollen, Dokumentationen und in anderer Form statt. Um die Fülle von Informationen zu übersehen und um die für den Bauherrn wichtigen Informationen von den anderen zu trennen, sind Regelungen zu treffen. Diese betreffen:

- Schriftverkehr
- Besprechungswesen
- Berichtswesen und Dokumentation
- Austausch von Informationen mit DV-Anwendung.

5.2.1 Systeminterne und systemexterne Kommunikation

Ein besonderes Augenmerk ist bei der Projektvorbereitung auf die Einrichtung zeitgemäßer DV-Anwendungen zu legen. Der Bauherr in seiner Funktion als Auftraggeber hat die Chance, die Projektarbeit als Prozess und damit auch die Ergebnisse für das Gebäudemanagement in seinem Sinne zu strukturieren. Das gilt für die Informationsverarbeitung mit einem eigenen DV-System genauso wie für die **Kommunikation** mit den Auftragnehmern des Bauherrn wie Architekten, Ingenieure u. a.. Es werden systeminterne und systemexterne Kommunikation unterschieden.

Die systeminterne Kommunikation bedingt das Zusammenwirken der Module des Systems im Bereich der Bauherrenorganisation und wird an dessen Projektzielen ausgerichtet: Worauf kommt es dem Bauherrn in erster Linie an? Hier sind zu nennen: Kostensicherheit, Terminsicherheit, Einhaltung der vorgegebenen Qualitäten. Bei der systeminternen Kommunikation kommt es darauf an, dass

- Eingaben von neuen Daten und Pflege bestehender Daten nur einmal zentral erfolgen
- Informationen nach vorgegebenen Strukturen mit einem Minimum an Aufwand durch Vergleiche, Auswertungen u. a. verknüpft werden
- die Informationsverarbeitung mit möglichst kurzer Bearbeitungszeit erfolgt
- jederzeit der aktuelle Stand des Projektes in geeigneter Form über Zielgrößen oder Kennwerte abgebildet werden kann, z. B. durch den Vergleich der Vorgaben mit dem jeweiligen Projektstand bzw. den neuesten Prognosen.

Für das Projektmanagement und das Gebäudemanagement maßgebliche Daten legt der Bauherr selbst fest, z. B. den Kostenrahmen. Während der Bauplanung und Bauausführung benötigt der Bauherr Informationen von seinen Auftragnehmern, z. B. die Kostenschätzung des Architekten, welche er in sein eigenes DV-System einliest, um diese zu prüfen oder mit ihnen weitere Ermittlungen aufzustellen, z. B. Wirtschaftlichkeitsberechnungen.

Eine Aufgabe, welche der Bauherr nur mit Hilfe von Daten seiner Auftragnehmer wahrnehmen kann, ist z. B. die Finanzplanung. Sie erfolgt auf der Grundlage von Zahlungsstand und Prognose in Form eines Kostenberichtes, welche vom Planer zugearbeitet werden müssen. Insofern sind die Regelungen für die Kommunikation sowohl aus den Anforderungen des Bauherrn an das DV-System einerseits und aus den Erfordernissen in der Zusammenarbeit mit den Auftragnehmern des Bauherrn und den branchenüblichen Regelungen, z. B. GAEB, und Verfahren andererseits zu entwickeln.

Zur systemexternen Kommunikation beim Projektmanagement gehört in erster Linie, dass Arbeitsergebnisse von Auftragnehmern des Bauherrn, z. B. Kostenermittlungen, Mengenermittlungen, graphische Informationen u. a., in das DV-System eingelesen werden. Diese Informationen, welche die vom Bauherrn beauftragten Architekten und Ingenieure und Sonderfachleute aufstellen, sind so zu strukturieren, dass die Übernahme der Daten in das DV-System des Bauherrn ohne weiteres erfolgen kann, genauso wie der Austausch der Planer untereinander möglich sein muss.

Zur Vorbereitung des Informationsaustausches in der Kommunikation sind für die **Informationsträger** wie Schriftstücke, Planunterlagen, Datensätze und Standardisierungen einheitliche Kennzeichnungen erforderlich. Dies erfolgt üblicherweise in Form von Katalogen.

5.2.2 Kataloge

Kataloge sind umfassende Verzeichnisse von Merkmalsausprägungen wesentlicher Informationen für das Bauprojekt. Besonders die DV-gestützte Bearbeitung von Informationen setzt die eindeutige und DV-verarbeitbare Codierung von Informationen voraus. Dies ist erforderlich, um die im Projekt umfangreich vorhandenen Informationen

- einfach ablegen
- schnell wiederfinden
- gezielt auswerten

zu können.

Folgende Kataloge sind zu empfehlen:
- Adressen der Beteiligten
- Nutzungen bzw. Nutzer, individuell
- Flächen- und Rauminhalte nach DIN 277
- geometrische Gliederung wie Grundstücke und Grundstücksteile, Bauwerke, Bauabschnitte
- Kostengruppen nach DIN 276, gegebenenfalls erweitert
- Leistungsbereiche nach StLB, gegebenenfalls erweitert
- Nummernkreise und Bezeichnungen der Vergabeeinheiten/Leistungsbeschreibungen, Aufträge, Nachträge und Rechnungen
- Projektstufen, z. B. nach AHO und Leistungsphasen nach HOAI.

5.2.3 Berichtswesen

Die Projektarbeit ist gekennzeichnet durch eine Fülle von Informationen aus den unterschiedlichen Fachgebieten. Der Bauherr benötigt eine seinen Voraussetzungen und Anforderungen entsprechende Kenntnis des Projektstandes sowie der weiteren Entwicklung in Form von Prognosen. Zwar können Berichte auch ausschließlich mündlich erfolgen, für den für das Projekt oder eine Aufgabe Verantwortlichen ist aber die Schriftform immer von Vorteil, denn sie

- dient dem Nachweis der Information
- kann besonders gut in wichtige und Detailinformationen gegliedert werden

- kann über den mündlichen Bericht an weitere Stellen schnell und einfach verteilt werden
- zwingt in der Vorbereitung am ehesten zur Berücksichtigung der Vorgaben.

Gegenstand von regelmäßigen Berichten soll mindestens sein:

- Planungsstand einschließlich Änderungen
- Genehmigungsverfahren
- Baufortschritt
- Auftragsstand
- Abrechnungsstand
- Zahlungsstand
- Inbetriebnahmevorbereitung.

5.2.4 Datenbankanwendung

Ein Datenbanksystem für die Projektdurchführung und das Gebäudemanagement kann aus mehreren handelsüblichen Modulen zusammengefügt werden. Wesentlich für seine Funktion sind einheitliche Strukturen.

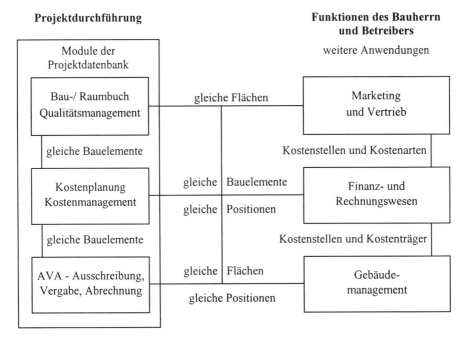

Abb. 5-9   Module und Verknüpfung von Datenbankanwendungen

Die Abbildung zeigt vereinfacht einige ausgewählte Verknüpfungen von Modulen über abgestimmte Strukturen und deren Elemente, z. B. Mengen hier in Form der Flächen, Bauelemente und Positionen. Der Bauherr und der Betreiber sollten mit den weiteren Projektbeteiligten die notwendigen und gewünschten Ergebnisse des

Informationsaustausches während Planung, Ausführung und Nutzung zusammenstellen. Die oben enthaltenen Hinweise sind daraufhin zu überprüfen,

- ob alle Anforderungen bereits im Grunde enthalten sind
- welche Anforderungen zusätzlich berücksichtigt werden müssen
- welche Möglichkeiten und Grenzen durch die Datenverarbeitung wie den Einsatz einer relationalen Datenbank technisch gegeben sind
- inwieweit Kosten- und Terminvorgaben eine wirtschaftliche Begrenzung für den Umfang eines denkbaren Datenbankeinsatzes darstellen.

5.3 Koordination

Koordination ist ein wesentlicher Bestandteil der Arbeitsorganisation. „Koordination ist das systematische, zielgerichtete Abstimmen von Absichten, Maßnahmen, Aufgaben und Tätigkeiten, die zueinander irgendwie in Beziehung stehen. Dadurch erreicht man ein geordnetes, zielgerichtetes und wirtschaftliches Zusammenwirken aller beteiligten Stellen."
(Brandenberger, J. und Ruosch, E.: Projektmanagement ..., 1996, S. 71)

Ziel der Koordination ist die Abstimmung der Tätigkeiten mehrerer Aufgabenträger, deren Beiträge für ein gemeinsames Ergebnis erforderlich sind. Die Notwendigkeit der Koordination ergibt sich damit aus der Arbeitsteilung aufgrund großen Arbeitsumfanges bzw. der Spezialisierung innerhalb des gesamten Umfanges der Aufgabe.

Die **Aufgabenteilung** kann erfolgen als
- horizontale Aufgabenteilung; bei Projekten im Bauwesen ist dies sowohl in der Planung wie Objektplanung, Tragwerksplanung und Planung der Technischen Ausrüstung unterteilt nach Anlagegruppen, als auch in der Bauausführung mit einer Aufteilung nach Gewerken üblich
- vertikale Aufgabenteilung; entsprechend dem Planungs- und Bauablauf ergeben sich Aufgabenschwerpunkte, häufig Aufteilungen zwischen der Vorbereitung der Planung durch den Bauherr oder Projektentwickler im engeren Sinne, dem Auslober eines Architektenwettbewerbes, dem planenden und dem bauüberwachender Architekten,

um nur die häufigsten Fälle zu nennen. Die umfassende Wahrnehmung der Koordinationsaufgaben, die gerade bei Bauprojekten wegen der immer stärkeren Aufgabenteilung zunehmend an Bedeutung gewinnt, ist inzwischen zu einem entscheidenden Faktor für den Erfolg eines Projektes geworden.

Es muss andererseits festgestellt werden, dass die Bedeutung der Koordination und der damit verbundene Aufwand häufig unterschätzt werden. Oft wird eine Koordinationsleistung von Projekt- und Planungsbeteiligten stillschweigend erwartet und nicht von Anfang an unmissverständlich geregelt.

Es ist Aufgabe eines Projektleiters oder seines Projektsteuerers, die Voraussetzungen für eine funktionierende Koordination zu schaffen, wenn nicht gar alle erforderlichen Regelungen zu treffen. Hierzu gehören die Definition der Arbeitsabläufe und der Leistungsbilder auch in den Verträgen unter Berücksichtigung der dabei auftretenden Schnittstellen.

5.3.1 Zuständigkeiten in der Koordination

Aufgaben der **Koordination** sind in bestimmten Fällen Leistungen des Objektplaners, diese umfassen aber keinesfalls die Aufgaben aller Projekt- und Planungsbeteiligten in allen Projektstufen bzw. Leistungsphasen. Dieser Umstand war einer der Gründe, die zur Entwicklung der Funktion **Projektsteuerung** geführt haben. Die in § 31 HOAI aufgeführten Aufgaben des Auftraggebers, die an einen Projektsteuerer übertragen werden können, zeigen dies deutlich.

Ohne den Anspruch auf Vollständigkeit seien aus dem Aufgabenbereich des Projektsteuerers und dem Leistungsbild des Objektplaners beispielhaft angeführt:

- Projektsteuerer: Koordinierung und Kontrolle der Projektbeteiligten, mit Ausnahme der ausführenden Firmen oder Koordinierung und Kontrolle der Bearbeitung von Finanzierungs-, Förderungs- und Genehmigungsverfahren (HOAI § 31) und beim
- Objektplaner: Koordinieren der an der Objektüberwachung fachlich Beteiligten (§ 15 (2) Nr. 8 HOAI).

Bei der Frage, wer welche weiteren Projekt- und Planungsbeteiligten zu koordinieren hat bzw. überhaupt koordinieren kann, sind entscheidend:

- die Leistungsbilder in Verbindung mit der einschlägigen Rechtsprechung
- die individuell vertraglichen Aufgaben von Projektsteuerer, Architekt und sonstigen.

Bei Projekten im Bauwesen fallen vielfältige Aufgaben in der Koordination an, die in die übergeordnete, rechtliche, wirtschaftliche, technische und terminliche Koordination unterschieden werden können. Für welche Aufgaben in der Koordination sind vor allem Bauherr und Objektplaner grundsätzlich zuständig und verantwortlich?

Aufgaben der Koordination	Zuständigkeit und Verantwortung	Gegenstand der Koordination
Übergeordnete Koordination	Bauherr (Projektleiter bzw. Projektsteuerer)	Koordinierung des Programms für das Gesamtprojekt (Projektziele)
Rechtliche Koordination	Bauherr (Projektleiter bzw. Projektsteuerer)	Koordinierung und Kontrolle der Projektbeteiligten mit Ausnahme der ausführenden Firmen

Koordinierung und Kontrolle des Genehmigungsverfahrens |
| Wirtschaftliche Koordination | Bauherr (Projektleiter bzw. Projektsteuerer) | Koordinierung und Kontrolle der Bearbeitung der Finanzierungs- und Förderungsverfahren |
| | Objektplaner (Architekt) | Koordination der fachlich Beteiligten in der Kostenplanung (Kostengliederung) |
| Technische Koordination | Objektplaner (Architekt) | Koordinierung der fachlich Beteiligten in der Ausführungs- planung und der Vergabe

Koordinierung der an der Objekt- überwachung fachlich Beteiligten

Koordinierung und Kontrolle der ausführenden Firmen |
| Terminliche Koordination | Bauherr (Projektleiter bzw. Projektsteuerer) | Koordinierung und Kontrolle der Projektbeteiligten mit Ausnahme der ausführenden Firmen |
| | Objektplaner (Architekt) | Koordinierung und Kontrolle der ausführenden Firmen |

Abb. 5-10   Zuständigkeit und Verantwortung bei den Aufgaben der Koordination

Wer Koordinationsaufgaben wahrnimmt muss, soweit es nicht zu seinen üblichen und allgemein bekannten Leistungen gehört, das Recht haben, von Dritten Infor- mationen oder Leistungen einzufordern sowie Weisungen zu erteilen. Hierzu hat der Auftraggeber seinen Auftragnehmern wie Projektsteuerer, Architekt und sonstigen Beteiligten Auftrag und Vollmacht zu erteilen.

Beim Neubau des Flughafen München, dessen Inbetriebnahme 1992 erfolgte, wurde zum Beispiel vom Bauherrn ein **Projektkoordinator** eingesetzt, der unter anderem für Planung und Baudurchführung der Trassen für die Ver- und Entsorgung folgende Aufgabenbereiche hatte:

- Anweisen der Trassen
- Vergabe von Regelquerschnitten
- Koordinierung der verabschiedeten Planungen
- Überwachen der Optimierungsmaßnahmen.

Nur so konnten für die erdverlegten Leitungen (Abwasser, Trinkwasser, Löschwasser, Mittelspannung, Fernwärme, Informationstechnik, Außenbeleuchtung und weitere) eine optimale Zuordnung, ein reibungsloser Bauablauf und nach der Inbetriebnahme eine einfache Instandhaltung sowie die Nachrüstmöglichkeit sichergestellt werden. Nachfolgende Abbildung zeigt die Zonierungen und die Regelquerschnitte für die geometrische und funktionale Koordination von Trassen der Ver- und Entsorgung im Außenbereich.

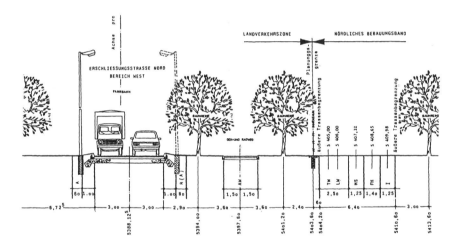

Abb. 5-11   Beispiel für eine Trassenkoordination

(Flughafen München GmbH (Hrsg.): Projekthandbuch Teil 16 ..., 1989, S. 6)

5.3.2 Entscheidungen

Planung ist unabhängig von ihrem Gegenstand stets auf die Zukunft bezogen. Für die damit verbundenen notwendigen **Entscheidungen** sind Informationen, d. h. Wissen über Bedingungen unterschiedlichster Art notwendig.

„Als Entscheidung bezeichnet man die Auswahl einer von zwei oder mehreren Handlungsmöglichkeiten (Alternativen), die dem Entscheidungsträger zur Realisation eines Ziels zur Verfügung stehen. Eine Entscheidung liegt sowohl bei einer bewussten als auch bei einer unbewussten Auswahl einer von mehreren Handlungsmöglichkeiten vor." (Wöhe, G.: Einführung in die Allgemeine Betriebswirtschaftslehre, 1990, S. 154)

Aus Sicht des Bauherrn bei einem Bauprojekt sind folgende für die Planung wesentlichen Bedingungen beeinflussbar:

- Wahl des Standortes und Erwerb des Baugrundstücks
- Aufstellen des Raum- und Funktionsprogramms
- Festlegung des Kostenrahmens und des Terminziels
- Art und Weise der Bauplanung und Bauausführung wie Organisation der Planung und Wahl der Unternehmenseinsatzform für die Ausführung.

Durch ihn sind folgende für die Planung wesentlichen Bedingungen nicht beeinflussbar:

- Beschaffenheit des Baugrundes wie Tragfähigkeit des Bodens, Vorkommen von Altlasten, Munition oder Gebäuderesten
- Angebotspreise ausführender Firmen auf dem Markt für Bauleistungen
- Witterungsbedingungen während der Bauausführung wie Regen, Schnee, Eis, Sturm u. a.
- Insolvenzen von Baufirmen, Streiks, Vandalismus
- bei Vermarktung des Gebäudes die Erlöse aus Verkauf oder Vermietung durch den Immobilienmarkt und die Mietpreisentwicklungen.

Aus nicht beeinflussbaren Handlungsmöglichkeiten entstehen Risiken. Damit aus **Risiken** keine Nachteile entstehen ist es notwendig,

- die Risiken zu vereinzeln und hinsichtlich ihrer Wahrscheinlichkeiten und ihrer Auswirkungen einzuschätzen
- Handlungsalternativen zu entwickeln, um auch bei Verschlechterung der Handlungsbedingungen das gesetzte Ziel mit geringst möglichen Nachteilen zu erreichen.

Vom Bauherrn in seiner Eigenschaft als Auftraggeber werden **Entscheidungen** erwartet, die er

- rechtzeitig vorbereiten muss; hierzu gehören das Einholen und Auswerten von Informationen, die Überprüfung von Alternativen
- rechtzeitig und verbindlich treffen muss; d. h. er muss sich und in gleicher Weise seinen Auftragnehmern gegenüber erklären und festlegen
- dokumentieren muss und allen betroffenen Projektbeteiligten Kenntnis zu geben hat.

Um erkannten Risiken zu begegnen, sind in der Planung **Varianten** zu entwickeln, solche können sein:

- variable Grundrisse für Bürogebäude zur Senkung von Absatzrisiken
- Planung von Realisierungsabschnitten bei größeren baulichen Anlagen wie Wohnsiedlungen, Gewerbezentrum zur Senkung von Absatz- und Finanzierungsrisiko
- Ausschreibung von Alternativpositionen zur Senkung von Baupreisrisiken
- Puffer in der Terminplanung oder Vorbereitung von Maßnahmen zur Senkung von Witterungsrisiken, wie beispielsweise die Planung von Winterbaumaßnahmen.

Hierbei ist der Projektmanager gefordert, den Bauherrn zu informieren, ihn auf die Notwendigkeit rechtzeitiger Entscheidungen sowie die Konsequenzen fehlender oder verspäteter Entscheidungen hinzuweisen.

Ein erfolgreiches Projektmanagement beruht auf der guten Vorbereitung von Entscheidungen. Folgende Checkliste mit entsprechenden Fragen dient hierzu:

- Welche Entscheidungen müssen wann und von wem getroffen werden?
- Welche Informationen müssen zur Entscheidung durch wen und bis wann beschafft, vorbereitet und vorgelegt werden?
- Besteht das Risiko, dass die notwendige Entscheidung, z. B. durch den Bauherrn, nicht oder nicht rechtzeitig getroffen wird?
- Welche Auswirkungen auf Planung bzw. Ausführung, beispielsweise in bezug auf Kosten oder Termine, sind im Fall einer fehlenden Entscheidung zu erwarten?
- Wie können dem Entscheidungsträger, i. d. R. ist es der Bauherr, die Auswirkungen fehlender Entscheidungen verdeutlicht werden?
- Werden fehlende Entscheidungen oder nachträgliche Änderungen von Entscheidungen ausreichend dokumentiert?

Als praktische Hilfsmittel haben sich ferner die **Entscheidungsliste** (vgl. Abbildung folgende Seite) und die Entscheidungsvorlage bewährt.

Entscheidungsliste Notwendige Entscheidungen des Bauherrn vom:		Gesamtprojekt/Teilprojekt Zur Projektbesprechung am .... mit Nr.			
Vorgang	Bezeichnung	zu veranlassen durch	bis	Bemerkung	Zuständigkeit
Bearbeitet von am		Verteiler			

Abb. 5-12   Formblatt Entscheidungsliste

Wenn dem Bauherrn bei der Projektabwicklung Entscheidungen obliegen, sind diese vom Projektmanager vorzubereiten; in der Regel wird dieser eine schriftliche **Entscheidungsvorlage** verfassen. Diese soll in Bezug auf den jeweiligen Sachverhalt folgende Punkte enthalten:

- Problemdefinition
- Festlegung der Entscheidungskriterien
- Gewichtung der Entscheidungskriterien
- Darstellung der Varianten
- Bewertung der Varianten
- Entscheidungsvorschlag
- Darstellung der Konsequenzen bei Annahme des Entscheidungsvorschlages.

Bei der Gewichtung können Entscheidungskriterien wie Funktion, Konstruktion, Investition, Betriebs- und Unterhaltungsaufwand sowie Gestaltung von Bedeutung sein.

5.3.3 Änderungsmanagement

Die Verursachung von Änderungen durch nur einen der Beteiligten allein ist in der Praxis selten. Meist sind es mehrere Beteiligte, Forderungen oder Gründe, die gleichzeitig wirken und dazu führen, dass Änderungen auftreten. Eines muss aber auf jeden Fall vermieden werden: Die Verursachung der Änderung und damit natürlich auch die Verantwortung aller damit verbundenen Folgen wie Qualitäts-, Kosten- und Terminabweichungen darf nicht anonymisiert werden. Es besteht das Risiko, dass schließlich niemand für eventuelle Folgen zur Verantwortung gezogen werden kann.

Durch die frühzeitige Erfassung von gewünschten oder nicht zu vermeidenden Änderungen, durch die Mitwirkung und vor allem Entscheidungen von Nutzern wie Genehmigung oder Ablehnung sowie die Dokumentation aller Vorgänge kann ein wirkungsvolles Änderungsmanagement (vgl. Abbildung folgende Seite) geleistet werden. Die Kostensicherheit des Bauvorhabens wird entscheidend verbessert.

Kosten- und Terminüberschreitungen oder Qualitätsminderungen sind in der Praxis häufig auf Versäumnisse oder das Fehlverhalten von Beteiligten zurückzuführen. Dazu gehören unter anderem:

-   unzureichende Integration von Planungsleistungen anderer Planer
-   Änderung von Planungsinhalten ohne ausreichende Abstimmung mit dem Bauherrn oder Nutzer und ohne ausreichende Information über die Folgen der Änderungen, z. B. bei Kostenerhöhungen
-   Nichtbeachtung von Kostenvorgaben, z. B. bei Kosten erhöhenden Material- oder Detailänderungen
-   Nichtbeachtung serieller, industrieller und normengerechter Bezugs- oder Fertigungsmöglichkeiten, besonders im Ausbau, mit der Folge von teuren Sonderanfertigungen
-   unklare oder unvollständige Leistungsbeschreibungen
-   Ausschreibung und Versand von Leistungsverzeichnissen mit vom Bauherrn oder Nutzer nicht freigegebenen Planungsinhalten
-   Standardänderungen nach Beauftragung ohne Abstimmung mit dem Bauherrn oder Nutzer
-   verspätete Planlieferung an die ausführenden Firmen mit der Folge von Behinderungen und Ausführungsverzögerungen.

Mit der Objektbeschreibung (vgl. hierzu Kapitel 6.1.2 Raumbuch) ist sicherzu stellen, dass die Qualitäten, z. B. von Bodenbelägen, eindeutig sind. Spätere Varianten und daraus folgende Kosten- und Terminabweichungen sind frühzeitig zu erkennen und rechtzeitig zur Entscheidung vorzulegen. Zum einfachen und schnellen Informationsaustausch und zur Entscheidung über die Genehmigung von Änderungen durch den Bauherrn oder Nutzer haben sich Formblätter und Listen bzw. Dateien bewährt. Diese sind an einer Stelle beim Projektleiter oder Projektsteuerer zu sammeln, auszuwerten und an ausgewählte Projektbeteiligte weiterzugeben.

Formblatt Änderungsmanagement Projekt ...   Antrag auf Änderung Nr. ...

Absender/Verfasser   : ...

Sachverhalt   : ...
Gebäude/Bereich/Raum   : ...
Fachbereich(e)   : ...
Kostengruppe(n)   : ...
Leistungsbereich(e)   : ...

Die Änderung ist bezogen auf Planungsstand/Unterlage .... vom: ...

1) Die Änderung wird beantragt/verursacht durch Projektbeteiligte(n):

   O Bauherr   : ...
   O Nutzer   : ...
   O Behörde/Institution   : ...
   O Sonstige(r)   : ...

2) Sachverhalt, es handelt sich dabei hauptsächlich um:

   O Mengenänderungen   : ...
   O Standardänderungen : ...
   O Gestaltung   : ...
   O funktionale Eignung : ...
   O technischen Komfort : ...
   O Sicherheit/Umwelt : ...
   O sonstiges   : ...

3) Begründung und Erläuterungen: ...
   (Kosten- und Terminänderungen, Kostenübernahme u. a.)
   ...

4) Bearbeitung, Genehmigung und Anlagen:

   O Vermerk und/oder Anlage zu Stellungnahme Bauherr: ...
   O Vermerk und/oder Anlage zu Stellungnahme Planer/Firma: ...
   O freigegeben O nicht freigegeben durch Nutzer: ...

In die Objekt-/Kosten-/Terminplanung aufgenommen:

am: ...   Bearbeiter: ...   Unterlage/Datei: ...

Abb. 5-13   Formblatt Änderungsmanagement

5.4 Dokumentation

Dokumentation beinhaltet die langfristige Sicherung wesentlicher Projektunterlagen, sprich Aufbewahrungspflicht, und die Auswertung der Projektarbeit zur Gewinnung von Informationen.

Es ist erforderlich, bereits zu Projektbeginn diejenigen Kennwerte zu definieren und die dazugehörenden Mengeneinheiten festzulegen, die wenn möglich in der gesamten Lebensdauer des Gebäudes vorkommen bzw. benötigt werden. Dabei ist besonderes Augenmerk auf die Kennwerte und Mengen während der Nutzung des Objektes zu richten (vgl. Kapitel 13. Gebäudemanagement).

Die Zusammenstellung von Planunterlagen und Bauakten, die Dokumentation der wesentlichen projektbezogenen Plandaten in einem Projekthandbuch sowie die Sicherung von Informationen in Archiven oder Datenbanken müssen auf der Grundlage einer einheitlichen und abgestimmten Projektstruktur fortlaufend sichergestellt sein.

Bei vielen Projekten wird die Dokumentation vernachlässigt oder unvollständig durchgeführt. Dies liegt daran, dass

- Konzeption und Strukturen für eine geordnete und vollständige Dokumentation zu Beginn des Projektes nicht erstellt wurden

- die Dokumentation vom Bauherrn weder beauftragt noch von ihm selbst in der notwendigen Sorgfalt durchgeführt wird

- Dokumentation nur als das nachträgliche Zusammenstellen von Unterlagen verstanden wird, die zwangsläufig während der Projektarbeit anfallen

- die für eine vollständige und einheitliche Dokumentation erforderlichen Informationen von zahlreichen Projekt- und Planungsbeteiligten (dezentral) geschaffen werden, diese aber nur dann für alle Zwecke brauchbar sind, wenn sie aufeinander abgestimmt und zusammengefasst werden (zentral)

- während der Projektarbeit die Zeit fehlt, Unterlagen für die Dokumentation zusammenzustellen und zwar von der Projektvorbereitung bis zum Projektabschluss

- Projekt- und Planungsbeteiligte den Wert einer guten Dokumentation nicht erkennen, intellektuell nicht in der Lage sind, wesentliche von unwesentlichen Informationen zu unterscheiden, oder aufgrund ihrer formalen Qualifikation, z. B. Akademiker, sich für überqualifiziert halten, an einer Dokumentation aktiv mitzuarbeiten

- während der Projektdauer Mitarbeiter wechseln oder eine zu hohe Arbeitsteilung herrscht, so dass nur wenige einen Überblick über das gesamte Projekt haben

- unmittelbar nach oder teilweise schon vor Projektabschluss die Bearbeiter mit dem besten Wissen über das Projekt sich neuen Aufgaben zuwenden oder aus anderen Gründen nicht mehr zur Verfügung stehen, beispielsweise durch den Wechsel des Arbeitsplatzes.

Dabei bietet eine gute Dokumentation die Grundlage für:

„- spätere Rationalisierungsmaßnahmen bei anderen Bauaufgaben

- Kostenrichtwerte

- wirtschaftliche Vergleiche

- Entwicklung von Einflussgrößen

- Erfolgskontrolle (d. h., ob die oben gestellten Aufgaben erfüllt sind und den Zielvorgaben des Bauherrn entsprechen und in welchem Umfang Abweichungen vorgekommen sind)."

(Pfarr, K.: Handbuch der kostenbewussten Bauplanung, 1976, S. 238)

Da Bauprojekte heutzutage häufig von **Rechtsstreitigkeiten** begleitet werden, Schlichtungen, Gutachten oder sogar Prozesse notwendig werden, weil Baukosten- oder Terminziele nicht eingehalten wurden, die Verursachung bzw. Verantwortung von Änderungen oder Mängeln untersucht werden müssen, erhält die Dokumentation des Projektablaufes, z. B. in Form eines Bautagebuches im Rahmen der Leistungsphase 8. Objektüberwachung (§ 15 (2) HOAI), eine zusätzliche Bedeutung. So sind Gutachter auf umfangreiches Schriftgut und auf Berechnungen und Zeichnungen angewiesen, um die relevanten Entwicklungen im Projektgeschehen nachvollziehen und schließlich Aussagen und Interpretationen stützen zu können. Die Anfertigung von schriftlichen Unterlagen hat deswegen bei praktisch allen Projekt- und Planungsbeteiligten in den letzten Jahren erheblich zugenommen.

Eine Dokumentation bietet also viele Möglichkeiten und kaum jemand bezweifelt dies, wenn über die Vorteile einer Dokumentation gesprochen wird. Andererseits sind ein nicht zu unterschätzender Aufwand, Vorbereitung (was und wie soll dokumentiert werden) und eine hohe Disziplin (ständige Aktualisierung) unverzichtbar. Häufig scheitert es schon zu Projektbeginn, wenn der Bauherr seine Planer nur mit einzelnen Leistungsphasen beauftragt und diese wiederum unsicher sind, ob das Projekt überhaupt realisiert werden kann. In Anbetracht des Aufwandes für die Dokumentation sind auf der Seite des Bauherrn, denn dieser verfügt über grundsätzliche Informationen zum Baugrundstück, zur Finanzierung, zur Bedarfsermittlung u. v. m. und auf der Seite der Planer die Voraussetzungen in Form der Beauftragung zu schaffen.

So ist die Dokumentation in mehreren Leistungsbildern der HOAI enthalten. Als
Teil der Leistungsphase 9. Objektbetreuung und Dokumentation werden aufgeführt:

Leistungsbilder	Grundleistungen	Besondere Leistungen
§ 15 Leistungsbild Objektplanung für Gebäude, Freianlagen und raumbildende Ausbauten	systematische Zusammenstellung der zeichnerischen Darstellungen und rechnerischen Ergebnisse des Objekts	Erstellen von Bestandsplänen

Aufstellen von Ausrüstungs- und Inventarverzeichnissen

Aufbereiten des Zahlenmaterials für eine Objektdatei

Ermittlung und Kostenfeststellung zu Kostenrichtwerten

Überprüfen der Bauwerks- und Betriebs-Kosten-Nutzen-Analyse |
§ 55 Leistungsbild Objektplanung für Ingenieurbauwerke und Verkehrsanlagen	Systematische Zusammenstellung der zeichnerischen Darstellungen und rechnerischen Ergebnisse des Objekts	Erstellung eines Bauwerksbuchs
§ 64 Leistungsbild Tragwerksplanung	keine Angabe	keine Angabe
§ 73 Leistungsbild Technische Ausrüstung	Mitwirken bei der systematischen Zusammenstellung der zeichnerischen Darstellungen und rechnerischen Ergebnisse des Objekts	Ingenieurtechnische Kontrolle des Energieverbrauchs und der Schadstoffemission

Abb. 5-14   Leistungen der Dokumentation in der HOAI (01.96)

Die Vergütung der Leistungsphase 9. Objektbetreuung und Dokumentation in den
Leistungsbildern der §§ 15, 55 und 73 beträgt jeweils 3 v. H. des vollständigen
Honorars. Schon die in der Objektbetreuung enthaltene Objektbegehung zur
Mängelfeststellung und das Überwachen der Beseitigung von Mängeln ist wegen
des hohen Zeitaufwandes, der sich darüber hinaus auf die Dauer der Gewährleistung erstreckt, für den Auftragnehmer wie Objektplaner und fachlich Beteiligte
erfahrungsgemäß nicht kostendeckend zu leisten. Aus diesen und anderen

Gründen, z. B. Ende des Werkvertrages in Verbindung mit Schlussrechnung und Haftung, wird auch von Seiten der Planer auf die Leistungsphase 9 häufig gern verzichtet.

Im zuvor bereits kritisch behandelten HOAI § 31 Projektsteuerung kommt nicht einmal der Begriff „Dokumentation" vor. Es sei denn, man liest aus Absatz 1, Ziffer 7 heraus: „Laufende Information des Auftraggebers über die Projektabwicklung ... ."

Infolge der häufig fehlenden Beauftragung bzw. im Falle eines Auftrages wegen der bei weitem unzureichenden Vergütung entstehen Dokumentationen allenfalls durch die Weitsicht oder Eigeninitiative einzelner Planer, welche Dokumentationen auch für eigene Zwecke benötigen. Dezentrale, als „Betriebsgeheimnisse" bewahrte Dokumentationen einschließlich der Kennwerte und analysierten Einflussfaktoren sind jedoch für die gemeinsame Projektarbeit und im Hinblick auf das Gebäudemanagement nur bedingt von Nutzen.

Erst mit der weiteren Entwicklung des Leistungsbildes für die Projektsteuerung durch den Deutschen Verband der Projektsteuerer e. V. wurde der Bedeutung einer auf das gesamte Objekt bezogenen Dokumentation Rechnung getragen. So sind die im Laufe der Zeit weiterentwickelten Kataloge von Aufgaben im so bezeichneten Handlungsbereich A Organisation, Information, Koordination, Dokumentation in der Fassung von 1996 bereits enthalten:

Projektstufen nach § 204 Leistungsbild Projektsteuerung	Grundleistungen	Besondere Leistungen
1. Projektvorbereitung	Entwickeln, Vorschlagen und Festlegen der Projektziele und der Projektorganisation durch ein projektspezifisch zu erstellendes Organisationshandbuch (mit einem Kapitel zur Dokumentation)	Besondere Abstimmungen zwischen Projektbeteiligten zur Projektorganisation (einschließlich Dokumentation)
2. Planung	Dokumentation der wesentlichen projektbezogenen Plandaten in einem Projekthandbuch	-
3. Ausführungsvorbereitung	Fortschreiben des Projekthandbuches	-
4. Ausführung	Fortschreiben des Projekthandbuches	-
5. Projektabschluss	Mitwirken beim systematischen Zusammenstellen und Archivieren der Bauakten inklusive Projekt- und Organisationshandbuch	Prüfen der Projektdokumentation der fachlich Beteiligten (gemeint sind alle Planer)

Abb. 5-15   Leistungen der Dokumentation nach DVP e. V. 1996

Das **Projekthandbuch** wird aus der Sicht des DVP e. V. als das zusammenfassende und hauptsächliche Instrument der Dokumentation gesehen, es wächst auf der Grundlage früh angelegter Strukturen als Bestandteil des Organisationshandbuches in der Projektstufe 1 Projektvorbereitung. Unbestritten von Vorteil ist, dass

-    ein Medium die wesentlichen Informationen über die gesamte Projektdauer aufnimmt und schließlich Vorgaben, Ablauf und Ergebnis beinhaltet

-    auf der Seite des Auftraggebers, vertreten durch Projektleitung bzw. Projektsteuerung, alle Informationen vorhanden sind bzw. von den Auftragnehmern wie Planern und ausführenden Firmen eingefordert werden können. Dies ist im Vertrag ausdrücklich zu regeln.

-    die inhaltliche und formale Auswertung und Darstellung der Projektdokumentation von einer Stelle, z. B. dem Projektsteuerer, vorgegeben wird und dabei auf die Verständlichkeit, z. B. in Form von Tabellen, Diagrammen und

Erläuterungen, geachtet werden kann, so dass auch Nichtfachleute etwas damit anfangen können.

Vergleichbare Aufgaben finden sich auch im Leistungskatalog **Generalplanung** für Gebäude unter 4. Besondere Generalplanerleistungen, Teil III Berichtswesen/ Dokumentation/EDV, nachfolgend ein Auszug der die Dokumentation betreffenden Einzelleistungen:

„- Festlegen eines Berichts- und Dokumentationssystems ...

- Dokumentation der Verhandlungen mit Behörden und anderen an der Planung fachlich Beteiligten über die Genehmigungsfähigkeit des Projektes unter besonderer Berücksichtigung aller einschlägigen öffentlich-rechtlichen Vorschriften ...

- Dokumentation der Planungsergebnisse in den jeweils vom Generalplaner festgelegten terminrelevanten Planungs- und Leistungsabschnitten ...

- Gewerkeweise Zusammenfassung der Ausschreibungsunterlagen in Bezug auf Besonderheiten des Objektes und unter Berücksichtigung der besonderen Auftraggeberbelange

- Vorbereitung und Mitwirkung an sowie Dokumentation der Vertragsverhandlungen mit den ausführenden Unternehmern und sonstigen Projektbeteiligten

- Zusammenstellung aller Vertragsunterlagen und Vertragsanlagen zu Auftrags-Leistungsverzeichnissen betreffend der vom Auftraggeber eingesetzten Projekt-, Planungs- und Ausführungsbeteiligten

- Erfassung, Prüfung und Bewertung sowie Dokumentation des projektrelevanten Schriftverkehrs gegenüber den Fachplanern, den Projektbeteiligten (einschließlich Sonderfachleuten des Auftraggebers) und gegenüber Dritten (Behörden etc.)

- Prüfung und Auswertung der Protokolle von Projekt- und Baubesprechungen auf technisch relevante Anordnungen und Aussagen

- Besondere Dokumentation der Überwachung des Baufortschrittes (detailliertes Bautagebuch über die durchgeführten Bauleistungen und die erbrachten Überwachungsleistungen)

- Projektabschluss mit Zusammenfassung und Dokumentation aller Unterlagen und Daten des Projektes."

(Architektenkammer Hessen und Bayrische Architektenkammer (Hrsg.): Generalplanung – Ein Leitfaden für Architekten, 2000, S. 49)

Die in der Veröffentlichung Generalplanung - Ein Leitfaden für Architekten aufgeführten Teilleistungen ergänzen die vom DVP e. V. auf das Projekthandbuch ausgerichtete Dokumentation in Form von Kennwerten und Kernaussagen in sinnvoller Weise und mit hohem Praxisbezug.

Der oben angesprochene Aufwand für eine umfassende Dokumentation ist durch die hier wiedergegebenen Leistungen sicher deutlich geworden. Um aber die laufende Erstellung und Aufbewahrung von Informationen für die Dokumentation in einem wirtschaftlich vertretbaren Rahmen zu halten, muss auch die Frage nach den Mitteln der Bearbeitung gestellt werden. Unter Beachtung der angesprochenen Möglichkeiten kommen neben dem Projekthandbuch auch die Speicherung von Daten und das herkömmliche Archiv in Frage, sie alle haben auch heute noch ihre Berechtigung. Wesentliche Kriterien für die Wahl der Mittel sind unter dem Gebot der Wirtschaftlichkeit

- Nachweispflicht
- schneller Zugriff
- Verständlichkeit
- Sicherheit und
- Vollständigkeit.

Für den Bauherrn ist aus übergeordneter Sicht ohne Zweifel das **Projekt-handbuch** die ideale Form der Dokumentation, da es kompakt und auf das wesentliche beschränkt, gleichzeitig aber auf alle Fachbereiche bezogen ist oder sein muss.

Für den Spezialisten, z. B. den Projektsteuerer, Kostenplaner oder Fachingenieur sind Informationen auf einer Datenbank gute Grundlagen für Auswertungen und weitere Planungen. Im Fall von Prüfungen durch externe Instanzen, z. B. Rechnungshof, und zum Nachweis von Tatbeständen im Fall von Streitigkeiten sowie als Arbeitsunterlagen für Gutachter, ist das geordnete Archiv nach wie vor unverzichtbar, abgesehen davon, dass die Projekt- und Planungsbeteiligten zur Aufbewahrung verpflichtet sind. Aufwand und Nutzen stehen bei allen diesen Möglichkeiten in einem direkten Verhältnis.

Der in Bezug auf das Archiv gering bewertete Aufwand ist als Aufgabe im Rahmen der vertraglichen bzw. gesetzlichen Pflichten zu sehen, also als das unverzichtbare Minimum. Gleichwohl sind der Aufbau und die Pflege eines Archivs mit Aufwand verbunden.

Beispielhaft für die Vielzahl von Informationen der Projektarbeit wird am Gegenstand der Kostenplanung die Form der Dokumentation dargestellt:

Aufgaben	Dokumentation		
	Projekthandbuch	Datenbank und Datensicherung	Archiv
Kostenrahmen	Gesamtkosten mit Erläuterung sowie wesentliche Kenn- werte z. B. €/m² BGF	Gesamtkosten nach Kostengruppen einstellig	Erläuterungen und Ermittlungen
Kostenschätzung	Gesamtkosten Summenblatt einstellig sowie wesentliche Kenn- werte z. B. €/m² BGF	Datei der Kosten- ermittlung vollständig	Ausdruck und Erläuterungen, Schriftverkehr
Kostenberechnung	Gesamtkosten Summenblatt Kostengruppen zweistellig sowie wesentliche Kenn- werte z. B. €/m² BGF	Datei der Kosten- ermittlung vollständig	Ausdruck und Erläuterungen, Schriftverkehr
Kostenanschlag	Zusammenstellung der Vergabeeinheiten bzw. Aufträge	Datei der Kosten- ermittlung vollständig	Ausdruck und Erläuterungen, Schriftverkehr
Kostenfeststellung und Kostenkennwerte	Zusammenstellung der Aufträge sowie Summenblatt Kostengruppen zweistellig sowie wesentliche Kennwerte z. B. €/m² BGF	Datei der Kosten- ermittlung vollständig	Ausdruck und Erläuterungen, Schriftverkehr
Kostenkontrolle	Vergleichstabellen Kostengruppen zweistellig bzw. Aufträge	Datei der Vergleichs- ermittlungen	Ausdruck und Erläuterungen, Schriftverkehr
Kostenänderungen	Katalog der wesent- lichen Kosten- änderungen	Dateien der Kosten- änderungen	Anträge und Genehmigungen zu Kostenänderungen
Kostensteuerung	Katalog der Maßnahmen und Ergebnisse	-	Schriftverkehr und Nachweise

Abb. 5-16   Dokumentation in Form des Projekthandbuches, der Datenbank bzw. Datensicherung und des Archivs - Beispiel Kosten

6. Qualitäten und Quantitäten

Die Vorgabe von **Quantitäten**, angegeben in Leistungsdaten der geplanten Nutzung, z. B. Anzahl Arbeitsplätze, und der geforderten Grundflächen oder Rauminhalte eines Bauprojektes muss grundsätzlich durch den Bauherrn erfolgen. Kann er nur die Leistungsdaten angeben, sind diese durch einen entsprechenden Fachmann, z. B. Architekt, Betriebsplaner, Projektsteuerer, zu formulieren bzw. in ein Raumprogramm umzusetzen.

Angaben zu den Qualitäten und Quantitäten sind bereits im Rahmen der Projektvorbereitung zu machen. Diese sind Teil der **Bedarfsplanung.** Darunter ist entsprechend dem deutschen Vorwort zu DIN 18205 zu verstehen:

„- die methodische Ermittlung der Bedürfnisse von Bauherren und Nutzern

- deren zielgerichtete Aufbereitung als ‚Bedarf' und

- dessen Übersetzung in eine für den Planer, Architekten und Ingenieur verständliche Aufgabenstellung."
(DIN 18205 Bedarfsplanung im Bauwesen (04.96))

Ergebnis der damit verbundenen Aufgaben ist der **Bedarfsplan** als Zusammenfassung „für alle dem Architekten übermittelten Unterlagen wie Aufgabenbeschreibung, Raumprogramm oder Raumlisten mit Erläuterungen, Raumblätter mit Einrichtungsvorgaben, Funktionsprogramm, Visualisierungen, Wege- und Kommunikationsbeziehungen, vorgegebene Standards, Termine, Finanzrahmen, Lageplan, Erschließungsangaben usw.." (Kuchenmüller, R.: DIN 18205 Bedarfsplanung im Bauwesen, 1997, S. 1177)

Die Vorstellungen bzw. Anforderungen des Bauherrn oder der Nutzer können zu Beginn der Planung sehr allgemein sein. Die Form der in einer Bedarfsplanung enthaltenen Informationen ist grundsätzlich frei und wird in der Praxis unterschiedlich gehandhabt. Dies kommt auch in der folgenden Charakterisierung zum Ausdruck: „Die Bedarfsplanung ist Ausdruck der Ziele und Visionen des Bauherrn und der Nutzer und steckt den Rahmen ab, innerhalb dessen dafür planerische und bauliche Lösungen erwartet werden." (Kuchenmüller, R.: DIN 18205 Bedarfsplanung im Bauwesen, 1997, S. 1177)

Die folgenden drei Beispiele zeigen, wie Bauherren ihre Bedürfnisse formuliert bzw. ihren Bedarf angemeldet haben.

Erstes Beispiel: **Qualität eines Hotels**
In diesem Fall waren speziell die Vorstellungen für den Beherbergungsbereich von Bedeutung: „Das Wichtigste in einem Hotel ist die Qualität des Schlafes. Insoweit sind an die Konditionen besondere Anforderungen gestellt. Dies betrifft:

- das Bett
- die Ruhe
- das Raumklima

- das Ambiente
- das Gefühl der Sicherheit und Geborgenheit."

(Kempinski AG (Hrsg.): Planungshandbuch Kempinski-Hotels, 1990, S. 12)

Zweites Beispiel: **Funktionsbeschreibung für eine Verkaufsfläche**
Wesentlich näher an konkreten Planungsvorgaben sind die Anforderungen, die von dem späteren Betreiber auf der Grundlage langjähriger Nutzung vergleichbarer Gebäude formuliert wurden.

Es wird für die zu planende Verkaufsfläche unter anderem gefordert:

„6. Organisation des Marktes

6.1 Einkaufswagen: separater Wagenbahnhof vor den Kassen sowie zwei Stationen im Außengelände

6.2 Mehrweggut: Leergutkasse mit direkter Verbindung zum Lager

6.3 Verkaufsraum:
   - nur eine Mittelstützenreihe
   - freie Bereichseinteilung innerhalb des Verkaufsraumes für Parfüm/Kosmetik, Wein/Sekt, Non-food, Getränke, Lebensmittel, da die Entwicklung der Bereiche nicht vorhersehbar ist.

6.4 An- und Auslieferung:
   - Rampe mit 1,20 m Unterfahrt, überdacht
   - ebenerdige Andienung
   - Rampenbreite mindestens 3,00 m (Arbeiten auf überdachter Rampe muss möglich sein)."

(Lufthansa Service GmbH: Grundlagenermittlung ... Supermarkt MUC 2, 1990)

Drittes Beispiel: **Variable Nutzung eines Briefzentrums**
In bestimmten Fällen ist die Festlegung auf **Nutzungsanforderungen** langfristig schwierig, wenn voraussichtlich das Gebäude nach einigen Jahren, und damit innerhalb seiner technischen Lebensdauer, einer anderen Nutzung zugeführt werden muss.

Hierbei soll berücksichtigt werden, dass ein zu planendes Briefzentrum nach einigen Jahren, wenn das übergeordnete Logistikkonzept sich ändern sollte, an eine Spedition verkauft oder vermietet wird. Deswegen sollen alternative Nutzungsanforderungen, z. B. bezüglich Deckenlasten (Gabelstapler), Raumhöhen (LKW), Raumlufttechnik (Abgase), Brandschutz (Lagerung von Papier oder anderen Gütern) berücksichtigt werden. Es ist folglich ein multifunktionales Bauwerk zu planen.

Zum Ergebnis der Bedarfsplanung gehört ein **Raumprogramm**, das die für die Nutzung erforderlichen Mindestflächen einzelner Räume oder vergleichbare Einheiten enthält. „Raumprogramm und Funktionsprogramm werden in der Regel aufgrund einer Bedarfsplanung vom Auftraggeber dem Architekten zur Verfügung

gestellt, der diese der Gebäudeplanung zugrunde zu legen hat. Sie sind als Grundlage zur Klärung der Aufgabenstellung des Architekten erforderlich und können weitere besondere Leistungen als Entscheidungshilfen für den Auftraggeber zur Folge haben, hier etwa die Finanzbedarfsberechnung."
(Locher, H. u. a.: Kommentar zur HOAI, 1996, S. 464 - 467)

6.1 Qualitäten

Unter **Qualität** wurde bisher nach DIN EN ISO 8402: „Die Gesamtheit von Merkmalen einer Einheit bezüglich ihrer Eignung, festgelegte und vorausgesetzte Erfordernisse zu erfüllen" verstanden. (DIN EN ISO 8402 Qualitätsmanagementsysteme, Grundlagen und Begriffe; (08/95))

In der aktuellen Fassung heißt es dagegen „Qualität: Grad, in dem ein Satz inhärenter Merkmale Anforderungen erfüllt."
Hierzu wird weiter angemerkt: „Die Benennung Qualität kann zusammen mit Adjektiven wie schlecht, gut oder ausgezeichnet verwendet werden" und „inhärent" bedeutet im Gegensatz zu „zugeordnet" „einer Einheit innewohnend", insbesondere als ständiges Merkmal." (EN ISO 9000, Qualitätsmanagementsysteme, Grundlagen und Begriffe; (12/00), S. 18f.)

In der praktischen Anwendung bedeutet dies:
- Zunächst sind Vorgaben zu machen und möglichst genau in Merkmalen und Eigenschaften zu beschreiben.
- Die Erreichung der getroffenen Vorgaben muss so weit wie möglich messbar sein und soll im Grad der Erfüllung ausgedrückt werden können, z. B. in Prozent.
- Der Grad der Erreichung getroffener Vorgaben ist zu dokumentieren, um die Qualität gegenüber z. B. dem Auftraggeber oder den Nutzern vermitteln zu können.

Anforderungen an die Qualität des Objektes und seiner Bestandteile, z. B. Büroflächen, können vom Bauherrn unterschiedlich formuliert werden. Es sind im Bauwesen üblich:
- Bauprogramm als Angabe von Kapazitäten, z. B. Anzahl Büroarbeitsplätze, Anzahl KfZ-Stellplätze, Grundfläche eines Versammlungsraumes
- Raum- und Funktionsprogramm bei weitgehender Orientierung an der DIN 277, daneben projektspezifische Bezeichnungen aus der Nutzung oder von Nutzern, z. B. Verkehrsfläche, Retailbereich, Argentinisches Steakhouse
- Baubeschreibung zur Vorplanung und Entwurfsplanung unter Berücksichtigung geometrischer und funktionaler Projektstrukturen sowie Gliederung der Beschreibung nach DIN 276, darüber hinaus sind alle Ergänzungen möglich

- Leistungsbeschreibung der Bauleistungen mit Leistungsverzeichnis oder Leistungsprogramm in der Vorbereitung der Vergabe bis zum Abschluss der Objektüberwachung einschließlich Abnahme der Leistungen unter Anwendung z. B. des Standardleistungsbuches, individueller Ergänzungen oder Verwendung eines Raumbuches mit Gebäudebuch
- Verkaufsbeschreibungen zu Bereichen bzw. Flächen für Marketing und Vertrieb und
- Angaben zum Gebäudemanagement insbesondere z. B. Wartung, Energielieferung, Gebäudereinigung, Gebäudebewachung.

6.1.1 Qualitätsmanagement

Ein **Qualitätsmanagement** darf sich nicht nur auf das Produkt, also das Bauwerk beziehen, sondern muss sich auch auf den Prozess erstrecken: die Planung und Ausführung von Projekten. Deswegen wenden zunehmend auch Bauunternehmen sowie Architektur- und Ingenieurbüros die Qualitätsmanagementnormen der DIN ISO 9000 – 9004, Stand 12/2000 an. Sie führen Qualitätsmanagementsysteme ein und lassen sich deren ordnungsgemäße Anwendung durch dazu autorisierte Organisationen zertifizieren. Im Hinblick auf die Qualität unterscheidet Diederichs **Qualitätserfordernisse** und **Qualitätswünsche**: „Qualitätserfordernisse sind ... durch technische Normen und Vorschriften festgelegt, die den allgemein anerkannten Stand der Technik repräsentieren. Darüber hinausgehende Qualitätswünsche liegen allein im Zuständigkeitsbereich des Nutzers, der diese zu verantworten, für deren Erfüllung zu sorgen und deren Bezahlung sicherzustellen hat."

(Diederichs, C.-J.: Qualitätsmanagement und Qualitätssicherung ..., 1992, S. 5)

Dies kann einfach am Beispiel des Schallschutzes verdeutlicht werden. Für Fassaden, Wohnungstrennwände und andere Bauteile oder Bereiche werden Schalldämmmaße (dB) nach DIN 4109 Schallschutz (11.89) vorgegeben. Darüber hinausgehende Anforderungen der Nutzer, also die Qualitätswünsche, sind gesondert zu erheben und abzustimmen. So wird ein zusätzlicher Schallschutz häufig für Konferenzräume, Ruheräume oder Konzerträume gewünscht. Die Anforderungswerte sind auf die Decken und Wände des Gebäudes einschließlich darin befindlicher Öffnungen, z. B. Türen, Fenster, zu beziehen.

Für die Qualitätserfordernisse, man kann sie auch als minimale Erfordernisse bezeichnen, haben besonders im Bauwesen die in § 13 Nr. 1 VOB/B, nicht jedoch im BGB-Werkvertragsrecht erwähnten **Regeln der Technik** eine große Bedeutung. Beispiele hierfür sind:

„- DIN-Normen des Deutschen Instituts für Normung e. V.,
- VDE-Richtlinien (Bestimmungen des Verbandes Deutscher Elektrotechniker), (Urteil des OLG Hamm 1990),
- Internationale Normen der International Organization for Standardisation,

- Bestimmungen des Deutschen Ausschusses für Stahlbeton,
- Unfallverhütungsvorschriften der Berufsgenossenschaften,
- Bestimmungen des Deutschen Vereins der Gas- und Wasserfachmänner (DVGW),
- Fachregeln des Zentralverbandes des Deutschen Dachdeckerhandwerks,
- Fachregeln des Zentralverbandes des Deutschen Baugewerbes,
- Technische Baubestimmungen des Deutschen Instituts für Normung e. V., die von den Bauaufsichtsbehörden eingeführt sind,
- Allgemeinen Technischen Vorschriften der VOB/C."

(Großhauser, M.: Baurecht ... 1993, S. 35)

Darüber hinaus sind jedoch sowohl der **Stand der Technik** und **Stand von Wissenschaft und Technik** zu beachten. Erläuterungen zu Inhalt und Beispiele sind in der Zusammenstellung der unbestimmten Rechtsbegriffe zu technischen Sachverhalten enthalten.

Begriff	Inhalt	Beispiele
Stand von Wissenschaft und Technik	neuester Stand wissenschaftlicher und technischer Erkenntnisse; - wissenschaftlich nachprüfbar begründet, - technisch als durchführbar erwiesen - auch ohne praktische Bewährung - allgemein zugänglich - ohne räumliche Grenzen (weltweit) (EG-Richtlinie Produkthaftung)	Zeitpunktbezogener Einzelnachweis unter Auswerten allgemein zugänglicher Veröffentlichungen, Schutzrechtschriften, Kongressberichte, Zeitschriften usw.
Stand der Technik	Fachleuten verfügbares Fachwissen - wissenschaftlich begründet, - praktisch erprobt und - ausreichend bewährt (BVG Kalkar)	Zeitpunktbezogener Einzelnachweis nach aus - Fachzeitschriftenbeiträgen - Sachverständigengutachten - Verfahrens-/Produktvergleiche nach übereinstimmenden, zeitkonformen Bewertungskriterien
Anerkannte Regeln der Technik	Von der Mehrheit der Fachleute anerkannte - wissenschaftlich begründete, - praktisch erprobte und - ausreichend bewährte Regel zum Lösen technischer Aufgaben (BVG Kalkar)	DIN, DIN-EN-Normen, VDI-Richtlinien, VDE Vorschriften, UVV, Regeln techn. Wissenschaftlicher Vereine wie VDEh, DGZfP, DGO, DGQ u. a. m. Zentraler Nachweis: DIN-Katalog techn. Regelwerke (Stand 01.01.92, 130 Regelsetzer mit 211 Regelwerken)
Unbestimmte Rechtsbegriffe Zu technischen Sachverhalten		

Abb. 6-1　　Unbestimmte Rechtsbegriffe zu technischen Sachverhalten
(Bauer, C.-O.: Rechtliche Anforderungen ..., 1994, S. 16)

6.1.2 Raumbuch

Geeignete Hilfsmittel zur Vorgabe, zum Erreichen und zur Dokumentation der Qualitäten eines Gebäudes sind das Baubuch und das Raumbuch. Ein „Raum- oder Gebäudebuch ist ein räumliches **Gebäudeinformationssystem**, in welchem die für das Gebäude relevanten Informationen strukturiert abgelegt und verwaltet werden können. Es besitzt zentrale Dokumentations- und Informationsaufgaben." (GAEB: Regelungen für Informationen im Bauvertrag, 1999, S. 53)

Während ein **Baubuch** die Beschreibung des Objektes als Ganzem enthält, bezieht sich das **Raumbuch** auf die einzelnen und in der Regel unterschiedlichen Räume eines Gebäudes. Letzteres ist für die Information und Koordination der Beteiligten während der Vorbereitung der Planung, der Planung und der Ausführung sowie der Nutzung hilfreich.

Sowohl das Baubuch als auch das Raumbuch dienen zur Beschreibung der Eigenschaften von Gebäuden und Räumen. Es werden die Präzisierung der Vorgaben des Nutzers/Bauherrn und die gemeinsame Informationsbasis für Nutzer/Bauherrn einerseits und Planer andererseits geschaffen. Ein Bau- und Raumbuch kann erstmals im Zusammenhang mit dem Nutzerbedarfsprogramm aufgestellt werden.

Baubuch

Beschreibung des Gebäudes,
wird ergänzt durch das Raumbuch

> **Raumbuch**
>
> Beschreibung der Technischen Anlagen,
> des baulichen Ausbaus und der
> Ausstattung der Räume, soweit vom
> Bauherrn gewünscht

Abb. 6-2   Zusammenhang von Baubuch und Raumbuch

Gegenstand des Raumbuches sind über die **Qualitätserfordernisse** hinaus insbesondere die Qualitätswünsche. Die **Qualitätswünsche** werden allein von den Nutzern bzw. dem Bauherrn des Gebäudes vorgegeben.

Zu den Eigenschaften eines Raumbuches zählen:

-   Dokumentation der Qualitäten und Materialien von Wänden, Decken, Böden, von Sanitär-, Elektro- und Raumlufttechnik, der Inneneinrichtung sowie teilweise der Fassade
-   frühzeitige Erörterung der Raumeigenschaften mit allen Beteiligten
-   fehlende Nutzerangaben werden früh erkannt
-   hoher Aufwand für die Aktualisierung
-   gute Grundlage für die Objektplanung
-   kann Ausführungsplanung nicht ersetzen
-   gute Grundlage für die Gebäudenutzung und das Gebäudemanagement
-   mögliche Besondere Leistung des Architekten und damit Honoraranspruch
-   Festlegung der Gebäudestruktur, z. B. Raumliste, ist Voraussetzung und
-   Bearbeitung mit EDV ist bei großen Projekten unerlässlich.

Das Raumbuch soll zu Beginn der Planung aufgelegt werden. Es muss eine durchgängige Gliederung in der jeweils erforderlichen Detaillierung aufweisen. Diese hat die **Projektstruktur** hinsichtlich Funktion, Geometrie, Kosten und Terminen widerzuspiegeln. Das Raumbuch kann mit ständig verbessertem Informationsgehalt über alle Lebensphasen des Objektes in drei Versionen in Form von Anforderungsraumbuch, Planungsraumbuch und Bestandsraumbuch geführt werden.

Angaben zur **Raumbelegung** sind insbesondere bezüglich der technischen Anlagen von Bedeutung. In diesem Zusammenhang sind Anforderungen vor allem an Sanitär, Heizung, Lüftung/Klimatisierung, Frischluft, Kühlung, Befeuchtung, Raumtemperatur, Schallschutz, Strahlenschutz sowie Nutz- und Verkehrslasten bereits zu Beginn der Planung mindestens grob zu ermitteln und anschließend weiter zu entwickeln.

Über eine **Standardklassifikation** kann sowohl die Festlegung der Qualität des Objektes insgesamt, als auch die Unterscheidung von unterschiedlichen Qualitäten einzelner Räume oder Bereiche bereits zu Beginn der Planung erfolgen, z. B. durch die Einstufung in einfachen, mittleren und hohen Standard. Im Zuge der Planung wird diese Klassifizierung ersetzt durch die Angabe von Materialien und andere geeignete Beschreibungen, welche durch Kennwerte zu ergänzen sind.

Die Beschreibung der Eigenschaften von Räumen oder Bereichen muss entsprechend der Projektstruktur und den üblichen Regelwerken erfolgen. Hierzu gehören vor allem: DIN 276 Kosten im Hochbau, DIN 277 Grundflächen und Rauminhalte von Bauwerken im Hochbau. Daneben sind bei eigenen Investitionsmaßnahmen durch Dritte, beispielsweise im Bereich baulicher Ausbau, Regelungen zu den Schnittstellen zu berücksichtigen. Die Beschreibung ist zweckmäßigerweise zu untergliedern in baulicher Ausbau, technische Anlagen und Ausstattung.

Hinsichtlich Kommunikation und Information, speziell zur Anwendung des Raumbuches, sind bei der Entwicklung der Projektstruktur auch die nachfolgenden Phasen zu berücksichtigen, denn es bestehen je nach Lebensphase des Objektes unterschiedliche Anforderungen.

Das Anforderungsraumbuch ist von seiner Struktur her für die Erweiterung und die Ergänzung mit Informationen für das Bestandsraumbuch offen zu halten. Erst mit der Fertigstellung des Gebäudes wird die endgültige Zahl und Größe aller Räume feststehen, da erfahrungsgemäß bis kurz vor Inbetriebnahme berechtigte Änderungswünsche der Nutzer berücksichtigt werden müssen.

Die eindeutige Bezeichnung von Räumen wird erfahrungsgemäß während der Planung bis in die Inbetriebnahme aufgrund von Anforderungs- und Planungs-änderungen nicht durchgehalten. Es werden üblicherweise vom Bauherrn oder Nutzer vorgegebene Bezeichnungen oder Funktionsbezeichnungen nach DIN 277 verwendet.

Als Raumidentifizierungsschlüssel ist für die gesamte Projektdauer und das Gebäudemanagement ein Code vorzusehen, der zur eindeutigen Identifizierung des einzelnen Raumes dient.

Es ist in jedem Fall zu empfehlen, für die gesamte Lebensdauer des Gebäudes - als Projekt mit Planung und Ausführung bzw. Objekt mit Gebäudemanagement - das Raumbuch als durchgängigen Informationsträger einzusetzen. Damit kann insbesondere auch die Verknüpfung des Qualitätsmanagement mit der Kostenplanung durch eine gemeinsame Gliederung sichergestellt werden.

Zusätzlich sind für das **Gebäudemanagement** Nutzercodes aufzustellen, basierend auf Planungsunterlagen wie beispielsweise Raum- und Funktions-programm oder Lay-Out-Planung, auf Angaben aus der betrieblichen Kosten- und Leistungsrechnung, z. B. Definition von Kostenstellen und Kostenträgern, Profit-Center sowie auf Angaben aus Miet- und Pachtverträgen, z. B. Mietflächen. Auch in diesem Fall sollte die Gliederung der Codes möglichst auf die DIN 277 abgestimmt werden.

Anforderungsraumbuch

Das **Anforderungsraumbuch** ist von der Vorbereitung der Planung an über die Grundlagenermittlung bis einschließlich zur Vorplanung des Projektes zu er-stellen.

Die Zusammenstellung von Hauptnutzflächen dient als Planungsvorgabe, andere Flächen können als Zuschlagsätze oder als Mengen angegeben werden. Bei Verkehrsflächen kann die Breite des Verkehrsweges oder die Gebäudetiefe vorgegeben werden. Die Angabe in Quadratmetern kann durch die Angaben in Rastereinheiten ersetzt werden. Die Mengen und Arten der Flächen sind Gegenstand von Prüfungen, z. B. der Flächenwirtschaftlichkeit als Verkehrsflächenanteil (VF/BGF). Bei einzelnen Nutzungen, z. B. Parken, ist auch die Angabe der Geschosshöhe erforderlich.

Im Anforderungsraumbuch sind in Bezug auf die Raumbelegung alle Angaben der **Nutzer** zu erfassen, Ergänzungen sind durch den Bauherrn bzw. den Planer vorzunehmen. Die sich daraus ergebenden Vorgaben aus der Statik und Anforderungen an technische Anlagen sind, soweit möglich, zu ermitteln und fortzuschreiben.

Besonders die Qualität von Gebäude, Bereichen und Räumen sollte bereits im frühen Planungsstadium soweit wie möglich erfasst und mit einer kurzen Beschreibung versehen werden. Dabei sind Angaben zum baulichen Ausbau im Anforderungsraumbuch noch nicht bzw. nur bedingt erforderlich.

Zu den erforderlichen Angaben die technischen Anlagen betreffend zählen neben den Endgeräten auch die erforderlichen Raumkonditionierungen bezüglich Abwasser-, Wasser- und Gasanlagen, Wärmeversorgungsanlagen sowie der weiteren technischen Ausstattung (vgl. KG 400 DIN 276 (06.93)).

Bezogen auf die Ausstattung einzelner Bereiche oder Räume sind Art und Anzahl der Elemente zu benennen.

Ein Code zur Identifizierung von Räumen muss im Anforderungsraumbuch festgelegt und dann über die gesamte Lebensdauer des Gebäudes beibehalten werden. In diesem Zusammenhang erfolgt eine Kennzeichnung der Nutzungs-anforderungen in Form des Raum- und Funktionsprogramms mit Hauptnutz-flächen und Funktionsflächen sowie der notwendigen weiteren Flächen wie Nebennutzflächen und Verkehrsflächen. Für das Raum- und Funktionsprogramm sind **Raumbezeichnungen** notwendig, durch die Raumidentifikationen so genau wie möglich erfolgen sollen, auch wenn in vielen Fällen nur Gruppen- und Teilsummenbildungen wegen noch grober Planungsvorgaben möglich sind.

Planungsraumbuch

Ein **Planungsraumbuch** wird von der Entwurfsplanung an bis einschließlich zur Vergabe des Projektes erstellt und fortgeschrieben. Die Vervollständigung sämtlicher Angaben erfolgt mit dem Planungsfortschritt. Hierzu gehören insbe-sondere:
- Raumangaben,
- Angaben zur Raumbelegung und
- Anforderungen aus der Statik und an die technischen Anlagen.

Die Klassifikation der Standards ist im Planungsraumbuch in Verbindung mit der Kostenplanung nach der **Kostenflächenarten-Methode** zweckmäßig, dabei muss eine weitere Unterscheidung von Nutzungsarten oder Funktionsbereichen er-folgen. Die Beschreibung der Eigenschaften des baulichen Ausbaus von Gebäude,

Bereich oder Raum ist im Zuge von Nutzergesprächen bzw. Mietverhandlungen zu ergänzen.

Ebenfalls fortzuschreiben und zu ergänzen sind die Angaben zum technischen Ausbau und zur Ausstattung.

Zur Raumidentifizierung erfolgt im Planungsraumbuch die Vervollständigung der Kennzeichnungen entsprechend dem Planungsfortschritt. Voraussichtlich können jedoch nicht alle Daten durchgängig geführt werden, da es beispielsweise zur Teilung oder Zusammenlegung von Räumen oder Flächen im Verlauf der Planung kommen kann. Eindeutige Raumbezeichnungen auf Grundlage der im Anforderungsraumbuch eingeführten Codes sind für die Planung und Planungsoptimierung notwendig, insofern muss eine schrittweise Verfeinerung der Raumklassifikation entsprechend dem Planungsfortschritt vorgenommen werden.

Bestandsraumbuch

Das **Bestandsraumbuch** schließlich entsteht in der Zeit der Objektüberwachung und besteht während der gesamten Nutzung bis zur Beseitigung des Objektes.

Grundflächen und Raumhöhen sind vollständig zu erfassen, sie bilden die wesentliche Grundlage für das Gebäudemanagement. Dies gilt ebenso für die Angaben zur Raumbelegung und die Anforderungen aus Statik sowie an den technischen Ausbau. Die Notwendigkeit dieser Anforderungen ist im Einzelfall zu überprüfen.

Die Angabe von Standardklassifikationen ist im Bestandsraumbuch nicht grundsätzlich erforderlich, gegebenenfalls können für die Erfordernisse der Nachkalkulation die raumbezogenen Herstellungskosten angegeben werden. Für das Gebäudemanagement unbedingt erforderlich sind jedoch Angaben zum baulichen Ausbau, zu den technischen Anlagen und zur Ausstattung.

Für das Bestandsraumbuch erfolgt die Überarbeitung und fortlaufende Aktualisierung der raumbezogenen Kennzeichnungen (Codes) zur **Inbetriebnahme**. Der Raumidentifizierungsschlüssel dient ab Nutzungsbeginn als Adresse für alle weiteren Informationen. Dabei sind **Raumbezeichnungen** aus Sicht von Bauherren nicht in jedem Fall notwendig, denn Raumidentifizierungsschlüssel sind oft für die Nutzung ausreichend. Eine raumgenaue Klassifikation und deren Fortschreibung während der Nutzung ist Voraussetzung der Nutzungsoptimierung.

Die folgenden Abbildungen zeigen eine beispielhafte **Struktur des Raumbuches**, die besonders für die Anwendung in der Planung geeignet ist. Die dargestellten Muster sind entsprechend der DIN 276 Kosten im Hochbau (06.93) in die Teile baulicher Ausbau, technische Anlagen und Ausstattung gegliedert.

Raumbuchblatt, Teil: baulicher Ausbau

Raumnummer /Bereichsnummer /Bezeichnung: ....

Raum-/Bereichsgröße: ... m² NGF; ... m³ NRI; .., .. m lichte Raumhöhe
Raum-/Bereichslage: ... Geschoss
Nutzer und Kapazität: ... (... Arbeitsplätze für ....)

Innenwände sowie Bekleidungen und Fenster in Außenwänden (innen)

334 Außentüren und -fenster

336 Außenwandbekleidungen, innen

342 Nichttragende Innenwände

343 Innenstützen (in 333 Außenstützen enthalten)

344 Innentüren und Innenfenster

345 Innenwandbekleidungen

346 Elementierte Innenwände

349 Innenwände, sonstiges

Decken und Deckenbeläge

351 Deckenkonstruktionen (mit Treppen, Rampen)

352 Deckenbeläge (mit 325 Bodenbeläge)

353 Deckenbekleidungen
     (Einbauleuchten siehe 445 Beleuchtungsanlagen)

359 Decken, sonstiges

371 Allgemeine Einbauten
     (Einbauten, die einer allgemeinen Zweckbestimmung dienen, z. B.
     Einbaumöbel wie Sitz- und Liegemöbel, Gestühl, Podien, Tische, Theken,
     Schränke, Garderoben, Regale)

372 Besondere Einbauten
     (Einbauten, die einer besonderen Zweckbestimmung dienen, z. B.
     Werkbänke in Werkhallen, Labortische in Labors, Bühnenvorhänge in
     Theatern, Altäre in Kirchen, Einbausportgeräte in Sporthallen,
     Operationstische in Krankenhäusern)

373 Baukonstruktive Einbauten, sonstiges

Abb. 6-3   Struktur eines Raumbuchblattes - baulicher Ausbau

Raumbuchblatt, Teil: technische Anlagen

Raumnummer /Bereichsnummer /Bezeichnung:	...../...../.....
Raum-/Bereichsgröße:	... m² NGF; ... m³ NRI; .., .. m lichte Raumhöhe
Raum-/Bereichslage:	... Geschoss
Nutzer und Kapazität:	... (... Arbeitsplätze für ....)

Technische Anlagen (Installationen mit/ohne/oder Zentrale Betriebstechnik)

410 Abwasser-, Wasser- und Gasanlagen
(Art, Anzahl und Leistung der Anschlüsse von Warmwasser, Kaltwasser, Sprinkleranlagen und Gas; z. B. Abläufe, Abscheider, Sprinklerung, Feuerlöschgeräte, Sanitärobjekte, Sanitäreinrichtungen, Installationsblöcke, Angaben zu belastetem Abwasser/ Giftstoffen)

420 Wärmeversorgungsanlagen
(Art und Anzahl der Raumheizflächen, Angabe der Raumtemperatur in °C im Winter/Sommer, Art der Regelung, z. B. zentral/dezentral, Anschluss an MSR/ZLT)

430 Lufttechnische Anlagen
(Art und Anzahl der Zuluft und Abluftöffnungen, Kühldecken und Raumgeräte für Wärme und Kälte und Entrauchung; Angabe der Frischluftrate in cbm/h, der Abluftrate in cbm/h und der Luftfeuchtigkeit der Zuluft in %; zur Gestaltung der Ein- und Auslässe siehe Baulicher Ausbau)

440 Starkstromanlagen
(Elektroleistungen, Elektroschalter, Elektroleerrohre, Unterverteiler, Schaltschränke; Anzahl und Lage der Anschlussdosen 220 V/380V/sonstige, Batterien; Notbeleuchtung, Einbauleuchten, Aufbauleuchten, Hängeleuchten, Sonderleuchten; Angabe von Art, Zahl und Leistung der Leuchten; Blitzschutz- und Erdungsanlagen; eventuell besondere Anforderungen aus der Nutzung, z. B. Gepäckanlage; Doppelböden oder Bodenkanäle siehe Baulicher Ausbau)

450 Telekommunikationsanlagen
(Tertiärnetz und Endgeräte von Türsprech- und Türöffneranlagen, Uhrenanlagen, Zeiterfassungsanlagen, Gegen- und Wechselsprechanlagen, Gefahrenmeldeanlagen; Personenrufanlagen, Anschlüsse an Empfangsantennenanlagen, Angabe von Art, Anzahl und Leistung der Elemente)

460 Förderanlagen
(Art und Anzahl der Personenaufzüge, Lastenaufzüge, Fahrtreppen, Fahrsteige, Hebebühnen, Angabe von Kabinengröße und der Tragfähigkeit in kg und Personen)

470 Nutzungsspezifische Anlagen
(Wäscherei- und Reinigungsanlagen, Medienversorgungsanlagen, Medizintechnische Anlagen, Labortechnische Anlagen, Badetechnische Anlagen, Kälteanlagen, Entsorgungsanlagen und sonstige Nutzungsspezifische Anlagen)

480 Gebäudeautomation (MSR/ZLT)
(Angaben zu den an die MSR/ZLT angeschlossenen Elemente, z. B. Sonnenschutz)

490 Sonstige Anlagen

Abb. 6-4 Struktur eines Raumbuchblattes - technische Anlagen

Raumbuchblatt, Teil: Ausstattung

Raumnummer /Bereichsnummer /Bezeichnung: ... ...
Raum-/Bereichsgröße: ... m² NGF; ... m³ NRI; .., .. m lichte Raumhöhe
Raum-/Bereichslage: ... Geschoss
Nutzer und Kapazität: ... (... Arbeitsplätze für ....)

Ausstattung und Kunstwerke (jeweils Art und Anzahl)

611 Allgemeine Ausstattung

   Sitz- und Liegemöbel

   Schränke

   Regale

   Tische

   Vorhänge

   Wandbehänge

   lose Teppiche

   Haus-, Wirtschafts- und Reinigungsgeräte

612 Besondere Ausstattung
   (Ausstattungsgegenstände, die einer besonderen Zweckbestimmung dienen
   wie z. B. wissenschaftliche, medizinische, technische Geräte)

619 Ausstattung, sonstiges
   (Wegweiser, Orientierungstafeln, Farbleitsysteme, Werbeanlagen)

620 Kunstwerke
   (Kunstwerke zur künstlerischen Ausgestaltung des Raumes, z. B. Bilder,
   Reliefs, Modelle oder Plastiken)

690 Weitere Ausstattungen des Nutzers

Abb. 6-5   Struktur eines Raumbuchblattes - Ausstattung

6.1.3 Bemusterungen

Durch **Bemusterungen** können die Qualitäten von Baukonstruktionen, Baustoffen, Bedienelementen, Einrichtungsgegenständen vorgegeben, erreicht und dokumentiert werden. Bei der Beurteilung der Qualität eines Musters sind auch die Bau- und Folgekosten zu berücksichtigen. Werden z. B. Bodenbeläge bemustert, dann sind neben der gestalterischen Wirkung, der Beanspruchbarkeit und Rutschsicherheit auch die Baukosten sowie die Folgekosten aus Instandsetzung und Reinigung anzugeben und in die Auswahlentscheidung einzubeziehen.

Bemusterungen erfolgen häufig auf folgende Weise:

„1. Die Ausstattung eines anderen Bauwerkes als Referenzbauwerk

2. Herstellerkataloge mit Beschreibungen und Abbildungen

3. Vom Architekten angefertigte Musterbücher mit Ausschnitten aus Katalogen und meist kleinformatigen, dünnen Originalmustern von z. B. Stoffen, Furnieren mit Oberflächenbehandlung, Farbaufstrichen usw.

4. Tafeln/Kästen mit Originalmustern

5. Musterraum/Musterfassade mit Originalmustern."

(Volkmann, W.: Bemusterungen, 2001, S. 34)

Gegenstand von Bemusterungen sind z. B. die Eigenschaften von

- Böden; Naturstein, Fliesen, Teppichboden, Parkett
- Wänden und Türen; Sockelleisten, Wandbekleidungen, Rammschutz, Handläufe und Geländer, Beschläge
- Decken; abgehängte Decken einschließlich Beleuchtung und Luftauslässen
- Fassaden einschließlich Sonnenschutz
- Sanitärobjekte; Waschbecken, Armaturen
- Möblierungen; Stühle, Tische
- sonstige Ausstattungen; Stelen, Beschilderung und vieles mehr.

Die Bemusterungen als Teil der Planung und Vorbereitung der Bauausführung sind zweckmäßig im Zuge der

- Ausführungsplanung und
- Erstellung der Leistungsbeschreibungen als Bemusterung durch den Architekten
- Vergabe der Leistungen und
- Beginn der Bauausführung als Bemusterung durch ausführende Firmen.

Muster können Gegenstand eines Bauvertrages werden, wenn ihre Wirkung auf andere Weise schwer zu beschreiben ist. Damit helfen sie die vorgegebene Qualität zu erreichen. Der Bemusterung kommt eine besondere Bedeutung zu bei Baustoffen und Bauteilen, die entweder zu den Naturprodukten zählen, aus zeitlich oder räumlich unterschiedlichen Chargen kommen und nicht anders zu beschreiben sind.

6.1.4 Qualitätsmängel

Ein **Mangel** liegt vor, hier stimmen § 633 (1) BGB und § 13 Nr. 1 VOB/B inhaltlich weitgehend überein, wenn die Leistung eines Auftragnehmers
- nicht die zugesicherten Eigenschaften hat
- nicht den anerkannten Regeln der Technik entspricht
- mit Fehlern behaftet ist, die den Wert oder die Tauglichkeit zu dem gewöhnlichen oder nach dem Vertrag vorausgesetzten Gebrauch aufheben oder mindern.

Qualitätsmängel an einem Bauwerk sind neben Ausführungsmängeln als Abweichungen von der geforderten Qualität häufig auf Fehler in der Planung zurückzuführen. Treten Qualitätsmängel bei Gebäuden auf, die auf die Planung zurückzuführen sind, kommen immer wieder vor:
- Nichterfüllung von Nutzungsanforderungen
- unvollständige Planung
- eingeschränkte funktionale Eignung
- Wahl ungeeigneter Materialien
- fehlende oder ungeeignete Details und
- mangelhafte Berücksichtigung von Maßtoleranzen.

Vorgaben für die Planung im Hinblick auf die **funktionale Eignung** eines Gebäudes oder dessen nachträgliche Bewertung sind grundsätzlich schwierig. Denn es besteht bei jedem Objekt, auch bei sorgfältiger Planung die Möglichkeit, dass ein Bauwerk nach einigen Jahren, und damit innerhalb der **technischen Lebensdauer**, gewollt oder ungewollt, einer anderen Nutzung zugeführt werden muss.

Deswegen sollen alternative Nutzungsanforderungen, bezüglich Deckenlasten z. B. Tresor einer Bank, Raumhöhen z. B. Zu- und Durchfahrten, Raumlufttechnik, z. B. Diskothek, Brandschutz, z. B. Lagerung von Textilien, berücksichtigt werden. Oft ist es zweckmäßig, ein multifunktionales Bauwerk zu planen, auch diese Anforderung kann Gegenstand des **Raumbuches** sein.

Ebenso kommen Qualitätsprobleme bei der Bauausführung vor. Hierzu zählen beispielsweise Maßabweichungen, Schallbrücken statt Schallschutz oder Kältebrücken statt Wärmeschutz, Undichtigkeit von Dachabdichtungen, Einbau ungeeigneter oder fehlerhafter Materialien bis hin zur Vernachlässigung von Nebenleistungen vertraglicher Leistungen.

Die Konsequenzen aus mangelhafter Leistung sind mit hohem zeitlichen Aufwand, Streitigkeiten und häufig zusätzlichen Kosten verbunden. Treten

Mängel auf, dann führen sie entweder zur Verweigerung der Annahme bzw. Abnahme der Leistung, zur Forderung nach Beseitigung oder nach Schadenersatz bei schuldhaft verursachtem Mangel oder Minderung der Vergütung oder zur Zahlungsverweigerung.

6.2 Quantitäten

Grundlage der Planung sollen ein Nutzerbedarfsprogramm sowie ein **Raum- und Funktionsprogramm** einschließlich Raum-, Flächen- und Standardanforderungen sein, die im Zuge ihrer Entwicklung fortlaufend überprüft und aktualisiert werden. Ergänzend sind Leit- und Musterbeschreibungen hilfreich, um die gewünschten Qualitäten festzulegen. Derartige Programme beinhalten mindestens die für die Nutzung erforderlichen Mindestflächen für einzelne Räume oder die Anzahl entsprechender Nutzeinheiten. Die Beschreibung und Unterscheidung von Flächen soll dabei nach den im Bauwesen geltenden Normen (vgl. DIN 277 (06.87)) erfolgen.

6.2.1   Programm und Flächen

Bei der Planung ist in Bezug auf die Nutzbarkeit des Grundstücks zu beachten, dass die Gesamtfläche des Gebäudes (Brutto-Grundfläche) immer deutlich größer als die **Programmfläche** als Summe aller Nutzflächen ausfällt. Der Grund hierfür liegt darin, dass ein funktionsfähiges Gebäude über die Programmfläche hinaus zusätzlich aus z. B. Verkehrsflächen und Grundflächen für die Konstruktionen besteht.

Beispiel: **Flächenbedarf für ein Parkhaus**

Hieran lässt sich die Ermittlung der verschiedenen Grundflächen anschaulich darstellen. Zum Abstellen von PKW in einem Parkgebäude wird für den einzelnen Stellplatz eine Grundfläche von rund 2,50 m x 5,00 m = 12,50 m² Grundfläche (Nutzfläche) ermittelt. Im Programm wird ferner nur die Anzahl der Stellplätze angegeben. Bei der Planung sind aber noch als **Einflussfaktoren** die Erschließung und Technik zu berücksichtigen. Dies betrifft beispielsweise Ein- und Ausfahrten, Rampen, Wendeln, Fahrgassen, Treppenräume und Technikflächen. Auch die Konstruktion des Gebäudes ist zu beachten, insbesondere Fassade, Innenwände und -stützen sowie die damit verbundenen erforderlichen Flächen. Die für das Gebäude notwendige Brutto-Grundfläche beträgt bei Parkgebäuden, entgegen der Stellplatzfläche von 12,50 m², erfahrungsgemäß zwischen 25 und 35 m² BGF, in Ausnahmefällen sogar über 40 m² pro Stellplatz je nach Grundriss und Konstruktion des Gebäudes.

Wurden diese Einflussfaktoren zu Beginn der Planung nicht ausreichend berücksichtigt, wird oft erst verhältnismäßig spät, z. B. im Verlauf der Vorplanung, festgestellt, dass sich das Bauprogramm nicht auf dem Grundstück unterbringen lässt oder das Projekt nicht finanziert werden kann.

Qualitäten und Quantitäten eines Projektes lassen sich nur schwer trennen. Deshalb ist es unverzichtbar, folgende Regeln zu beachten:

- Nutzerbedarfsprogramm sowie Raum- und Funktionsprogramm einschließlich Raum-, Flächen- und Standardanforderungen sind vor Planungsbeginn abzustimmen und fortlaufend zu prüfen. Ergänzend werden Leit- und Musterbeschreibungen ausgearbeitet. Qualitätsstandards können z. B. in einem Pflichtenheft oder Raumbuch festgelegt werden.

- Notwendige Entscheidungen des Bauherrn sind soweit zu formalisieren, dass sie mit geringem Aufwand nachvollzogen und hinsichtlich ihrer Auswirkungen bewertet werden können. Es haben sich in der Praxis hierfür Entscheidungslisten und Entscheidungsvorlagen bewährt.

- Anhand von verbindlichen Vorgaben werden Planungsergebnisse, Ausführungsbedingungen sowie Angebote in Bezug auf die Projektziele überprüft, erforderlichenfalls fortgeschrieben. Im Falle umfangreicher Planungsänderungen ist ein Änderungsmanagement unverzichtbar.

- Behördliche und rechtsgeschäftliche Abnahmen, Endkontrollen und Funktionsprüfungen, z. B. TÜV sowie die Fragen der Gewährleistung und der Mängelbeseitigung sind für das gesamte Projekt zu koordinieren und zu steuern.

Die Angabe der Räume oder Bereiche und ihrer Flächen ist eine wichtige Grundlage für Kostenermittlungen, z. B. für die Festlegung des Kostenrahmens. In der weiteren Planung dient die Brutto-Grundfläche (BGF) der Kostenschätzung und der Beurteilung der Flächenwirtschaftlichkeit einer Planung, z. B. durch Ermittlung der BGF/Nutzeinheit.

Für die Nutzung, insbesondere die Vermietung eines Objektes sind die Netto-Grundflächen (NGF) bzw. die Haupt-Nutzflächen (HNF) oder Mietflächen von Bedeutung. Die Grundflächen sind im Zuge der Planung zu entwickeln, einem Soll-Ist-Vergleich in jeder Planungsphase zu unterziehen und nach wirtschaftlichen Erfordernissen zu bewerten (z. B. Kennwertbildung).

6.2.2 Funktionen und Prozesse

Im folgenden Beispiel werden auf der Grundlage von Prozessen und Leistungsdaten für eine Wäscherei in einem Hotel die Raumanforderungen hergeleitet. Der Wäschebedarf in einem Hotel ist generell abhängig von der Belegung der Zimmer und vom Umsatz im Gastronomiebereich, d. h. der Anzahl der angefallenen Gedecke.

„Bei einer 100 %igen Belegung der Zimmer ist mit folgendem Wäscheanfall zu rechnen: Bettwäsche mit ca. 2,5 kg pro Bett und Frotteewäsche mit ca. 2,7 kg pro Bett. Bei einem 400-Zimmerhaus fallen also bei voller Belegung ca. 1.300 kg

Bettwäsche und 1.400 kg Frotteewäsche täglich an. Aus dem Gastronomiebereich fallen je Gedeck ca. 0,700 kg Tischwäsche und gesamt täglich ca. 0,600 t Tischwäsche an. Der gesamte Wäschebedarf beträgt pro Tag: ca. 3,300 t."
(Kempinski: Planungshandbuch Kempinski-Hotels, 1990, S. 141)

Bereiche	Arbeitsgänge	Personenanzahl
Wäscherei	Waschen der Bett-, Frottee-, Tisch- und Küchenwäsche	15 Wäscher/innen
Büro Wäscherei	Verwaltung, Abrechnung, Kontrolle der Wäscherei	1 Wäschereileiter
Chemische Reinigung	Reinigen von Gästekleidung und Hoteluniformen	3 Wäscher/innen
Gästewäsche	Bügeln und Flicken von Gästewäsche	1 Wäscherin
Wäsche Valet	Verpacken und Aufbereiten der gereinigten Gästekleidung	
Büro WäscheValet	Auftragsannahme und Verwaltung	1 Leiter

Abb. 6-6   Beispiel: Funktionsprogramm für eine Wäscherei in einem Hotel
(Kempinski: Planungshandbuch Kempinski-Hotels, 1990, S. 43)

- Schmutzwäschelager	16 m²
- Wäscherei	283 m²
- Chemische Reinigung	44 m²
- Gästewäsche	50 m²
- Wäsche Valet	24 m²
- Büro Wäsche Valet	15 m²
- Büro Wäscherei	12 m²
- Chemikalienlager	6 m²
zusammen	450 m²

Abb. 6-7   Beispiel: Raumprogramm für eine Wäscherei in einem Hotel
(Kempinski: Planungshandbuch Kempinski-Hotels, 1990, S. 31)

Es kommt also bereits bei der Projektvorbereitung auf die gewissenhafte Bemessung von Flächen und Rauminhalten an, die während der Durchführung des Projektes als Maßstab zur Beurteilung der Planung dienen. Diese Vorgaben erlauben es natürlich auch, eventuelle Programmänderungen einzuschätzen: Welche Auswirkungen auf die Flächen und auf die Baukosten eines Objektes hätte die Vergabe der Wäschereiarbeiten eines Hotels an ein Reinigungsunternehmen oder eine Erweiterung der Kapazität eines Parkhauses um zwölf Stellplätze?

Zur Vorbereitung der Planung gehört deshalb auch die kritische Überprüfung aller Anforderungen seitens der Nutzer, z. B. nach folgenden Fragen:

- Welche Flächen sind unverzichtbar und welche sind wünschenswert?
- Welche Nutzungen können zusammengefasst oder überlagert werden?

- Wie groß muss die Fläche oder Breite eines Raumes sein, damit dieser wenigstens den funktionalen Anforderungen genügt?
- Welche Flächen können gegebenenfalls später ergänzt werden?
- Welche Bauverfahren oder Konstruktionsweisen können der Einsparung von Flächen dienen?

Wünsche und Möglichkeiten hinsichtlich Planungs- und Baurecht, Finanzierung und Zeit klaffen bei der Realisierung von Bauprojekten oft weit auseinander. Dabei unterscheiden sich derartige Vorhaben im Grunde überhaupt nicht von anderen Lebenssituationen. Das nachfolgend wiedergegebene Gedicht „Das Ideal" von Kurt Tucholsky macht dies nur allzu deutlich. Es kann die alltäglichen Situationen, wie sie in der Projektarbeit vorkommen, kaum besser charakterisieren.

Kurt Tucholsky (1927)   **Das Ideal**

Ja, das möchste:
Eine Villa im Grünen mit großer Terrasse,
vorn die Ostsee, hinten die Friedrichstraße;
mit schöner Aussicht, ländlich-möndän,
vom Badezimmer ist die Zugspitze zu sehen -
aber abends zum Kino hast dus nicht weit.

Neun Zimmer, - nein doch lieber zehn!
Ein Dachgarten, wo die Eichen drauf stehn,
Radio, Zentralheizung, Vakuum,
eine Dienerschaft, gut gezogen und stumm,
eine süße Frau voller Rasse und Verve -
(eine fürs Wochenend, zur Reserve) -,
eine Bibliothek und drumherum
Einsamkeit und Hummelgesumm.

Im Stall: Zwei Ponies, vier Vollbluthengste,
acht Autos, Motorrad - alles lenkste
natürlich selber - das wär ja gelacht!
Und zwischendurch gehst du auf Hochwildjagt.

Ja, und das hab ich ganz vergessen:
Prima Küche - erstes Essen -
alte Weine aus schönem Pokal -
und egalweg bleibst du dünn wie ein Aal.
Und Geld. Und an Schmuck eine richtige Portion.
Und noch ne Million und nochne Million.
Und Reisen. Und fröhliche Lebensbuntheit.
Und famose Kinder. Und ewige Gesundheit.

Ja das möchste!

Aber, wie das so ist hienieden:
manchmal scheints so, als sei es beschieden
nur pöapö, das irdische Glück.
Immer fehlt dir irgendein Stück.
Hast du Geld, dann hast du nicht Käten;
hast du die Frau, dann fehln dir Moneten -
hast du die Geisha, dann stört dich der Fächer:
bald fehlt uns der Wein, bald fehlt uns der Becher.
Etwas ist immer.

Tröste dich

Jedes Glück hat einen kleinen Stich.
Wir möchten soviel: Haben. Sein. Und gelten.
Dass einer alles hat:
das ist selten.

7. Kosten und Finanzierung

Der Handlungsbereich Kosten und Finanzierung bezieht sich auf das Projekt insgesamt und beinhaltet vor allem die damit verbundenen Bauherrenaufgaben. Die Vorgabe und die Einhaltung eines Kostenrahmens bzw. die auf lange Sicht wirtschaftliche Nutzung des Gebäudes sind vorrangiges Interesse jedes Bauherrn.

Zur Finanzierung benötigt der Bauherr, auf der Grundlage der voraussichtlichen Kosten, möglichst genaue Informationen über den zeitlichen Anfall und die Höhe von Zahlungspflichten gegenüber seinen Auftragnehmern im Rahmen des Projektes.

Das folgende Kapitel ergänzt die umfangreiche Fachliteratur zur Kostenplanung im Aufgabenbereich des Architekten und der fachlich Beteiligten um die Kostenplanung des Bauherrn. In diesem Zusammenhang ist die übergeordnete Kostenkontrolle als Voraussetzung für die Kostensteuerung, das Kostenberichtswesen und die Finanzplanung von Belang. Zu den hier nicht oder nur grundsätzlich angesprochenen Leistungen in der Kostenplanung sei auf den ersten Band der Reihe „Bauen und Ökonomie" Möller, D.-A.: Planungs- und Bauökonomie - Band 1, 2001, hingewiesen.

7.1 Kostenplanung der Beteiligten

Praktisch jeder der Projektbeteiligten verfolgt auch wirtschaftliche Ziele und nimmt somit Aufgaben der **Kostenplanung** wahr. Häufig sind es Einzelaspekte, individuelle Zielsetzungen und unterschiedliche Verfahren und Begriffe, die es schwer machen, diese Aufgaben zu koordinieren. Eine erste Kostenermittlung, beispielsweise als Kostenrahmen, geht von anderen Voraussetzungen aus als die Kalkulation einer einzelnen Leistung als Grundlage eines Angebotspreises für ein Bauteil. Die nachfolgende Abbildung zeigt die entscheidenden Unterschiede und geht dabei von der Frage aus: Wer arbeitet wann, wie, wofür mit Kennwerten, Einheitspreisen, Einzelkosten?

Fragen	Kennwerte	Einheitspreise	Einzelkosten
Wer?	Bauherr und Planer (Architekt, Fachingenieure)	Auftraggeber (Bauherr) und Auftragnehmer (ausführende Firma)	Bieter (ausführende Firma)
Wann?	in der Planung (Kostenrahmen, Kostenschätzung und Kostenberechnung) sowie für die Dokumentation	von Angebotsabgabe und Beauftragung (gegebenenfalls nach Preisverhandlung) bis Schlussrechnung	im Rahmen der Angebotskalkulation und Angebotsabgabe (häufig auch bei Nachforderungen)
Wie?	statistische oder empirische Ermittlungen, Kosten bezogen auf Nutzeinheiten, Flächen, Rauminhalte oder Bauelemente	durch Angebot und Nachfrage auf dem Markt für Bauleistungen und bei Vertragsschluss (Einheitspreisvertrag)	Ermittlung der Einzelkosten (kein einheitliches Verfahren, Zuschläge oder Nachlässe), Ansatz von Gewinn und Wagnis
Wofür?	zur Überprüfung der Wirtschaftlichkeit und der Finanzierbarkeit, zur Optimierung der Planung sowie im Hinblick auf die Nutzung	zur Preisfindung zwischen Auftraggeber und Auftragnehmer (Kostentransparenz, Vertrags- bzw. Preissicherheit)	als Grundlage der Angebotsabgabe bzw. zum Erhalt eines Auftrages zwecks Deckung der Selbstkosten oder zur Gewinnerzielung

Abb. 7-1   Wer arbeitet mit Kennwerten, Einheitspreisen und Einzelkosten?

Ein **Kennwert** ist ein Wert, der das Verhältnis von Kosten zu einer Bezugseinheit darstellt. Als Bezugseinheiten dienen beispielsweise Flächen oder Rauminhalte nach DIN 277 Teil 1 und 2, Nutzeinheiten wie Arbeitsplätze oder Betten sowie Bauelemente. Kennwerte werden in der Planung und beim Gebäudemanagement angewendet. Unverzichtbar ist eine möglichst ausführliche Erläuterung des Kennwertes, um die Vergleichbarkeit unterschiedlicher Projekte zu gewährleisten.

Ein **Einheitspreis** gibt die Vergütung pro Position des Leistungsverzeichnisses als Preis je Mengeneinheit in Form eines Maßes, eines Gewichtes, einer Zeiteinheit oder eines Stückes an. Der Vergütungsanspruch des Auftragnehmers errechnet sich aus dem Produkt von Menge und Einheitspreis. Zu den im Einheitspreis enthaltenen **Einzelkosten** gehören z. B. die Lohn-, Material-, Geräte-, Schalungs-, Transport- und Fremdleistungskosten bzw. Nachunternehmerleistungen. Baustellen- und Allgemeine Geschäftskosten sowie Wagnis und Gewinn werden im Allgemeinen jeweils eingerechnet oder per Zuschlag der Summe der Positionspreise aufgeschlagen. Zur Abrechnung eines derart entstandenen Einheitspreisvertrages sind die ausgeführten Mengen nachzuweisen (vgl. auch § 2 Nr. 2 VOB/B).

7.1.1 Kostenplanung des Bauherrn

Bei jedem neuen Bauwerk bzw. bei Änderung eines Bauwerkes ist vom Bauherrn ein **Kostenrahmen** als Vorgabe für die Planung aufzustellen. Der Kostenrahmen richtet sich nach den Möglichkeiten der Finanzierung, den funktionalen Erfordernissen wie beispielsweise Raum- und Funktionsprogramm, den Qualitätsvorstellungen sowie weiteren Zielsetzungen des Auftraggebers. Der Kostenrahmen ist für die Planer verbindlich.

Der Kostenrahmen kann auf der Grundlage von **Leistungsdaten** wie Nutzeinheiten und betrieblichen Kennwerten, grob ermittelten Flächen und Rauminhalten sowie Kosten-Kennwerten als erste Kostenermittlung aufgestellt werden. Dafür verwendete Vergleichsobjekte und Kennwerte sind zu dokumentieren.

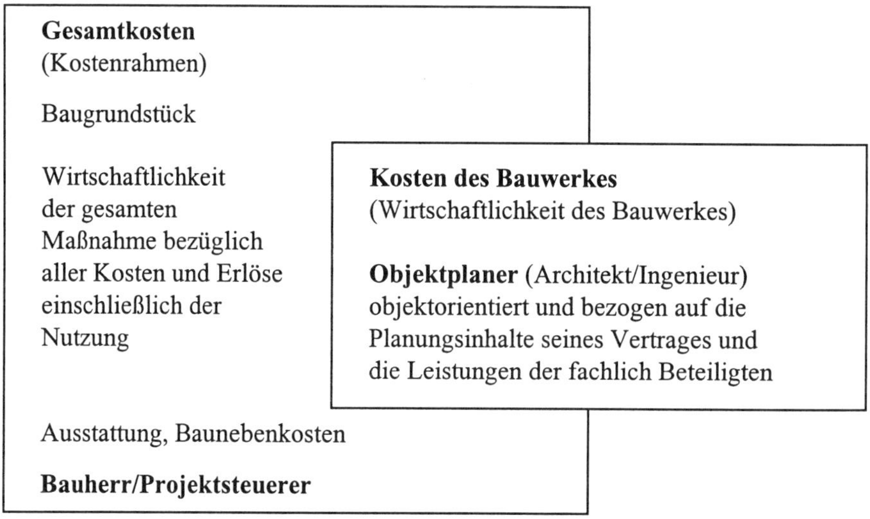

Gesamtkosten
(Kostenrahmen)

Baugrundstück

Wirtschaftlichkeit
der gesamten
Maßnahme bezüglich
aller Kosten und Erlöse
einschließlich der
Nutzung

Kosten des Bauwerkes
(Wirtschaftlichkeit des Bauwerkes)

Objektplaner (Architekt/Ingenieur)
objektorientiert und bezogen auf die
Planungsinhalte seines Vertrages und
die Leistungen der fachlich Beteiligten

Ausstattung, Baunebenkosten

Bauherr/Projektsteuerer

Abb. 7-2   Abgrenzung Kostenplanung zwischen Bauherr/Projektsteuerer und
             Objektplaner

Ein Kostenrahmen soll die **Gesamtkosten** des Projektes abbilden. Die Kosten des Bauwerkes, bestehend aus Baukonstruktionen und Technischen Anlagen, werden durch die Multiplikation der Bezugseinheiten mit einem geeigneten Kennwert ermittelt. Außenanlagen, Ausstattung und Baunebenkosten werden mit Hilfe von Erfahrungswerten prozentual beaufschlagt.

Als erste Kostenermittlung kann der Kostenrahmen bereits nach der Gliederung der DIN 276 zweistellig gegliedert sein. Hierdurch wird die **Kostenkontrolle** durch Vergleich der folgenden Kostenermittlungen, z. B. Kostenschätzung und Kostenberechnung, mit dem Kostenrahmen erleichtert. Eine gegebenenfalls auch über die 2. Ebene hinausgehende Gliederung des Kostenrahmens kann zweckmäßig sein, wenn

- die Planung des Bauwerkes in verschiedene Planungsaufträge aufgeteilt wird, um Schnittstellen mit Hilfe der Kostengliederung zu definieren und Kosten für die jeweilige Planungsaufgabe vorzugeben, z. B. für den Architekten und den Innenarchitekten

- Teile eines Bauwerkes unterschiedlich finanziert oder genutzt werden sollen, beispielsweise Gewerbeflächen und Wohnungen oder

- Anteile der Gesamtkosten gesondert zu behandeln sind, z. B. Ausstattungen, welche der Bauherr selbst beschafft.

Im weiteren Verlauf der Planung hat der Bauherr oder sein Projektsteuerer die Kostenermittlungen der Planer zu ergänzen, damit er die Finanzierbarkeit des Projektes auf der Grundlage der Gesamtkosten überprüfen und gegebenenfalls optimieren kann. Nebenstehende Abbildung zeigt die Zuständigkeit der Projektbeteiligten im Handlungsbereich Kosten.

Nicht immer sind Bauherren bereit, einem ihrer Auftragnehmer, wie dem Projektsteuerer oder dem Architekten, diejenigen Kosten zu nennen, die über das geplante Bauwerk hinaus anfallen: die Kosten des Baugrundstücks und der Erschließung, der von ihm selbst beschafften Einrichtungsgegenstände, im Bauwesen als Ausstattungen bezeichnet, der Honorare für alle Planer sowie die Gebühren und die Kosten der Finanzierung. Damit läuft der Bauherr Gefahr, dass eine Ermittlung der Gesamtkosten durch diese Auftragnehmer nicht vollständig ist und er die Wirtschaftlichkeit des Objektes nicht richtig einschätzen kann. Die Unterstützung des Bauherrn durch einen in der Kostenplanung erfahrenen Projektsteuerer oder Architekten in Form einer Überprüfung der voraussichtlichen Gesamtkosten ist deswegen gerade im Zuge der **Projektvorbereitung** von nicht zu unterschätzender Bedeutung.

7.1.2 Kostenplanung durch einen Projektsteuerer

Die einzelnen Aufgaben des **Handlungsbereiches Kosten und Finanzierung** sind sehr vielseitig. Sie erfordern ein umfangreiches Fachwissen über die Art des Projektes und den Planungs- und Bauprozess. Bauherren können an einen Dritten, z. B. Projektsteuerer, folgende Aufgaben delegieren:

- Mitwirken beim Festlegen des Kostenrahmens für das Bauprojekt (Baukosten) sowie der Baunutzungskosten (Folgeaufwand)

- Mitwirken beim Ermitteln und Beantragen von Investitionsmitteln

- Einrichten und Fortschreibung sowie Abschluss der Projektbuchhaltung

- Mittelfristige Finanzplanung, Planung von Mittelbedarf und Mittelabfluss

- Überprüfen der Kostenermittlungen der Objektplaner und der fachlich Beteiligten

- Kostenkontrolle durch Vergleich von Kostenermittlungen mit dem Kostenrahmen sowie der Kostenermittlungen der verschiedenen Leistungsphasen

- Kostensteuerung zur Einhaltung der Kostenziele
- Zusammenstellen und aktualisieren der Baunutzungskosten oder Veranlassen der Aktualisierung
- Vorbereitung bei der Vergabe, dabei insbesondere Vorgabe der Soll-Werte für Vergabeeinheiten auf der Basis der Kostenberechnung
- Mitwirkung bei der Vergabe, dabei insbesondere Überprüfen der Angebote im Hinblick auf die vorgegebenen Kostenziele und Beurteilung der Angemessenheit der Preise sowie Vorgabe von Deckungsbestätigungen für Aufträge
- Beurteilung der Prüfung von Nachträgen, die durch die Planer im Rahmen der Objektüberwachung erfolgt, und Vorgabe von Deckungsbestätigungen für Nachträge sowie
- Prüfen und Freigeben von Abschlags- und Schlussrechnungen zur Zahlung sowie Mitwirken bei der Freigabe von Sicherheitsleistungen.

(AHO-Fachkommission (Hrsg.): ... Projektsteuerung ..., 1996, S. 13ff.)

Ein Teil dieser Aufgaben kann als **Besondere Leistung** auch an einen Planer beauftragt werden. Allerdings gilt dies nicht für die Überprüfung seiner eigenen Kostenermittlungen sowie das Prüfen von Nachträgen und Honorarrechnungen für Planungsleistungen.

Wesentliche Aufgaben des **Projektsteuerers** sind die Kostenkontrolle und die Kostensteuerung. Grundlage hierfür sind vollständige und aktuelle Kostenermittlungen des Architekten und der weiteren Beteiligten. Um aus allen Informationen ein genaues Bild über die Kosten des Projektes zu erhalten und um die Kostenkontrolle durchführen zu können, sind Voraussetzungen zu schaffen, die ein Projektsteuerer im Auftrag des Bauherrn zu prüfen hat. Es gehören dazu:

- Einhaltung der vom Bauherrn vorgegebenen wirtschaftlichen Planungsziele, insbesondere die Einhaltung der Kostenvorgabe
- Vollständigkeit und Überschneidungsfreiheit der einzelnen Kostenermittlungen durch Vergleich mit der Aufgabenstellung für das Bauwerk und mit dem jeweiligen Leistungsbild des Planers
- Übereinstimmung der Kostenermittlung mit der Baubeschreibung und anderen Leistungen des Objektplaners und der fachlich Beteiligten, z. B. Deckenstärke in der Planunterlage mit der Bemessung in der statischen Ermittlung
- Richtigkeit der Mengenermittlung durch Berechnung einzelner Mengen (Stichproben) aus den Planunterlagen bzw. der Baubeschreibung, Wahl der Mengeneinheit, z. B. m² BGF
- Angemessenheit der Einheitspreise durch Vergleich mit anderen Einheitspreisen oder Kennwerten
- Erläuterungsbericht des Planers zur Kostenermittlung auf Vollständigkeit und Übereinstimmung mit der Ermittlung und den Planunterlagen

- Aktualität der Kostenermittlung durch Vergleich mit dem aktuellen Planungsstand
- Kostenrisiken unter Berücksichtigung voraussichtlicher Preisentwicklungen und sonstiger Projektbedingungen
- regelmäßiges Erstellen eines Kostenberichtes, z. B. monatlich nach Vorgaben oder in Abstimmung des Aufbaus mit dem Bauherrn.

Kostensteuerung ist das gezielte Eingreifen in die Entwicklung der Kosten, insbesondere bei Abweichungen, die durch die Kostenkontrolle festgestellt werden. Voraussetzung für die wirksame Kostensteuerung sind:

- Definition von Aufgaben, wie Leistungsbilder und Leistungsbeschreibungen, welche vollständig und gleichzeitig frei von Überschneidungen sind
- ausreichende und gleichzeitig sparsame Bemessung von Kostenrahmen als Vorgabe für einzelne Bauwerke und einzelne Planungsaufträge, wobei die Wirtschaftlichkeit zu prüfen ist
- Möglichkeit der durchgängigen Kostenkontrolle von der Grundlagen-ermittlung an bis zur Ausführungsplanung, wofür eine einheitliche Kostenstruktur unabdingbar ist
- vollständige Erfassung, Bewertung und Entscheidung von gewünschten oder notwendigen Planungsänderungen mit Fortschreiben der Kosten
- Gliederung der Kostenermittlungen nach Vergabeeinheiten
- frühzeitiges Feststellen von Mengenabweichungen der Bauelemente und Bezugseinheiten in jeder Projektphase
- fortlaufende Prüfung der Planungs-, Angebots-, Auftrags- und Abrechnungswerte im Sinne des regelmäßigen Kostenanschlages zur Kostenkontrolle
- Zuordnung von Kosten, insbesondere Kostenänderungen aufgrund von Zusatz- und Sonderausstattungen nach Nutzungsbereichen mit Fortschreiben der Kosten
- Gliederung von Kostenermittlungen entsprechend den Erfordernissen des betrieblichen Rechnungswesen
- Dokumentation der Kostenermittlungen als Kostenfeststellung zum Nachweis entstandener Kosten für bestimmte Bauteile oder Nutzungsbereiche zur Definition von Schnittstellen, Festlegung von Schlüsseln sowie Vertrags-gestaltung.

Im Rahmen der Kostensteuerung sind dem Bauherrn **Alternativen** geringeren Umfangs oder einfacheren Standards und damit geringerer Kosten aufzuzeigen. Dabei ist zu berücksichtigen, inwieweit die Standardvorgaben vom Bauherrn, von Nutzern oder durch andere Einflüsse bestimmt werden. Besonderes Gewicht ist auf die rechtzeitige Entscheidung zu legen, da die Kostensteuerung Planungs- und damit Zeitaufwand erfordert. Nach Beurteilung und Abstimmung von Maßnahmen zur Kostensteuerung ist eine Aussage über den erwarteten Erfolg zu treffen. Dabei sind eventuell gegensätzliche Wirkungen einzelner Maßnahmen möglich.

Oft werden vom Bauherrn oder anderen Projektbeteiligten **Änderungen** der Planung gefordert. Änderungen beziehen sich auf Mengen, Standards oder organisatorische Bedingungen und haben in der Regel Auswirkungen auf die Kosten. Änderungswünsche des Bauherrn sind zu untersuchen, Änderungswünsche von z. B. Nutzern sind dem Bauherrn unverzüglich vorzulegen und es ist von diesem zu entscheiden, ob die Änderungen veranlasst werden oder nicht (vgl. Abschnitt 5.3.3 Änderungsmanagement).

7.1.3 Kostenplanung durch Objektplaner und fachlich Beteiligte

Die **Kostenplanung** des Gebäudes und für den Planungsumfang des **Architekten** gehört zu dessen Grundleistungen und soll ohne Abstriche Gegenstand seines Planungsvertrages sein. Wird der Architekt nicht mit dem vollen Leistungsbild - zumindest im Rahmen der Grundleistungen - beauftragt, kann er auch nicht für den Gesamtumfang seiner Leistungen einschließlich der Kostenplanung die Verantwortung übernehmen.

Die **fachlich Beteiligten**, dies sind Fachingenieure für die Tragwerksplanung und die Technische Ausrüstung, wirken bei der Kostenplanung für ihren jeweiligen Fachbereich mit. Aufgabe des Architekten als Objektplaner ist die Integration der Beiträge der fachlich Beteiligten und die Zusammenfassung der Kostenplanung, bezogen auf das Bauwerk im Sinne seines Leistungsbildes und derer der fachlich Beteiligten. Darüber hinaus ergänzt der Bauherr die Kostenplanung seiner Auftragnehmer um die Kosten des Baugrundstücks, der Ausstattung und der Baunebenkosten, sofern er diese Informationen nicht seinem Architekten zur Ermittlung der Gesamtkosten übermittelt hat.

Die vom Architekten aufgestellten Kostenermittlungen müssen auf der Bauherrenseite geprüft werden. Werden aber Kostenermittlungen von einem Projektsteuerer durchgeführt, ist deren unabhängige Prüfung nicht mehr möglich. Die **Kontrollfunktion** des Projektsteuerers ist dann in diesem Bereich praktisch überflüssig. Auch wird er bei der Ermittlung der Kosten nicht auf jeden Fall den vollen Planungsinhalt erfassen können, da er lediglich auf Planunterlagen und Beschreibungen zurückgreifen kann und niemals so gut in die Planung eingebunden ist wie der Architekt selbst. In Bezug auf das Objekt muss sich der Projektsteuerer auf die Überprüfung der Kostenplanung beschränken.

Die einzelnen Aufgaben in der Kostenplanung mit den Arten der Kostenermittlung, der Kostenkontrolle sowie den Aufgaben des Objektplaners und der fachlich Beteiligten zeigt nachfolgende Tabelle.

Leistungsbilder / Leistungsphasen	§ 15 Leistungsbild Objektplanung für Gebäude, Freianlagen und raumbildende Ausbauten	§ 64 Leistungsbild Tragwerksplanung	§ 73 Leistungsbild Technische Ausrüstung
1. Grundlagen-ermittlung	Klären der Aufgaben-stellung (Aufstellen des Kostenrahmens)	Klären der Aufgaben-stellung (Mitwirken beim Aufstellen des Kosten-rahmens)	Klären der Aufgaben-stellung (Mitwirken beim Aufstellen des Kostenrahmens)
2. Vorplanung	Kostenschätzung nach DIN 276 oder nach dem wohnungsrechtlichen Berechnungsrecht	Mitwirken bei der Kostenschätzung nach DIN 276	Mitwirken bei der Kostenschätzung bei Anlagen in Gebäuden nach DIN 276
3. Entwurfsplanung	Kostenberechnung nach DIN 276 oder nach dem wohnungsrechtlichen Berechnungsrecht	Mitwirken bei der Kostenberechnung, bei Gebäuden und zugehörigen baulichen Anlagen: nach DIN 276	Mitwirken bei der Kostenberechnung, bei Anlagen in Gebäuden: nach DIN 276
4. Genehmigungs-planung			
5. Ausführungs-planung			
6. Vorbereitung der Vergabe			
7. Mitwirken bei der Vergabe	Kostenanschlag nach DIN 276 aus Einheits- oder Pauschalpreisen der Angebote	Beitrag zum Kostenanschlag nach DIN 276 aus Einheitspreisen oder Pauschalangeboten (Besondere Leistung)	Mitwirken beim Kostenanschlag aus Einheits- oder Pau-schalpreisen der An-gebote, bei Anlagen in Gebäuden: nach DIN 276
8. Objektüber-wachung (Bauüberwachung)	Kostenfeststellung nach DIN 276 oder nach dem wohnungsrechtlichen Berechnungsrecht		Mitwirken bei der Kostenfeststellung, bei Anlagen in Gebäuden: nach DIN 276
9. Objektbetreuung und Dokumentation			

Abb. 7-3   Grundleistungen der Kostenermittlung in der HOAI (01.96) und Kommentaren

7.2 Verfahren der Kostenermittlung

Unter **Verfahren der Kostenermittlung** werden die unterschiedlichen praktischen Anwendungen bei der Kennwertbildung und Mengenermittlung verstanden. Für die Verfahren in der Kostenplanung enthält die DIN 276 Kosten im Hochbau (06.93) keine Regelung. Die nachfolgenden Hinweise geben einen Überblick, welche Verfahren sich in der Praxis entwickelt haben. Es lassen sich unterscheiden:

- Einwert-Verfahren
- Mehrwert-Verfahren bzw.
- Nutzungsbezogene Verfahren
- Gebäudebezogene Verfahren
- Bauelement-Verfahren
- Ausführungsorientierte Verfahren und
- Kombinierte Verfahren.

Die Verfahren unterscheiden sich hinsichtlich der notwendigen Kenntnisse über den Gegenstand der Planung, den Grad der Detaillierung, den jeweiligen Bezug auf die Planung oder die Ausführung, den Aufwand bei der Bearbeitung und die dafür angemessene Vergütung, welche davon abhängig ist, ob es sich um eine Grundleistung oder **Besondere Leistung** handelt.

Verfahren	Beispiele	Anwendungen	Bemerkungen
Nutzungsbezogene Verfahren - Nutzeinheiten (Einwert-Verfahren) - KFA-Methode (Mehrwert-Verfahren)	€/Kfz-Stellplatz, €/KFA 03 BTK	Kostenrahmen, Kostenrichtwerte, Grundlage kann bereits das Raum- und Funktions- programm sein	Grundleistung der Objektplanung, geeignet für erste Kostenaussagen, ungeeignet für das Bauen im Bestand
Gebäudebezogene Verfahren (Einwert-Verfahren, nur eine Art der Nutzung und eine Bezugseinheit)	€/m² BGF oder €/m³ BRI von Bürobauten nach DIN 277, €/m² WF nach II. BV	Kostenschätzung (§ 15 (2) Nr. 2 HOAI, Grundleistung LP 2), Kostenschätzung (§ 15 (2) Nr. 3 HOAI, Grundleistung LP 3)	Grundleistung der Objektplanung, Planung, ungeeignet für Ausführung und Bauen im Bestand
Bauelement-Verfahren - Mengengerüste - Bauelementkatalog - Ausführungsarten (Mehrwert-Verfahren)	€/m² Dachfläche, (Grobelement), €/m² Dachabdichtung (Unterelement), Standardvarianten	Optimierung der Planung durch Variantenbildung, bereits in der Kostenberechnung möglich	Besondere Leistung der Objektplanung, Planung und Aus- führung, Bauen im Bestand
Ausführungsorientierte Verfahren - Vergabeeinheiten - Teilleistungen - Leitpositionen (Mehrwert-Verfahren)	€/Vergabeeinheit Estricharbeiten, €/m² Spachtel-arbeiten, €/m³ Erdarbeiten	Kostenanschlag, Kostenkontrolle in der Ausführung, Kalkulation von Alternativen, ABC-Analyse	Besondere Leistung der Objektplanung, Planung und Aus- führung, Bauen im Bestand
Kombinierte Verfahren - Komination aus den Verfahren 1 bis 4 (vgl. oben) (Mehrwert-Verfahren)	differenzierte Kostenermittlungen mit z. B. KG-LB-AE in Verbindung mit Nutzeinheiten, Flächen, Räumen	Kostenanschlag, Kostenkontrolle in der Ausführung, Kalkulation von Alternativlösungen und ABC-Analyse	Besondere Leistung der Objektplanung, Planung und Aus- führung, Bauen im Bestand

Abb. 7-4   Verfahren der Kostenplanung, Beispiele und Anwendungen

Abkürzungen:

AE	Abrechnungseinheit	Kfz	Kraftfahrzeug
BGF	Brutto-Grundfläche	LB	Leistungsbereich (StLB)
BTK	Kosten des Bauwerks - Technische Anlagen	LP	Leistungsphase (HOAI)
BRI	Brutto-Rauminhalt	WF	Wohnfläche
KG	Kostengruppe	II. BV	II. Berechnungsverordnung
KFA	Kostenflächen-Arten-Methode		

Für die **Einwert-Verfahren** als Verfahren mit einer Bezugseinheit können zur Anwendung kommen:

- Nutzeinheit, z. B. Anzahl Kfz-Stellplätze
- Brutto-Rauminhalt, z. B. m³ BRI Parkhaus
- Brutto-Grundfläche, z. B. m² BGF Bürogebäude
- Hauptnutzfläche, z. B. m² HNF Büroraum
- Wohnfläche, z. B. m² WF Wohnraum.

Die Kostenermittlung wird aus den Mengen der Bezugseinheit und einem Kennwert (z. B. 460 €/m² BGF) gebildet und bezieht sich auf die Baukosten (KG 300 bis 600) oder lediglich auf Bauwerk - Baukonstruktionen und Technische Anlagen (KG 300 und KG 400). Die Kostenermittlung nach einem Einwert-Verfahren, bezogen z. B. auf Brutto-Rauminhalt, Brutto-Grundfläche oder Nutzeinheiten, ist zwar einfach und erfordert einen geringen Arbeitsaufwand, sie hat aber folgende Nachteile:

- häufig stehen geeignete Kennwerte nicht zur Verfügung
- die Geometrie des Gebäudes wird nicht im erforderlichen Umfang berücksichtigt
- Änderungen der Planung lassen sich nicht in der Kostenermittlung mit ausreichender Genauigkeit abbilden und
- sie bieten keine ausreichenden Voraussetzungen für die Kostenkontrolle.

Bei den **Mehrwert-Verfahren** wird die Bezugseinheit des Einwert-Verfahrens durch mehrere Bezugseinheiten ersetzt. Es kommen in Frage:

- Nutzeinheiten
- Flächenarten
- Bauelemente
- Ausführungsarten sowie
- Leistungsbereiche.

Die Kostenermittlungen über ein Mehrwert-Verfahren erlauben bereits in frühen Leistungsphasen der Planung, sogar bereits auf der Grundlage eines Raum- und Funktionsprogrammes, die Berücksichtigung der Nutzung, der Geometrie des Bauwerkes, des Grades der Technischen Ausrüstung, z. B. lufttechnisch versorgte Flächen sowie unterschiedlicher Qualitäten des Bauwerkes, beispielsweise nach Ausführungsarten.

Durch die Unterscheidung in **Leistungsbereiche** (LB) werden die Kosten ausführungsorientiert gegliedert. Dies ist für die Kostenkontrolle bei der Vergabe und der Bauausführung von Vorteil.

Die Gliederung von Kostenermittlungen in der Planung unterscheidet sich grundsätzlich von der Gliederung in der Ausführung. Während in der Planung üblicherweise die Kostenschätzung und die Kostenberechnung entsprechend der Gliederung der Kostengruppen nach DIN 276 aufgebaut werden, erfolgen der

Kostenanschlag und die Kostenfeststellung vorrangig nach Vergabeeinheiten bzw. Aufträgen. Die Durchgängigkeit der Kostenplanung kann nur durch die Anwendung eines Mehrwert-Verfahrens geschaffen werden, welches beide Gliederungen miteinander verbindet, z. B. das Bauelement-Verfahren oder andere Kombinierte Verfahren.

Bei den **Nutzungsbezogenen Verfahren**, für die Ein- oder Mehrwertverfahren angewandt werden, steht die Art der Nutzung im Vordergrund. Es wird unterstellt, dass diese auf die Art und den Umfang der Baukonstruktionen und der Technischen Anlagen einen maßgeblichen Einfluss hat, welcher sich in den Baukosten der gewählten Bezugseinheiten niederschlägt. Zu den Nutzungsbezogenen Verfahren zählen die

- Kostenermittlung nach Nutzeinheiten und die
- Kostenflächenarten-Methode.

Die **Kostenflächenarten-Methode** (KFA) wurde für die Bauvorhaben der Staatlichen Hochbauverwaltungen der Länder entwickelt, um bereits in der Leistungsphase 1. Grundlagenermittlung verbindliche Kostenrahmen für die weitere Planung aufzustellen. Die Kostenermittlung nach der KFA erfolgt mit den Daten des **Raum- und Funktionsprogramms** und Kennwerten, die nicht auf die Art des Gebäudes, sondern auf die Nutzung der Fläche bezogen sind. Es werden rund 1.500 Nutzungen standardisiert, die unterschiedlichen Kostenflächenarten zugeordnet werden.

Raum-Nr.	Raum-bezeichnung	Nutzungsart	NC	Nutz-fläche	KFA	Kennwert Index 5/90=100	
						BBK	BTK
1	Büro	techn./kaufm. Leitung	21120	35 m²	04	820,-	240,-
2	Lager	Teilelager Halbzeuge	41410	30 m²	03	600,-	105,-
3	Werkstatt	Motorenbau	32130	63 m²	05	1.035,-	575,-
4	Montage	Montage roh	31200	240 m²	02	380,-	55,-
5	Umkleide	Umkleide Männer	71320	12 m²	03	600,-	105,-

Abb. 7-5   Beispiel für die Anwendung der KFA in der Grundlagenermittlung

Abkürzungen:

BBK	Kosten des Bauwerks – Baukonstruktionen ($€/m^2$ NF a)
BTK	Kosten des Bauwerks – Technische Anlagen ($€/m^2$ NF a)
KFA 01 - 09	neun Arten von Nutzflächen (m^2 NFa)
NC	Nutzungs-Code
	(siehe hierzu den Nutzungs-Code-Katalog mit
	rund 1.500 vorkommenden Nutzungen
	z. B. NC 71320 Umkleideraum Männer = KFA 03)
Kennwert	Kostenkennwert in $€/m^2$ Nutzfläche

(Bayer, W.: Kostenplanung mit Kostenflächenarten, 1996, S. 363 f.)

Bei den **Gebäudebezogenen Verfahren** handelt es sich in der Regel um Einwert-Verfahren. Sie sind in der Praxis noch häufig anzutreffen, obwohl sie durch folgende **Kosteneinflussfaktoren** verhältnismäßig ungenau sind:

- Konjunktur, regional und überregional
- Standort
- Anzahl der Nutzeinheiten
- Menge der Grundflächen und des Rauminhaltes
- räumliche Konzeption, Grundriss und Tragkonstruktion sowie
- Organisation der Planung und Ausführung

Nur bei Beachtung dieser Kosteneinflüsse, gleichen Rahmenbedingungen und im Fall von großer Routine lassen sich so Kostenermittlungen aufstellen, die ausreichend sicher sind.

Kostenermittlungen über eine Bezugseinheit wie den Brutto-Rauminhalt oder die Brutto-Grundfläche zählen sowohl zu den Gebäudebezogenen Verfahren als auch zu den Einwert-Verfahren. Bei der Kostenermittlung über den Brutto-Rauminhalt oder die Brutto-Grundfläche werden die Gesamtkosten des Objektes aus der Bezugsmenge und einem geeigneten Kosten-Kennwert ermittelt. Dieses Verfahren wird in der Regel nur bei Kostenermittlungen in den frühen Leistungsphasen angewandt, z. B. für die Kostenschätzung. Bei der Kostenermittlung über Hauptnutzfläche (DIN 277) oder Wohnfläche (II.BV) ist insbesondere die Art der geplanten Nutzung vorrangig zu berücksichtigen.

Bei den **Bauelement-Verfahren** können drei Ebenen unterschieden werden. Die hier gezeigte Gliederung kommt bei unterschiedlichen Verfahren vor und liegt verschiedenen Datensammlungen zugrunde:

- Grobelemente
- Unterelemente/Gebäudeelemente/Funktionselemente/Bauelemente, ergänzend hierzu
- Ausführungsarten/Ausführungsklassen/Konstruktionselemente.

Die Elementmethode gliedert das Gebäude über seine Grob- oder Unterelemente in seine konstruktiven Bestandteile. Dadurch wird insbesondere die Geometrie des Gebäudes berücksichtigt. Entsprechend den Arten der Kostenermittlungen sieht die Elementmethode eine hierarchische Gliederung vor.

Die weitere Gliederung des Bauwerkes in Ausführungsklassen und Ausführungsarten kann ergänzend vorgenommen werden. Kostenermittlungen über Grobelemente sind als bereits langjährig erprobte, einfache Alternative zu Kostenermittlungen über den BRI oder die BGF zu sehen. Durch die Unterteilung des Bauwerkes in Grobelemente fließen bei gleichem Planungsstand erheblich mehr Informationen in die Kostenermittlung ein. Dies garantiert eine bedeutend höhere Kostensicherheit.

Weiterhin sind die **Ausführungsorientierten Verfahren** zu nennen. Abweichend von der vorgegebenen elementorientierten Gliederung in der DIN 276 können die

Kosten in solchen Verfahren auch ausführungsorientiert gegliedert werden. Soweit es die Umstände des Einzelfalles zulassen, z. B. im Wohnungsbau, oder erfordern, z. B. bei Modernisierungen, können die Kosten ab der ersten Ebene der Kostengliederung nach herstellungstechnischen Gesichtspunkten unterteilt werden. Als Beispiel für eine ausführungsorientierte Gliederung nennt die Norm die Gliederung nach den **Leistungsbereichen** entsprechend dem Standardleistungsbuch (StLB). Des weiteren kann nach Vergabeeinheiten, Einzelleistungen oder erteilten Aufträgen gegliedert werden. Dies erleichtert die Kostenkontrolle in den späten Leistungsphasen.

„Hingegen ist eine zweckmäßige Kostenplanung in frühen Planungsphasen mit diesen Verfahren wegen fehlender Detailinformationen und der Vielzahl der Kostenbestandteile nicht oder nur sehr schwer möglich. Es werden jedoch die sichersten Kostenaussagen erteilt, da stets mit marktgängigen Werten gerechnet wird und Anpassungen über Indexrechnungen entfallen. Als Verfahren seien hier genannt:

- Verfahren mit Teilleistungen
- Verfahren über Kalkulation
- Verfahren mit Leitpositionen."

(Ruf, L.: Kostenermittlungsverfahren im Überblick, 1994, S. 1230)

Als Beispiel für ein **Kombiniertes Verfahren** kann die Kostenplanung für den Neubau Flughafen München (Inbetriebnahme 1992) dienen. Die hierbei angewendete Methode wurde als Kostenelement-Verfahren bezeichnet. Es zeichnete sich aus durch die Gliederung der Kostenberechnung in

- Kostengruppen, erweitert auf bis zu fünf Stellen
- Leistungsbereiche entsprechend Standardleistungsbuch
- Vergabeeinheiten und ab Vergabe Aufträge mit Auftragsnummer sowie
- Leistungspakete, einschließlich Wirtschaftsgutzuordnung und Abrechnungseinheiten.

Zudem erfolgte eine Zuordnung der Positionen in den Leistungsbeschreibungen zu dem jeweiligen Kostenelement der Kostenberechnung.

KG	LB	Lp	Bezeichnung	Menge	AE	EP	GP	J/Q	PL
31120	002	02063	Bodenaushub und Förderung	16.508,25	m³	3,50 €	57.778,88 €	88/4	AMT

Dabei bedeuten im einzelnen:

KG   Kostengruppe (DIN 276 (04.81)), fünfstellig, hier KG 31120 Fundament, Bodenplatten Unterböden
LB   Leistungsbereich, dreistellig entsprechend StLB, hier 002 Erdarbeiten
Lp   Leistungspaket, wesentlich ist hier die Endziffer 3 für die Abrechnungseinheit m³
AE   Abrechnungseinheit, wie oben
EP   Einheitspreis
GP   Gesamtpreis
J/Q   Jahr und Quartal, hier 88/4 für das 4. Quartal 1988
PL   Planercode, hier AMT für das Architekturbüro Amtsberg + Partner

Abb. 7-6   Kostenelementgliederung - Beispiel

Die wichtigsten Vorteile einer solchen **Kostenelement-Gliederung** sind:

- durchgehende Gliederung für die Planung und Ausführung und damit Erleichterung der Kostenkontrolle
- Möglichkeit der Prüfung der Ausführungsplanung im Vergleich mit Entwurfsplanung und Kostenberechnung bei gleicher Systematik
- einfache Aufteilung von Planungsinhalten auf Vergabeeinheiten, wie Aufträge oder Lose für die Ausschreibung und Angebotsbewertung
- frühzeitige Feststellung von Mengenabweichungen von der Planung zur Ausführung
- Möglichkeit der genauen Prüfung und Aufschlüsselung von Angebots-, Auftrags- oder Abrechnungswerten auf Gebäudeelemente, bei Alternativüberlegungen, bei Zusatz- und Sonderausstattungen und deren Verrechnung
- genaue Aufschlüsselung von Auftragswerten für die Finanz- und Betriebsbuchhaltung, insbesondere unter steuerlichen und kalkulatorischen Aspekten sowie
- Kennwertbildung aus Auftrags- und Abrechnungsdaten für nachfolgende Planungen sowie die Nutzung der Gebäude und das Objektmanagement.

KG 325 Bodenbeläge und KG 352 Deckenbeläge						
Aus-führungs-arten	Ebenen (E) des Bauwerkes und Mengen der Ausführungsarten (m²)				Kennwerte	Kosten
	E 01	E 02	E 03	E 04	alle E	€/m²	€
AA 01	0	10	0	0	10	10	100
AA 02	50	10	10	10	80	20	1.600
AA 03	0	30	40	20	90	35	3.150
AA 04	300	30	10	0	340	45	15.300
AA 05	50	10	20	0	80	50	4.000
AA 06	0	80	240	400	720	60	43.200
AA 07	90	60	40	50	240	145	22.800
AA 08	0	20	20	0	40	135	5.400
AA 09	10	250	120	20	400	175	70.000
Summen	500	500	500	500	2.000	ca. 83	165.550

(Kostenstand 2. Quartal 1999, ohne Umsatzsteuer)

Ausführungsarten mit Beschreibung und Teilbeträgen		Kennwerte
AA 01	Anstrich auf Beton (10 €/m²)	10 €/m²
AA 02	Anstrich auf Beton (10 €/m²) mit Abdichtung (10 €/m²)	20 €/m²
AA 03	Estrich (25 €/m²) mit Anstrich (10 €/m²)	35 €/m²
AA 04	Estrich (25 €/m²) auf Beton (10 €/m²) mit Abdichtung (10 €/m²)	45 €/m²
AA 05	Gumminoppen (25 €/m²) auf Estrich (25 €/m²)	50 €/m²
AA 06	Teppichboden (35 €/m²) auf Estrich (25 €/m²)	60 €/m²
AA 07	Fliesen (60 €/m²) auf Estrich (25 €/m²) mit Abdichtung (10 €/m²)	95 €/m²
AA 08	Teppichboden (35 €/m²) auf Doppelboden (100 €/m²)	135 €/m²
AA 09	Natursteinboden (150 €/m²) auf Estrich (25 €/m²)	175 €/m²

Abb. 7-7   Kostenermittlung über Ausführungsarten - Beispiel

Noch bessere Möglichkeiten der Kostenkontrolle und -steuerung bietet eine Erweiterung der Gliederung um Ausführungsarten. **Ausführungsarten** sind Varianten einer Baukonstruktion oder einer Technischen Anlage in einer hohen Detaillierung und unter Berücksichtigung von grundsätzlich in Frage kommenden Varianten hinsichtlich

- Funktion
- Gestaltung
- Wirtschaftlichkeit

im Rahmen des Bauprogramms. Die Mengen und Kennwerte der Elemente möglicher Ausführungsarten erlauben die gezielte Optimierung von Qualitäten und Quantitäten unter wirtschaftlichen Gesichtspunkten bereits in der Planung.

Gute Möglichkeiten der Optimierung einer Planung bietet auch die **ABC-Analyse** in Verbindung mit einem Bauelement-Verfahren oder einem Kombinierten Verfahren. Die ABC-Analyse ist ein Rangfolgeverfahren zur Auswahl von Elementen, die einer besonderen Wertanalyse unterzogen werden sollen. Es sind Gruppen oder Stufen zu bilden, die wichtige (A-), weniger wichtige (B-) oder unwichtige (C-)Elemente markieren. Als Auswahlkriterien können herangezogen werden:

- Mengen, z. B. Flächen oder Anzahl Bauteile
- Kosten als anteilige Baukosten, auch Folgekosten für Gebäudereinigung
- Erlöse, z. B. Verkaufs- oder Mieterlöse von Eigentumswohnungen

Im Fall der Deckenbeläge und Bodenbeläge sind neben dem durchschnittlichen Kennwert aller Decken- und Bodenbeläge die Kriterien Menge und anteilige Baukosten geeignet, um die Kosten des Gebäudes zu überprüfen und um gegebenenfalls Maßnahmen zur Kostensteuerung vorzubereiten. Ferner kann man für eine Kostenermittlung durch die besondere Berücksichtigung der wichtigen Elemente (A-Elemente) die **Kostensicherheit** verbessern.

ABC-Analyse der KG 325 Bodenbeläge und KG 352 Deckenbeläge			
AA	Bezeichnung	anteilige Flächen in m² und in %		anteilige Kosten in € und in %	
AA 09	Natursteinboden auf Estrich	400 m²	20 %	70.000 €	42 %
AA 06	Teppichboden auf Estrich	720 m²	36 %	43.200 €	26 %
AA 07	Fliesen auf Estrich, Abdichtung	240 m²	12 %	22.800 €	14 %
AA 04	Estrich auf Beton, Abdichtung	340 m²	17 %	15.300 €	9 %
AA 08	Teppichboden auf Doppelboden	40 m²	2 %	5.400 €	3 %
AA 05	Gumminoppen auf Estrich	80 m²	4 %	4.000 €	2 %
AA 03	Estrich auf Anstrich	90 m²	5 %	3.150 €	2 %
AA 02	Anstrich auf Beton, Abdichtung	80 m²	4 %	1.600 €	1 %
AA 01	Anstrich auf Beton	10 m²	<1 %	100 €	<1 %
Summen über alle Ausführungsarten		2.000 m²	100 %	165.550 €	100 %

(Kostenstand 2. Quartal 1999, ohne Umsatzsteuer)

Abb. 7-8   ABC-Analyse - Beispiel Decken- und Bodenbeläge

Das Beispiel der ABC-Analyse von Decken- und Bodenbelägen zeigt, dass allein die drei Ausführungsarten

AA 09   Natursteinboden auf Estrich
AA 06   Teppichboden auf Estrich und
AA 07   Fliesen auf Estrich mit Abdichtung

zusammen einen Kostenanteil von deutlich über 80 % (genau 82 %) haben. Diese machen dabei zwar nicht 20 % der Mengen betrachteter Elemente aus, wie es in theoretischen Abhandlungen angegeben wird. Dennoch wird deutlich, dass die Kostenermittlung mit besonderem Augenmerk auf die drei Ausführungsarten hinsichtlich Preisabfragen und Kostensteuerung besonders erfolgversprechend ist.

Alle **Kombinierten Verfahren** erfordern einen erhöhten Aufwand nicht nur bei der Kostenplanung durch Architekten und Ingenieure, sondern besonders in der Vorbereitung eines Projektes. Dazu zählen

- die Beschreibung des für das Projekt anzuwendenden Verfahrens im Organisationshandbuch

- das Aufstellen eines Element-Kataloges, um die Einheitlichkeit der Kostenermittlungen zu erreichen

- die Überprüfung des Kataloges auf die Erfüllung aller Erfordernisse aus Projektdurchführung und späterer Nutzung

- die möglichst vertraglich geregelte Verpflichtung aller Projektbeteiligten zur einheitlichen und vollständigen Anwendung sowie

- die Regelung und technische Vorbereitung der Datenverarbeitung auf der Seite des Bauherrn oder eines dafür verantwortlichen Auftragnehmers.

Mit zunehmender Tiefe der Gliederung steigt nicht nur der Arbeitsaufwand bei der Kostenplanung und der DV-Anwendung. Zusätzlich nimmt in erheblichem Maße die Fehlerhäufigkeit zu und es werden nicht erforderliche Informationen gesammelt. Letztere werden gern als **Datenfriedhof** bezeichnet. Der sorgfältigen Projektvorbereitung kommt in dieser Hinsicht eine besondere Bedeutung zu.

7.3 Kostenbericht mit Kostenkontrolle und -steuerung

Der Kostenbericht dient der Information des Bauherrn sowie gegebenenfalls anderer Beteiligter in Form einer zusammenfassenden Darlegung geplanter, zu erwartender und festgestellter Kosten des Projektes. Ein **Kostenbericht** muss die Kosten der Baumaßnahme vollständig erfassen, eine Beurteilung über den jeweiligen Grad an Kostensicherheit und eine klare Aussage zu den voraussichtlichen Gesamtkosten zum Zeitpunkt der Baufertigstellung bzw. der Schlussrechnung aller Planungs- und Bauverträge einschließlich der Kosten eventueller **Eigenleistungen** enthalten.

Der Kostenbericht ist Grundlage von **Planungsentscheidungen** des Bauherrn von der ersten Kostenermittlung an und wird in regelmäßigen Abständen auf der Grundlage von Kostenschätzung, Kostenberechnung, Kostenanschlag sowie Kostenfeststellung zu einzelnen Bauwerken oder Bauabschnitten aktualisiert. Der Kostenbericht entspricht im Aufbau der Projektstruktur, der Gliederung der Kostenermittlungen und nimmt erforderlichenfalls auch Bezug auf

- einzelne Bauwerke oder Bauabschnitte der Gesamtanlage
- spezielle Erfordernisse des Bauherrn, z. B. Aspekte der Finanzierung, der Vermietung und Verpachtung des Betriebes sowie
- Aufträge der Planungs- und Bauleistungen einschließlich der Nachträge.

Zur Beurteilung der Kostenentwicklung sowie zur Vorbereitung wichtiger Entscheidungen durch den Bauherrn werden die Informationen zu den Kosten nach Projekt- und Leistungsphasen gegliedert. Hierbei sind im Zuge der Kostenkontrolle insbesondere die Entwicklungen der Bauaufträge von Bedeutung.

Kostenbericht vom: (Datum)

Gliederung		Planung		Ausführung							
Nr.	Gegenstand	1	2	3	4	5	6	7	8	9	10

Kostenstand: (Jahr/Quartal)   Verfasser: Datum:

Abb. 7-9   Muster für Tabellen im Kostenbericht

Erläuterungen zur Tabelle:

Spalte 1; **Kostenrahmen**: Hierunter wird der volle Umfang der Bauinvestitionen einschließlich der Indexsteigerungen bis zur vollständigen Beauftragung aller Leistungen verstanden. Die Höhe des Kostenrahmens wird vom Bauherrn festgelegt bzw. genehmigt und ist über alle Leistungsphasen der Planung und Ausführung der Maßstab der Kostenkontrolle. Änderungen des Kostenrahmens aufgrund von Planungsänderungen oder Kostenänderungen während der Ausführung bedürfen der ausdrücklichen Zustimmung des Bauherrn.

Spalte 2; **Geplante Kosten**: Grundlage der geplanten Kosten sind Kosten-schätzungen oder -berechnungen zu der vom Bauherrn genehmigten Vorplanung oder Entwurfsplanung. Die geplanten Kosten werden im Kostenbericht um die Anteile gemindert (Kostenvorgabe Aufträge), für die bereits die Beauftragung erfolgt ist. Somit ist gewährleistet, dass der Anteil der noch zu beauftragenden Leistungen eindeutig erkannt werden kann. Ferner können im Zuge der Kosten-kontrolle die restlichen Planungen mit den Auftragswerten zum Kostenanschlag zusammengefasst werden. Bei Auswertungen auf Auftragsebene können die oben genannten Ermittlungen nach Vergabeeinheiten (Fach- oder Teillose, andere Einzelaufträge) gegliedert werden.

Spalte 3; **Hauptaufträge**: Zu den Hauptaufträgen (Aufträgen) zählen alle Fremd-leistungen nach VOB, VOL, HOAI sowie entsprechende Aufträge oder Gebühren, Abgaben usw. ohne eventuelle Nachträge.

Spalte 4; **Beauftragte Nachträge**: Alle Änderungen der Aufträge werden, sobald sie als Nachträge beauftragt sind, gesondert erfasst. Das Verhältnis der Nachträge zu den Aufträgen zeigt das Maß von Änderungen im Zuge der Ausführung.

Spalte 5; **Nachträge in Bearbeitung**: Alle Nachtragsangebote, die von Auftragnehmern mit Begründung und Angebotssumme vorgelegt worden sind, werden zunächst ohne Berücksichtigung eventueller Nichtbeauftragungen oder Kürzungen erfasst. Sie werden im Zuge der Kostenkontrolle wie beauftragte Kosten bewertet, da in der Regel ein kostenverändernder Sachverhalt oder eine Ergänzung der Ausführung vorliegt bzw. damit zu rechnen ist.

Spalte 6; **Abgerechnete Leistungen**: Hierzu zählen alle Leistungen, für die Abschlags-, Teilschluss- oder Schlussrechnungen eingereicht, geprüft und anerkannt wurden, einschließlich Bauabrechnungen nach Zahlungsplan. Die Höhe des Abrechnungsstandes darf die erbrachte und durch die Bauleitung bescheinigten Bauleistungen bzw. vom Bauherrn anerkannten Leistungen nicht übersteigen. Die abgerechneten Leistungen unterscheiden sich im allgemeinen vom Zahlungsstand durch den zeitlichen Abstand zwischen Rechnungsfreigabe und Zahlungsvorgang, eventuelle Einbehalte sowie mögliche Vorauszahlungen (vgl. Abbildung: Verlauf von Leistungen und Zahlungen bei Bauprojekten, Abschnitt 7.4 Finanzplanung).

Spalte 7; **Zahlungsstand**: Der Zahlungsstand ist die Summe aller Einzelzahlungen, unabhängig davon, ob es sich um Zahlungen auf geprüfte Bauabrechnungen oder Vorauszahlungen handelt. Der Zahlungsstand ist in der Regel niedriger als der Abrechnungsstand.

Spalte 8; **Auftragswerte**: Grundsätzlich soll die Summe der Aufträge und Nachträge größer sein als der Abrechnungsstand. Es können jedoch Abweichungen vorkommen durch:

- hohe Vorauszahlungen, in der Regel auf der Grundlage vertraglicher Vereinbarungen, jedoch bei nicht in gleichem Wert vorliegenden Leistungen
- Abrechnung von Mengenmehrungen ohne entsprechende Nachbeauftragungen oder
- Fehler in der Kostenkontrollauswertung.

Die Ermittlung der Auftragswerte und der Vergleich mit den Beauftragungen, Abrechnungen und Zahlungen dient der Überprüfung der Daten im Kostenbericht.

Spalte 9; **Prognose**: Die Prognose berücksichtigt die geplanten Kosten, für die noch keine Beauftragung erfolgt ist, alle Beauftragungen (Hauptaufträge, beauftragte Nachträge), die Nachträge in Bearbeitung und voraussichtlich abweichende Abrechnungen oder Zahlungen.

Mit der Prognose wird der volle Umfang aller in Planung und Ausführung befindlichen Leistungen erfasst; Sie ist die wichtigste Ermittlung im Hinblick auf den vollen Umfang der tatsächlichen Bauinvestitionen. Mit dem zunehmenden

Anteil der Schlussrechnungen erhöht sich die Kostensicherheit schrittweise. Der Anteil der schlussgerechneten Auftragswerte wird im Kostenbericht als Prozentwert angegeben.

Ferner wird bei der Prognose eine Zusammenfassung der bisherigen sowie der voraussichtlich bis zur vollständigen Schlussrechnung zu erwartenden Entwicklung gegeben. Für die Kostenfeststellung gilt dies entsprechend.

Spalte 10; **Abweichungen**: Die Prognose wird mit dem vom Bauherrn genehmigten Kostenrahmen sowohl auf der Ebene der gewählten Gliederungen sowie für das Bauvorhaben insgesamt verglichen. Abweichungen werden absolut und in Prozent angegeben. Bei der Bewertung der Abweichungen in Form von Überdeckung bzw. Kostenunterschreitungen oder Unterdeckung bzw. Kostenüberschreitungen sind für die restliche Projektdauer mögliche Risiken wie Preiserhöhungen oder Erschwernisse des Bauablaufes sowie die Chancen der Kostensteuerung zu berücksichtigen.

Das nachfolgende Beispiel (vom Verfasser bearbeitetes Projekt) zeigt die während der Bauausführung wesentlichen Informationen im Rahmen der **Kostenkontrolle** von der Kostenplanung bis zum Kostenanschlag. Die Gliederung ist ausführungsorientiert und unterscheidet die **Vergabeeinheiten** bzw. Aufträge (Ausschnitt).

Kostenkontrolle Mietwagencenter	Baukosten (KG 3-6) einschl. zusätzl. Nutzeranforderungen Kostenangaben in € ohne Umsatzsteuer (netto) - Auszug				
Vergabeeinheiten Nr. Bezeichnung	Kosten-planung[1]	Haupt-Aufträge	Nachbeauf-tragung	Abrechnung[2]	Kosten-anschlag[3]
02 Aufzüge	645.000	604.750	9.795	614.545	614.545
03 Rohbauarbeiten	10.218.000	9.245.412	511.738	9.782.629	9.830.000
04 Stahlbauarbeiten	1.113.400	597.201	0	962.707	962.707
018 Estricharbeiten	247.380	242.235	15.066	238.737	238.737
019 Bodenbelags-arbeiten	23.825	23.406	7.936	29.812	29.812
020 Doppelböden	112.195	68.871	2.244	60.777	60.777
Baupreisindex-steigerung[4]	2.358.400				
Kosten gesamt	31.839.450	25.693.031	3.948.886	28.103.119	31.650.000

Anmerkungen:
[1] Kostenplanung: Kostenberechnung (Kostenstand 88/4, Umrechnung in €)
[2] Abrechnungen: Schlussrechnungen bzw. Teilschlussrechnungen
[3] Kostenanschlag/
Kostenfeststellung: wird gebildet aus geplanten Kosten, Submissionen, Beauftragungen, noch zu genehmigenden Nachträgen, Preisgleitungen u. a.

[4] Baupreisindex-
steigerung: geschätzte Teuerung ab Kostenberechnung bis zur Beauftragung, hier: von 88/4 bis etwa 90/2 rund 8 % (Mittelwert)

Abb. 7-10   Kostenkontrolle Mietwagencenter (Kalusche, W.: Kostenplanung beim Bau des Mietwagencenters MUC 2, 1994, S. 767)

7.4 Finanzplanung

Die **Finanzplanung** eines Projektes bezieht sich auf die Dauer der Projekt-vorbereitung, Planung und Ausführung eines Bauvorhabens. Sie ist zu unterscheiden von der Finanzierung des Objektes im Sinne der eigentlichen **Baufinanzierung**. Bereits vor dem Nutzungsbeginn eines Bauvorhabens fallen Kosten für die Finanzierung an. DIN 276 (06.93) berücksichtigt diese wie folgt:

„KG 760 Finanzierung

KG 761 Finanzierungskosten, d. h. die Kosten für die Beschaffung der Dauer-Finanzierungsmittel, die Bereitstellung des Fremdkapitals, die Beschaffung der Zwischenkredite und für Teilvalutierungen von Dauerfinanzierungsmitteln

KG 762 Zinsen vor Nutzungsbeginn, d. h. die Kosten für alle im Zusammenhang mit der Finanzierung des Projektes anfallenden Zinsen bis zum Zeitpunkt des Nutzungsbeginns." (DIN 276 (06.93))

Gegenstand einer Finanzplanung für das Projekt ist vorrangig die Abschätzung des **Mittelbedarfs** in der Höhe und des Mittelabflusses in der zeitlichen Verteilung.

Die **Mittelbeschaffung** in Form von Eigen- oder Fremdkapital ist Aufgabe des Bauherrn. Er benötigt hierfür Informationen auf Grundlage der Kosten- und Terminplanung über den Planungsfortschritt am Gegenstand der Planungsverträge und den Baufortschritt anhand der Bauverträge. Im Einzelnen benötigt er Kenntnisse oder wenigstens eine Einschätzung in Bezug auf Eingang, Bearbeitungszeit, Bearbeitungsfristen und Zahlungsziele der Rechnungen in Form des aktuellen Standes sowie der Vorschau in Monats-, Quartals- und Jahresintervallen bis zum Abschluss des Projektes mit Ablauf der Gewährleistungsfristen und der Freigabe von Sicherheitseinbehalten.

„Das Aufstellen eines **Finanzierungsplans** gehört eigentlich zu den wirtschaftlichen Leistungen des Baubetreuers. Es ist keine Grundleistung für den Architekten. Ein Finanzierungsplan dürfte in der Regel nur auf der Basis einer Kostenermittlung nach DIN 276 oder nach dem wohnungsrechtlichen Berechnungsrecht aufgestellt werden können. Soweit als Vorarbeiten demnach Grundleistungen aus Leistungsphase 2 erbracht werden müssen, besteht ein Honoraranspruch auch ohne ausdrückliche schriftliche Vereinbarung (§ 4 Abs. 1,4). Sinn des Finanzierungsplans ist es, einmal die Frage der Finanzierbarkeit des konkreten Objekts zu prüfen, und zum anderen, einen Überblick zu vermitteln, wann und in welcher Höhe Zahlungen geleistet werden müssen und wie und von welchen Institutionen diese bereitgestellt werden können." (Locher, H.: Das private Baurecht, 1996, S. 475)

Gegenstand der Finanzplanung sind also Prognosen zum Kapitalbedarf mit dem Ziel der Kreditbeschaffung zu möglichst niedrigen Kosten bei ausreichender Liquidität. **Liquidität** (lat. Liquor = Flüssigkeit) bedeutet, fälligen Zahlungs-verpflichtungen zu jedem Zeitpunkt betragsgenau nachzukommen. Die **Zahlungs-verpflichtungen** des Bauherrn resultieren aus:

- Finanzierungskosten und Zinszahlungen zur Finanzierung des Grundstücks, soweit nicht vorhanden
- Entrichtung der Grundsteuer für das Baugrundstück
- Bezahlung von Rechnungen der Architekten, Ingenieure, Berater und Sonderfachleute, z. B. Bodengutachter
- Bezahlung von Rechnungen der ausführenden Firmen und Lieferanten, z. B. für Einrichtungsgegenstände
- Bezahlung von Gebühren für Prüfungen, Genehmigungen, Abnahmen sowie
- Finanzierungskosten und Zinszahlungen für die Zwischenfinanzierung vor Nutzungsbeginn.

Als Voraussetzungen für die **Finanzplanung** werden benötigt:

- die aktuelle Terminplanung unter Berücksichtigung aller Vertragstermine, nämlich Anfangs- und Endtermine, gegebenenfalls wesentliche Zwischen-termine sowie eventuelle Arbeitsunterbrechungen, z. B. im Winter
- die aktuelle Kostenplanung, je nach Projektphase in der einstelligen Kostengliederung und/oder gegliedert nach Planungs- und Bauverträgen einschließlich eventueller Nachträge
- Informationen über den Stand der erbrachten und der geplanten Leistung je Planungs- und Bauvertrag bzw. den zu erwartenden Verlauf der Leistung
- Informationen über eingetretene oder zu erwartende Abweichungen vom geplanten Ablauf
- relevante Vereinbarungen zwischen Auftraggeber und den Auftragnehmern wie beispielsweise Art der Abrechnung, Zahlungsplan, Dauer der Gewährleistung je Vertrag und
- Regelungen zur Gewinnung der notwendigen Informationen, z. B. Kosten-bericht, Terminbericht, Bautagebuch als Auftrag an die Objektüberwachung bzw. die ausführenden Firmen.

Die Finanzplanung wird in Form von Listen, graphischen Darstellungen sowie Erläuterungen aufgestellt und dokumentiert, die Aktualisierung umfasst den gesamten Planungs- und Bauablauf einschließlich der Dauer von Gewährlei-stungen.

Alle Informationen über die Planungen, Aufträge einschließlich Nachträge, Abrechnungen, Vorauszahlungen, Abschlags- und Schlusszahlungen usw. werden zeitnah erfasst. Fehlende Angaben müssen geschätzt werden, um ein möglichst vollständiges Bild des Mittelbedarfs und seiner zeitlichen Verteilung zu erhalten.

Für das erste Konzept eines **Berichtes** zur Finanzplanung sind der Verlauf der kumulierten Leistungen aller Auftragnehmer, der Verlauf kumulierter Ansprüche der Auftragnehmer aus erbrachten Leistungen sowie gestellten und freigegebenen

Rechnungen unter Berücksichtigung der Bearbeitungsdauer und der Einbehalte sowie sonstiger Verpflichtungen des Bauherrn zu Zahlungen, z. B. Abfindungen, zu schätzen und am Besten in Form einer Graphik darzustellen.

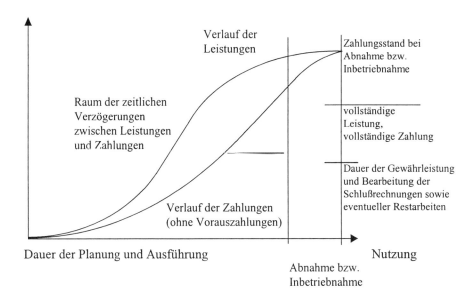

Abb. 7-11   Verlauf von Leistungen und Zahlungen bei Bauprojekten

Es sind auch der voraussichtliche Zahlungsstand zum Zeitpunkt der **Inbetrieb-nahme** und die Dauer der weiteren Rechnungsbearbeitung bis zur vollständigen Schlussrechnung und Freigabe aller Einbehalte zu schätzen.

Der Zahlungsstand zum Zeitpunkt der Inbetriebnahme beträgt erfahrungsgemäß meist zwischen 75 und 85 % der Kosten. Die Gründe dafür liegen in

-    den Terminen der Rechnungsstellung durch ausführende Firmen
-    der Dauer der Rechnungsprüfung durch die Planer
-    den Terminen der Zahlungen des Bauherrn sowie
-    dem Gewährleistungseinbehalt durch den Bauherrn.

Letztere sind u. a. von der Dauer der vertraglich vereinbarten **Gewährleistung** der einzelnen Verträge, nämlich zwei Jahre nach VOB oder fünf Jahre nach BGB, abhängig.

8. Termine und Kapazitäten

Die Termin- und Kapazitätsplanung hat neben den Techniken und Darstellungs-formen vor allem auch die Zielsetzungen der Beteiligten im Projektverlauf zum Gegenstand. Schwerpunkt dieses Kapitels ist die Termin- und Kapazitätsplanung als Handlungsbereich des Projektmanagement bzw. der Projektsteuerung. Somit bezieht sich diese Termin- und Kapazitätsplanung in übergeordneter Form auf den Prozess von der Idee zu bauen bis in die Inbetriebnahme und den Beginn der Nutzung. Sie stellt somit die Grundlage für die Dauern der Planungsleistungen und der Bauausführung als wichtigen Teilprozessen.

Für die Techniken und Darstellungsformen der Terminplanung, wie Balkenplan, Netzplan, Terminliste, und die Sondergebiete der Terminplanung, wie z. B. der gestörte Bauablauf und der Winterbau, wird auf einen anderen Band der Reihe „Bauen und Ökonomie" verwiesen: Möller, D.-A. und Kalusche, W.: Planungs-und Bauökonomie - Band 2, 2000.

8.1. Terminplanung der Beteiligten

Die Planung, Kontrolle und Steuerung der Planung und Ausführung von Bau-vorhaben ist eine Aufgabe, welche Bauherr, Planer und ausführende Firmen zusammen erbringen müssen. Dabei unterscheiden sich der zeitliche Umgriff, die jeweiligen Schwerpunkte und die Detaillierung der Terminplanung jeweils grund-legend.

8.1.1 Terminplanung des Bauherrn

Die Terminplanung aus der Sicht des Bauherrn umfasst die Gesamtdauer des Projektes von der Bedarfsplanung bis zur Inbetriebnahme einschließlich der Verfolgung von Gewährleistungsansprüchen. Sie ist grob und neben der eigenen Organisation vorrangig auf die Aufgaben der Projektbeteiligten Architekt, Ingenieure und ausführende Firmen gerichtet.

Der Bauherr als Initiator des Projektes und als Auftraggeber einer Vielzahl von weiteren Beteiligten hat zudem selbst die letzte Verantwortung für die Termin-planung insgesamt. Er bestimmt über die **Gesamtdauer** oder setzt den Fertigstellungstermin des Projektes fest. Unverzichtbar ist die Vorgabe eines für den Gesamtprozess klar strukturierten Ablaufes durch den Bauherrn oder einen von ihm beauftragten Fachmann wie beispielsweise den Projektsteuerer oder einen Generalplaner.

Er hat hierzu auch die geeigneten Planer und Firmen zu beauftragen und dafür zu sorgen, dass die Termine eingehalten werden können. An dem Terminziel des Bauherrn orientieren sich alle Zeitvorgaben für die übrigen Projekt- und Planungs-beteiligten.

Die Terminplanung besteht ausgehend von einem Terminrahmen für das gesamte Projekt aus mehreren Ebenen: Generalablaufpläne, Grobablaufpläne, Detailablaufpläne. Sie kann sehr ins Detail gehen und die Festlegung von Dauern oder eines Ereignisses auf einzelne Tage oder sogar kleinere Zeiteinheiten beinhalten.

Es kann aber nicht im Interesse des Bauherrn liegen und er hat in der Regel auch gar keine Zeit, um sich mit allen Einzelheiten selbst zu befassen. Ausgehend von dem von ihm gesetzten **Terminziel**, z. B. die Inbetriebnahme des Objektes, muss es in seinem Bemühen liegen, soviel Aufgaben der Terminplanung wie möglich an die Auftragnehmer seines Vertrauens zu delegieren. Gleichwohl wird er im eigenen Interesse eine übergeordnete Terminkontrolle und -steuerung durchführen müssen, um sich in regelmäßigen Abständen der Einhaltung der gesetzten Terminziele zu vergewissern.

Man bezeichnet die Terminplanung des Bauherrn auch als projektorientiert - im Gegensatz zur objektorientierten Terminplanung der Auftragnehmer wie Planer und ausführende Firmen. Damit ist gemeint, dass für den Bauherrn oder gegebenenfalls seinen Projektsteuerer die Zusammenarbeit der am Projekt Beteiligten im Vordergrund steht (vgl. nachfolgende Abbildung).

Für den Bauherrn haben im Hinblick auf die Terminplanung nach Elwert folgende Belange besondere Bedeutung:

„- nachvollziehbare Darstellung aller wesentlichen Vorgänge,
- rechtzeitige Darstellung aller Entscheidungstermine für alle Beteiligten,
- Einbindung aller terminrelevanten Randbedingungen,
- Darstellung möglicher und notwendiger Pufferzeiten für Alternativen,
- Zerlegung von Termineinheiten zur gezielten Steuerung von Sollterminen,
- Überwachung aller Vertragsfristen,
- Darstellung der Abhängigkeiten durch Vernetzung der Vorgänge und Abläufe." (Elwert, U.: Seminar Terminplanung und -kontrolle, 1999)

Der Bauherr muss sich also darüber klar werden bzw. sich diesbezüglich beraten lassen, in welchem Umfang und in welcher Detaillierung er für sein Projekt eine Terminplanung benötigt. Er kann über die Grundleistungen des Objektplaners hinaus dem Architekten oder Ingenieur auch das Aufstellen eines Zeit- und Organisationsplanes für das gesamte Projekt als Besondere Leistung beauftragen. Er kann auch im Fall eines Projektes mit hoher Komplexität einen Projektsteuerer einsetzen, zu dessen Leistungen dann vor allem auch eine übergeordnete Termin- und Kapazitätsplanung als delegierte Bauherrenaufgabe gehört.

Die Aufgaben der Terminplanung des Bauherrn, gegebenenfalls unterstützt durch einen Projektsteuerer, und die zugehörigen Leistungen der planenden Architekten und Ingenieure auf diesem Gebiet sind gegeneinander abzugrenzen. Nachfolgende Abbildung zeigt eine solche Abgrenzung für den Fall, dass der Objektplaner nur mit den Grundleistungen seines Leistungsbildes beauftragt wurde.

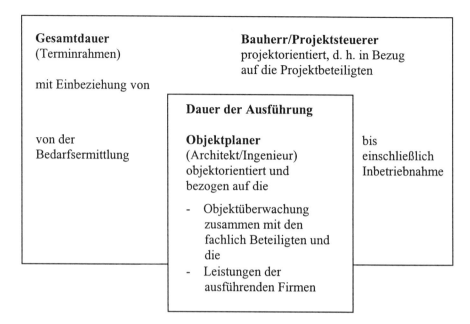

Abb. 8-1   Abgrenzung Terminplanung zwischen Bauherr / Projektsteuerer und
                 Objektplaner

Die Entwicklung und Festlegung eines verbindlichen **Terminrahmens** und die
Zuordnung von Aufgaben der Terminplanung ist nicht nur für den Bauherrn,
sondern auch für alle anderen Beteiligten unverzichtbar; für die Teilplanungen gilt:

- Für den Bauherrn sind die Übernahme und die Inbetriebnahme des Gebäudes
  sowie die Gewährleistungsverfolgung entscheidend.
- Die Terminplanungen der Beteiligten fügen sich ineinander.
- Der Bauherr und der Projektsteuerer sowie der Objektplaner koordinieren in
  Bezug auf den gesamten Bauablauf jeweils Teile der Terminplanung.
- Ausgehend von den Vorgaben des Bauherrn entwickeln Planer und
  ausführende Firmen Terminplanungen für ihre eigenen Vertragsleistungen.

Die folgende Tabelle zeigt die Aufgaben, welche gemäß HOAI als Leistungen der
Termin- und Kapazitätsplanung beauftragt werden können.

Leistungsbilder und Leistungsphasen	Grundleistungen	Besondere Leistungen
§ 15 Objektplanung für Gebäude, Freianlagen und raumbildende Ausbauten		
1. Grundlagenermittlung	Klären der Aufgabenstellung (dabei grober Zeitplan für Planung und Bauausführung)	-
2. Vorplanung	-	Aufstellen eines Zeit- und Organisations- planes
8. Objektüberwachung	Aufstellen und Überwachen eines Zeitplanes (Balkendiagramm)	Aufstellen, Überwachen und Fortschreiben von differenzierten Zeit-, Kosten- oder Kapazitätsplänen
§ 55 Objektplanung für Ingenieurbauwerke und Verkehrsanlagen		
3. Entwurfsplanung	Finanzierungsplan; Bauzeiten- und Kostenplan	-
5. Ausführungsplanung	-	Aufstellen von Ablauf- und Netzplänen
8. Bauoberleitung	Aufstellen und Über- wachen eines Zeitplanes (Balkendiagramm)	-

Leistungsbild	Zusätzliche Leistungen
§ 31 Projektsteuerung	Aufstellung und Überwachung von Organisations-, Termin- und Zahlungsplänen, bezogen auf Projekt und Projektbeteiligte

Abb. 8-2   Leistungen der Terminplanung in der HOAI (01.96)

8.1.2 Terminplanung durch einen Projektsteuerer

Der Terminplan nach § 31 HOAI im Rahmen der Projektsteuerung bezieht sich auf den Gesamtprozess der Bauwerksentwicklung und ist zeitlich und inhaltlich weit umfangreicher als der Zeit- und Leistungsbereich des Architekten nach § 15 (2) HOAI.

Eine Leistung der Projektsteuerung kann z. B. „Aufstellung und Überwachung von Organisations-, Termin- und Zahlungsplänen, bezogen auf Projekt und Projektbeteiligte" sein (vgl. § 31 (1) Nr. 3 HOAI (Projektsteuerung)). Bei der Projektsteuerung handelt es sich in der Regel um die Dienstleistung eines Dritten für den Bauherrn.

Umfassender werden die Aufgaben der Terminplanung in den Untersuchungen zum Leistungsbild des § 31 HOAI und zur Honorierung für die **Projektsteuerung** (AHO) beschrieben. Der Projektsteuerer kann dementsprechend den Bauherrn im Handlungsbereich Termin- und Kapazitätsplanung durch die Wahrnehmung folgender Aufgaben unterstützen:

- Entwickeln, Vorschlagen und Festlegen des Terminrahmens
- Aufstellen und Abstimmen der Generalablaufplanung und Ableiten des Kapazitätsrahmens
- Aufstellen und Abstimmen der Grobablaufplanung für die Planung sowie Fortschreiben der Generalablaufplanung
- Aufstellen und Abstimmen der Grobablaufplanung für die Ausführung sowie Fortschreiben der Generalablaufplanung
- Aufstellen und Abstimmen der Detailablaufplanung für die Planung sowie deren Fortschreibung
- Aufstellen und Abstimmen der Detailablaufplanung für die Ausführung sowie deren Fortschreibung in Bezug auf die Projektbeteiligten
- Führen und Protokollieren der Ablaufbesprechungen zur Terminkontrolle und Vorschlagen von Terminsteuerungsmaßnahmen
- Ablaufsteuerung unter besonderen Anforderungen und Zielsetzungen, z. B. im Fall eines gestörten Bauablaufes
- Vorgabe der Vertragstermine und -fristen für Ausführungs- und Lieferleistungen
- Überprüfen der vorliegenden Angebote im Hinblick auf die vorgegebenen Terminziele
- Ermitteln von Ablaufdaten zur Bieterbeurteilung hinsichtlich Art, Umfang und zeitlicher Verteilung der Kapazitäten wie Personal, Maschinen und Geräte
- Ablaufplanung für die Übergabe bzw. Übernahme und die Inbetriebnahme.

(zusammengefasst und in Anlehnung an AHO-Fachkommission (Hrsg.): ... Projektsteuerung ..., 1996)

Projekt: .... Verteiler:	Stand:	
Leistungsphasen und Vorgänge	Dauer	Bearbeitung
1. Grundlagenermittlung	von	
	bis	
1.1 Klären der Aufgabenstellung	von	
	bis	
1.2 Standortanalyse	von	
	bis	
1.3 Raum- und Funktionsprogramm	von	
	bis	
1.4 Prüfung der Umwelt verträglichkeit	von	
	bis	
1.5 Grobkostenschätzung	von	
	bis	
1.6 Prüfung und Freigabe der Grundlagenermittlung	von	
	bis	

2 Vorplanung	von	
	bis	
2.1 Aufstellen eines Zielkataloges	von	
	bis	
2.2 Erarbeitung eines Planungs- konzeptes	von	
	bis	
2.3 Integrieren von Leistungen	von	
	bis	
2.4 Klären und Erläutern der Vor- gänge und Bedingungen	von	
	bis	
2.5 Vorverhandlung mit Behörden	von	
	bis	
2.6 Kostenschätzung	von	
	bis	
2.7 Prüfung und Freigabe der Vorplanung	von	
	bis	

Abb. 8-3   Beispiel für die Planung der Planung in der Darstellungsform als Terminliste (Auszug)

Hinsichtlich der Termineinhaltung verbessert sich die Sicherheit durch das Aufstellen und Überwachen von Terminplänen durch einen Projektsteuerer ganz wesentlich. Eine **Termingarantie** darf allerdings nicht erwartet werden und kann auch von diesem nicht gegeben werden. Der Projektsteuerer hat dafür Sorge zu tragen, dass vor allem

- auf der Seite des Bauherrn die Voraussetzungen für die Planung rechtzeitig und vollständig vorliegen, um an die Planer weitergegeben werden zu können
- die für die Planung erforderlichen Entscheidungen des Bauherrn rechtzeitig getroffen werden
- von den Planern die Zeichnungen und Berechnungen termingerecht fertiggestellt und vorgelegt werden
- die darin bestehenden Planungen rechtzeitig und vollständig koordiniert sind und
- als Voraussetzung für das Genehmigungsgesuch und die Leistungsbeschreibungen rechtzeitig vorliegen
- die Leistungsverzeichnisse rechtzeitig fertiggestellt sind
- die Beauftragung der Bauleistungen termingerecht erteilt werden können.

Der Schwerpunkt der Projektsteuerung liegt also in der Zusammenarbeit der Beteiligten auf der Bauherrenseite, z. B. Abteilungen eines Unternehmens, soweit diese mit dem Projekt befasst sind, und in der Koordination von Terminen in der Planung. Hierzu gehört in Abstimmung mit dem Architekten und den Fachplanern die Planung der Planung. Diese besteht mindestens aus einem Grobablaufplan für die Planung und erforderlichenfalls auch aus Detailablaufplänen zur Organisation der Koordinationsbesprechungen und zum Herbeiführen der erforderlichen Entscheidungen durch den Bauherrn.

Die **Koordination** der Termine für die Vorbereitung der Vergabe und die Bauausführung ist Aufgabe des Objektplaners (vgl. § 15 (2) Nr. 6 und 7 HOAI (Leistungsphasen 6 und 8)). Der Projektsteuerer lässt sich in der Regel die Bauzeitplanung des Objektplaners vorlegen, um sie zu prüfen und mit der übergeordneten Terminplanung abzugleichen. Nur im Fall drohender Terminabweichungen sollte er eingreifen.

Verzögerte oder gestörte Bauabläufe werden häufig auf unzureichende oder verspätete Planunterlagen, z. B. Schal- und Bewehrungspläne, zurückgeführt. „Zwar ist der Architekt/Ingenieur auch ohne gesonderte Vereinbarung verpflichtet, seine Planungsleistungen in „angemessener Zeit" zu erbringen. Was „angemessen" ist, entscheidet jedoch im Streitfall ein Richter oft erst Jahre später. Es empfiehlt sich deshalb (für den Bauherrn, Anmerkung des Verfassers), nicht nur mit den Bauausführenden, sondern auch mit den Planern und Fachingenieuren einen regelrechten Terminplan zu vereinbaren, in dem verbindlich geregelt wird,

(1) wann welche Pläne geliefert werden;

(2) ergänzend, innerhalb welcher Fristen nach Abruf welche Pläne zu liefern sind.

Letzteres ist dann sinnvoll, wenn durch Verzögerungen von außen der Terminplan verschoben wird." (Lederer, M.: ... Vergabeform und ... Unternehmenseinsatzform, 1997, S. 198)

Entsprechendes gilt für die Disposition der ausführenden Firmen in Bezug auf die Bauleistungen. Einerseits hat der Projektsteuerer nicht den notwendigen Einblick in die Organisation der Unternehmen, andererseits kann er nicht auf allen für die Bauausführung notwendigen Gebieten die erforderlichen Kenntnisse besitzen. Er muss zusätzlich aus Gründen der Haftung vermeiden, in die Dispositionsfreiheit der ausführenden Unternehmen einzugreifen. Weiterhin ist es seine Aufgabe, vorherzusehenden **Terminverzug** des Bauablaufes durch rechtzeitige Vorwarnung und Veranlassung von Steuerungsmaßnahmen zu vermeiden.

„Im Bereich der Steuerung der Termine für die bauausführenden Unternehmen geht es für den Projektsteuerer vornehmlich um folgende Aufgaben, soweit diese nach dem Projektsteuerungsvertrag nicht dem Objektplaner vorbehalten sind:
- Sorgfältige Aufstellung der Bauablaufpläne; Grob- und Detailablaufpläne sind regelmäßig graphisch darzustellen und - soweit erforderlich - durch einen Erläuterungsbericht zu ergänzen.
- Vorgabe von Vertragsfristen und Einzelfristen für die Vertragsgestaltung sowie Hinwirken auf eine ausreichende Verzugsfolgenregelung, ggf. mit Änderungen gegenüber § 5 Nr. 4 VOB/B und soweit allgemeines Werkvertragsrecht einschlägig ist; Regelung einer Abhilfeaufforderung bei Verletzung von unverbindlichen Einzelfristen.
- Kontrolle und Mitwirkung bei der Festlegung von Reaktionen und Terminabweichungen, Abhilfeverlangen, Mahnungen, Inanspruchnahme von Verzugsfolgeregelungen."
(Eschenbruch, K.: Recht der Projektsteuerung, 1999, S. 189)

8.1.3 Terminplanung durch Objektplaner und fachlich Beteiligte

Die Termin- und Kapazitätsplanung des Architekten oder planenden Ingenieurs ist vorrangig auf das Objekt gerichtet und dabei insbesondere auf die Bauausführung und deren Vorbereitung. Dabei bedeutet objektorientiert die materielle Gestalt des Bauwerkes und dagegen projektorientiert die Tätigkeiten von Planern und ausführenden Firmen betreffend.

Die Berücksichtigung von Terminen ist für den Objektplaner bereits in der Leistungsphase 1. Grundlagenermittlung Gegenstand der Beratung des Bauherrn. Hierzu heißt es im Kommentar: „Zum Klären der Aufgabenstellung gehört das Abfragen und Besprechen der Wünsche, Vorstellungen und Forderungen des Auftraggebers ... .
Im Rahmen dieser Teilleistung hat der Architekt ferner die finanziellen Möglichkeiten des Auftraggebers auszuloten, einen Kostenrahmen für seine Bauabsichten und einen groben **Zeitplan** für Planung und Bauausführung aufzustellen."
(Locher, H. u. a.: Kommentar zur HOAI, 1996, S. 661)

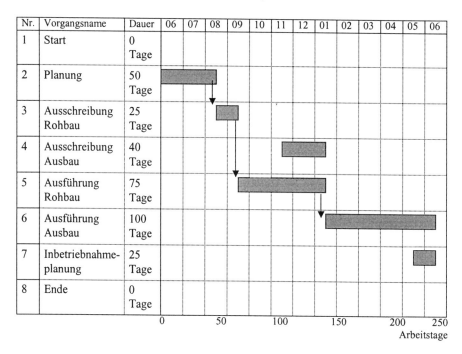

Nr.	Vorgangsname	Dauer	06	07	08	09	10	11	12	01	02	03	04	05	06
1	Start	0 Tage													
2	Planung	50 Tage													
3	Ausschreibung Rohbau	25 Tage													
4	Ausschreibung Ausbau	40 Tage													
5	Ausführung Rohbau	75 Tage													
6	Ausführung Ausbau	100 Tage													
7	Inbetriebnahme-planung	25 Tage													
8	Ende	0 Tage													

0   50   100   150   200   250

Arbeitstage

Abb. 8-4   Beispiel für einen Generalablaufplan in der Darstellungsform als **Balkendiagramm**

Terminplanung in der Grundlagenermittlung bedeutet demgemäss:

- Vorgabe von Anfangs- und Enddaten für die Realisierung von Projekten
- Erstellen des Rahmenterminplanes als Konzept
- Prüfung und Abstimmung der Durchführbarkeit in technischer, organisatorischer, rechtlicher und finanzieller Hinsicht
- Freigabe des Rahmenterminplanes durch den Bauherrn.

Während der Bauplanung und -ausführung hat der Architekt im Rahmen der Grundleistungen nach § 15 HOAI lediglich einen Zeitplan in Bezug auf die Baudurchführung aufzustellen, während sich die Zeitplanung des Bauherrn auf den gesamten Projektzeitraum erstreckt. So bezieht sich der nach § 15 HOAI als Grundleistung aufzustellende und zu überwachende Zeitplan auf die materielle Abwicklung der Bauausführung, während sich die Zeitplanung des Bauherrn über den gesamten Projektzeitraum erstreckt.

Dabei kann der Architekt wesentliche Aufgaben der Termin- und Kapazitäts-planung, die grundsätzlich der Bauherr wahrnehmen müsste, auch als Besondere Leistungen zusätzlich erbringen und dafür eine Vergütung beanspruchen. Übernimmt der Architekt einen Auftrag als **Generalplaner**, dann ist eine auf den gesamten Planungs- und Ausführungsumfang erweiterte Terminplanung einschließlich -kontrolle und -steuerung als Teil des Projektmanagement im Rahmen der Generalplanung unverzichtbar.

Aufgabenschwerpunkt des Objektplaners ist in der Grundleistung in Bezug auf die Bauausführung die technische und terminliche Koordination der ausführenden Firmen aufgrund des von ihm erstellten Zeitplanes. Diese erfolgt unter Beachtung der Rahmentermine, welche vom Auftraggeber vorgegeben werden. Anfangs- und Endtermine für die Bauleistungen werden bereits vor der Vergabe für jede einzelne Vergabeeinheit aufgestellt. Dieser Zeitplan verlangt eine prinzipielle und weniger detaillierte Darstellung, die sich lediglich auf den materiellen Prozess der Bauwerksentwicklung bezieht. Der Bauherr sollte nur im Ausnahmefall in die **Koordination** der ausführenden Firma durch den Objektplaner eingreifen.

Da es schwierig ist, **Ausführungsfristen** langfristig zu planen und einzuhalten, wird es in vielen Fällen sinnvoll sein, „entsprechend der Regelung in § 5 Nr. 2 VOB/B einen Ausführungsbeginn nach Abruf durch den Auftraggeber festzulegen. Beispiel: Der Auftragnehmer hat mit den beauftragten Leistungen binnen zwölf Werktagen nach schriftlichem Abruf durch den Auftraggeber zu beginnen. Eine solche Beginnpflicht nach Abruf trägt den wechselseitigen Belangen der Vertragspartner ausreichend Rechnung.

Sie erlaubt dem Auftragnehmer eine gewisse Dispositions- und Vorbereitungszeit, ohne dem Auftraggeber seine Flexibilität hinsichtlich des Gesamtablaufs der Baustelle zu nehmen."
(Langen, W.: Verträge mit ausführenden Unternehmen, 1997, S. 223)

Grundsätzlich ist - über die Grundleistungen des Objektplaners hinaus - zu empfehlen, dass auch in der **Planungsphase** nach einem Terminplan gearbeitet wird, denn der Bauherr darf gerade in dieser Phase, in der die Tätigkeit des Architekten im Vordergrund steht, Termintreue erwarten. Dementsprechend sieht die HOAI in der Leistungsphase 2 als Besondere Leistung das Aufstellen eines Zeit- und Organisationsplanes vor.

Der Zeit- und Organisationsplan „umfasst in der Regel alle sich aus dem Planungsablauf, dem Genehmigungsverfahren und dem Baudurchführungsprozess ergebenden Zeiten und Zeitabhängigkeiten, Entscheidungsschritte und sonstigen Einflüsse (Ablaufplanung). Der Zeit- und Organisationsplan kann sich auch auf die spätere Nutzung des Objekts erstrecken. Er dient als Grundlage für Balkendiagramme und Netzpläne bzw. wird in diese umgesetzt. Seine Genauigkeit wird durch die Anforderungen des Auftraggebers bestimmt."
(Locher, H. u. a.: Kommentar zur HOAI, 1996, S. 476)

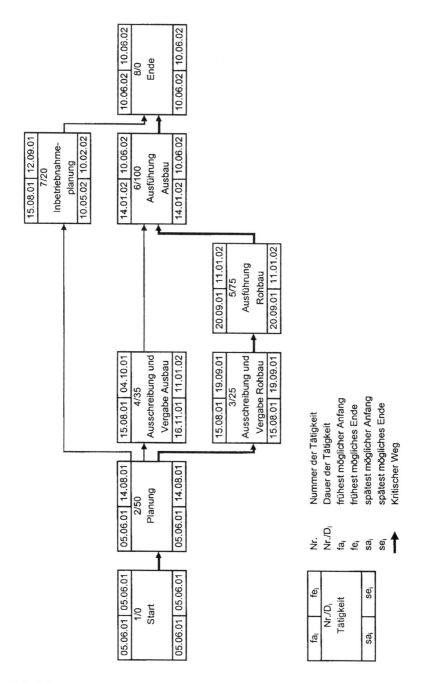

Abb. 8-5　　Beispiel für einen Generalablaufplan in der Darstellungsform als **Netzplan**

Ähnlich verhält es sich mit dem Zeitplan des Objektplaners für Ingenieurbauwerke und Verkehrsanlagen: „Der Zeitplan braucht lediglich in vereinfachter Form - als **Balkendiagramm** - aufgestellt zu werden. Er enthält somit keine Hinweise auf Abhängigkeiten. Er entspricht keinesfalls einem Ablauf- oder Netzplan. Als Balkendiagramm wird ein Zeitplan in der Regel objekt- und/oder gewerkebezogen aufgestellt. Das Aufstellen des Zeitplanes wird sich an den üblichen Bauzeiten, an ortsüblichen Witterungsverhältnissen und an den Vorstellungen des Auftraggebers zu orientieren haben, die Bestandteil der Verdingungsunterlagen sein müssen, wenn besondere, d. h. von üblichen Bauzeiten abweichende Forderungen bestehen." (Locher, H. u. a.: Kommentar zur HOAI, 1996, S. 864)

Aus der Sicht der Architekten und planenden Ingenieure als Objektplaner sind an die Terminplanung folgende Anforderungen zu stellen:

„- Sicherstellung ausreichender Bearbeitungsfristen für Planung und Realisierung,
- ausgewogene Kapazitätsauslastung der Betroffenen,
- ausreichende Vorlaufzeiten für Arbeitsvorbereitung, Liefertermine etc.,
- nachvollziehbare und übersichtliche Darstellung der Termine und Bearbeitungszeiten."

(Elwert, U.: Seminar Terminplanung und -kontrolle, 1999)

8.1.4 Terminplanung durch ausführende Firmen

Die einzelnen Auftragnehmer sind im allgemeinen auch daran interessiert, ihre Leistungen so zügig wie möglich zu erbringen. Allerdings ist es für sie vorrangig, die Gesamtheit ihrer Aufträge für sie selbst kostengünstig abzuwickeln. Die Termineinhaltung der einzelnen Aufträge ist dagegen für sie zunächst zweitrangig. Die ausführenden Firmen stimmen die Disposition ihrer Einsatzfaktoren und die Terminplanung von i. d. R. mehreren Bauprojekten aufeinander ab.

Aus der Sicht der ausführenden Firmen sind an die Terminplanung folgende Anforderungen zu stellen:
- genügend zeitlicher Vorlauf für die eigene Kapazitäts- und Einsatzplanung, gegebenenfalls auch für die Ausschreibung und Vergabe von Leistungen an Nachunternehmer
- ausreichend Zeit für die Bestellung und Lieferung von Baustoffen, Bauteilen und Geräten
- Möglichkeit, im Rahmen der Vertragstermine die Durchführung mehrerer Projekte zu optimieren
- fristgerechte Bearbeitung von Rechnungen und fristgerechte Zahlungen.

8.2 Terminbericht mit Kontrolle und -steuerung

Der Prozess der Planung und Ausführung von Projekten ist sehr komplex. Die hierfür erforderlichen Aktivitäten, in der Terminplanung sind diese zu Vorgängen zusammengefasst, werden durch eine Vielzahl von Projekt- und Planungsbeteiligten ausgeübt. Infolgedessen kann deren Kontrolle und Steuerung nur auf der Grundlage einer klaren Struktur und einer abgestimmten Terminplanung erfolgen. Für den Bauherrn und die weiteren Beteiligten sind die umfangreichcn damit verbundenen Informationen, wie Fortschritt, Verzögerung oder Abschluss von Vorgängen zu analysieren, zu verdichten und in Form eines Berichtes zur Verfügung zu stellen.

Der **Terminbericht**, der in kurzer Form und unverzüglich mündlich erfolgen kann, besser aber in schriftlicher Form zusammengefasst und dokumentiert wird, ist Grundlage von Feststellungen oder Entscheidungen. Im Idealfall kann festgestellt werden, dass das Projekt „im Terminplan läuft." Bei Abweichungen sind Steuerungsmaßnahmen zu entwickeln und durch den Bauherrn oder einen mit dem Projektmanagement beauftragten Fachmann zu entscheiden.

Terminplanung ist als Oberbegriff für die Ermittlung, die Kontrolle und die Steuerung von Terminen zu verstehen. Da sich alle damit verbundenen Aufgaben in der Projektbearbeitung mehrfach wiederholen, kann man vom **Regelkreis** der Terminplanung sprechen. Das bedeutet:

- Terminermittlungen sind in jeder Projektphase erforderlich, beginnend mit der Vorgabe eines Terminzieles für die Fertigstellung des Bauwerkes und die Inbetriebnahme sowie darauf aufbauend weitere Terminplanungen in jeder Planungsphase in zunehmender Detaillierung
- Terminkontrollen sind unverzichtbar, um entweder zu bestätigen, dass die Terminziele eingehalten werden können oder um rechtzeitig zu erkennen, dass Terminsteuerung notwendig wird.

Die Terminermittlungen sind Grundlage regelmäßiger **Terminkontrollen** und eventuell notwendiger -steuerungsmaßnahmen. Diese Maßnahmen sind zusammen mit den jeweils Beteiligten vorzunehmen und erfordern oft erheblichen Abstimmungsaufwand. Dabei finden Kontrollvorgänge in der Regel auf der jeweils detailliertesten Ebene statt. Dies ist z. B. während der Bauausführung der einzelne Bauvertrag, der gegebenenfalls in Lose oder Bauabschnitte gegliedert sein kann.

Die Ergebnisse der Terminkontrollen und eventuell notwendige Maßnahmen zur Terminsteuerung sind in Form von Terminkontrollberichten zusammenzufassen und dem Bauherrn schnellstmöglich zuzustellen.

Voraussetzung für die Einhaltung von Terminen ist die Aufnahme besonderer Bedingungen für die Ablaufplanung und -steuerung in die Werkverträge der Auftragnehmer. Hierzu gehören, um bereits vor Baubeginn Rechtsklarheit zu schaffen, folgende Festlegungen:

„- welche Termine für den Bauablauf wesentlich und unter allen Umständen einzuhalten sind (ggf. Zwischentermine, sicherlich aber Endtermine),

- welche Anpassungsmaßnahmen bei eingetretenen Terminverschiebungen oder bei notwendigen Änderungen zu ergreifen sind und

- welche Ansprüche sich für die Parteien ggf. aus Verspätungen ableiten lassen."

(Seeling, R.: Projektsteuerung im Bauwesen, 1996, S. 137)

Sowohl für die Planung als auch für die Ausführung eines Bauvorhabens sind jeweils Mindestdauern erforderlich, will man mit den Bauarbeiten erst nach Abschluss der Planung beginnen. Es ist aber in der Praxis weit verbreitet, bereits dann mit den Bauarbeiten zu beginnen, wenn wenigstens die Ausführungsplanung für die Rohbauarbeiten abgeschlossen ist, um die Gesamtdauer des Projektes zu verkürzen.

Die frühzeitige grobe Terminplanung in Form eines **Generalablaufplanes** ist mit den ausführenden Firmen abzusprechen und über Feinterminpläne pro Leistungs- bereich oder Los zu ergänzen. Sind die Ausführungszeiten für einzelne Leistungen zu kurz bemessen, dann kalkulieren die an dem Auftrag interessierten Firmen bereits im Angebot zusätzlichen Aufwand für die Beschleunigung wie Über- stunden oder erhöhter Geräteeinsatz, häufig mit 5 bis 10 % der eigentlichen Leistung zusätzlich ein.

Zu Baubeginn ist die Planung von Architekten und Fachingenieuren häufig nicht völlig abgeschlossen. Es ist dann sicherzustellen, dass trotzdem alle Plan- unterlagen wie beispielsweise Werk- und Bewehrungspläne rechtzeitig vorliegen. **Behinderungen** der ausführenden Baufirmen durch fehlende Unterlagen führen zu Nachtragsforderungen für die zusätzliche Vorhaltung von Baustelleneinrichtung, Gerät und Personal bzw. für Beschleunigungsmaßnahmen, um Verzögerungen aufzuholen.

Gegenstand der **Terminkontrolle** in der Bauausführung ist die Ermittlung des Fertigstellungsgrades der Bauarbeiten nach Gewerken oder Bauverträgen. Erforderlich ist die regelmäßige Baustellenbegehung und die Überprüfung des Baufortschrittes anhand von Soll-Vorgaben und die Erhebung des Ist-Zustandes vor Ort. Die Angaben erfolgen zweckmäßigerweise in von-Hundert-Angaben der vollständigen Leistung zu Stichtagen.

Terminkontrollbericht

| Bericht 0021 | Blatt-Nr. 01 | Stichtag-Datum 220701 | Projekt X |

Vorgangs-Nr.	Vorgangsbeschreibung (Fachbereich und Leistungsphase)	Geplante Dauer (AT)	Beginn		Ende		Ausführungsstand (%)	Restdauer ab Stichtag (AT)	Bemerkungen
			Soll	Ist	Soll	Ist			

Abb. 8-6   Terminkontrollbericht

Zu den Aufgaben der **Terminkontrolle** und -steuerung gehören im Einzelnen:
- regelmäßiger Soll-/Ist-Vergleich durch Datenerhebung in Besprechungen sowie bei Baustellenbegehungen
- Bericht an den Bauherrn sowie Information weiterer Projektbeteiligter
- fortlaufende Aktualisierung der Terminplanung besonders auf der Ebene der Detailterminplanung nach Abstimmung mit Fachplanern, Behörden, ausführenden Firmen usw. sowie mit dem Bauherrn
- bei erkennbaren oder eingetretenen Abweichungen Entwicklung von Terminsteuerungsmaßnahmen sowie deren Abstimmung und Bewertung, beispielsweise in Bezug auf Vertragsänderungen oder Kosten
- Dokumentation der Terminentwicklung.

Die durch die **Baustellenbegehung** erkannten und in tabellarischen Soll-Ist-Vergleichen in Form des Terminkontrollberichtes (vgl. Abbildung) festgehaltenen Abweichungen des Bauablaufes sind zu bewerten:
- Auswirkungen der festgestellten Abweichungen auf die sich daraus ergebende Dauer des einzelnen Vorganges sowie die Gesamtdauer der Baumaßnahme. Dabei ist der kritische Weg zu beachten.
- Beurteilung zu erwartender Auswirkungen von Behinderung der Folgegewerke, des gestörten Bauablaufes und der Mehrkosten aus Nachtragsforderungen, oder einer späteren Inbetriebnahme.

Zum oben angesprochenen Soll-Ist-Vergleich - bei dem vor Ort zunächst der **Leistungsstand** mengenmäßig oder prozentual erfasst wird - sind als weitere Bearbeitungsschritte je Vorgang erforderlich:
- „- Soll-Ist-Vergleich der bis zum Stichtag fertiggestellten Menge je Vorgang (bzw. Fertigstellungsgrad in %)
- Umrechnung von der Menge (oder Prozentangabe) auf die Dauer bzw. Teildauer je Vorgang
- Ermittlung der Restdauer je Vorgang (Gesamtdauer abzüglich ermittelter Teildauer)
- Ermittlung des nach dem Ist-Stand zu erwartenden Fertigstellungstermins je Vorgang (Stichtag der Terminkontrolle zuzüglich der ermittelten Restdauer)
- Soll-Ist-Vergleich der Fertigstellungstermine und Angabe des Terminverzuges insgesamt bzw. bezogen auf den Gesamtfertigstellungstermin."
(Schofer, R.: Erfolgreiche Terminsteuerung und Terminprognose ..., 1997)

Ein nicht zu unterschätzendes Risiko stellen hierbei **Planungsänderungen** dar. Planungsänderungen sind in der Praxis kaum zu vermeiden. Die Gründe für Planungsänderungen können sein: Änderungen von Nutzeranforderungen, Raumaufteilungen, Materialien, Fertigungsverfahren, Genehmigungsauflagen und andere Ursachen. Kritisch sind Änderungen dann, wenn

-   die Zeit fehlt, um alle Ausführungspläne auf einen einheitlichen Planungs-
    stand zu bekommen
-   zur Ausführung beauftragte Leistungen von den Änderungen betroffen sind
-   bereits ausgeführte Leistungen aufgrund von Planungsänderungen wieder
    abgebrochen werden müssen.

In diesen Fällen sind Störungen des Ablaufes und Mehrkosten in der Regel nicht
zu vermeiden.

In den regelmäßigen **Ablaufbesprechungen**, sogenannte Jours-fixes, werden fest-
gestellte Terminabweichungen erörtert und notwendige Anpassungsmaßnahmen
vorgeschlagen, abgestimmt und vereinbart. Die Kontrolle der Planliefertermine
erfolgt durch die Überwachung des rechtzeitigen Planeingangs anhand von Plan-
lieferlisten. Laufende Planungsprozesse werden durch gezielte Kontrollen überprüft.

Die Terminplanermittlung ist mit dem Ziel der kostenminimalen Baudurchführung
unter Einhaltung eines gegebenenfalls vorgegebenen Endtermines zu betreiben.

Änderungen von Terminen und Dauern müssen stets auf allen Ebenen der Terminplanung abgestimmt und gepflegt werden. Zu den einzelnen Abweichungen sind in
jedem Fall Besprechungsprotokolle oder Aktennotizen anzufertigen und den
betroffenen Beteiligten unverzüglich zuzustellen. Die Dokumentation der Terminplanung enthält alle gültigen Versionen. Diese sind zur Vermeidung bzw. Klärung
eventuell auftretender Streitigkeiten unverzichtbar. Immer wieder wird die Frage
gestellt: Wer ist an einer eingetretenen Verzögerung schuld?

8.3 Kapazitätsplanung

Ziel der Terminplanung ist auch eine Kapazitätsoptimierung. Aus herstellungs-
technischer Sicht, z. B. Abbindezeiten, und aus planungsrechtlicher Sicht, z. B.
Dauer eines Genehmigungsverfahrens bestimmen sich einerseits Mindestdauern
und frühestmögliche Termine. Andererseits sind Kapazitäten, z. B. Personal und
Baumaschinen, meist begrenzt vorhanden oder können nur in begrenztem Umfang
arbeitstechnisch, z. B. Geschossfläche, oder wirtschaftlich eingesetzt werden.

„... bei der Projektplanung von kleinen und mittelgroßen Projekten spielt die
Kapazitätsbetrachtung in vielen Fällen bedauerlicherweise nur eine untergeordnete
Rolle, obwohl allgemein bekannt ist, dass vor allem Terminüberschreitungen
meistens auf Kapazitätsmängel oder fehlende **Kapazitätsplanung** zurückzuführen
sind. Personalengpässe kurzfristig durch Neueinstellungen zu bewältigen, bringt in
der Regel nur beschränkte oder verspätete Entlastung; denn häufig wird der
Einarbeitungsaufwand unterschätzt. Dieser verzögert nicht nur die volle Einsatz-
fähigkeit der Neulinge, sondern blockiert vorübergehend zusätzlich vorhandene
Projektkapazität versierter Personen, die für die Einarbeitung der Neulinge zuständig sind.” (Zielasek, G.: Projektmanagement, 1995, S. 142)

Doch unabhängig von Art und Größe eines Projektes stellen sich stets die gleichen Fragen:

- Welche Kapazität ist für die geforderte Leistung notwendig?
  Diese kann aus den zu erbringenden Aufgaben mit Hilfe von Kennwerten, z. B. Zeit pro Leistung, abgeleitet werden.

- Welche Kapazität ist im Rahmen der gegebenen Mittel wie Personal des Auftragnehmers, Auftragssumme des Auftragnehmers möglich?
  Diese kann mit Hilfe von Kennwerten, z. B. Auftragssumme pro Mitarbeiter ermittelt werden. Die Vor- und Nachkalkulation von Mann-Monats- oder Tagessätzen durch den Auftragnehmer selbst ist hierfür die unverzichtbare Voraussetzung, denn jedes Büro hat eine eigene Kostenstruktur und -höhe.

„Bei der Durchführung von Projekten ist häufig zu beobachten, dass sie unter Termin- und/oder Kostendruck geraten, weil personelle, maschinelle oder materielle Engpässe vorhanden sind. ... Die Kapazitätsplanung soll derartige Engpässe im voraus feststellen, damit Gegenmaßnahmen bereits in der Planungsphase eingeleitet werden können. Falls keine Engpässe vorhersehbar sind, dient die Kapazitätsplanung einer optimalen Auslastung der Einsatzmittel, das heißt Spitzenbelastung und Unterbelastung können ausgeglichen werden." (Litke, H.-D.: Projektmanagement ..., 1995, S. 111)

Für die Erstellung eines Kapazitätsplanes ist neben der Gesamtkapazität für das Projekt die zeitliche Verteilung z. B. des Personals für die Projektsteuerung und anderer Einsatzfaktoren zu berücksichtigen. Hilfreich für eine erste Kapazitätsaufteilung kann eine Ableitung der zulässigen Kapazitäten aus dem Leistungsbild nach Leistungsphasen oder Projektstufen im Zusammenhang mit mindestens einem Grobablaufplan und den darin enthaltenen Vorgängen und Meilensteinen sein. Dies gilt entsprechend für die Projektleitung und die Fachbereiche der Objekt- und Fachplanung.

„Eine Kapazitätsplanung ist um so dringlicher, je mehr Projekte in einem Unternehmen von den dort vorhandenen Ressourcen zeitlich parallel zu bewerkstelligen sind. Jeder Projektleiter hält sein Projekt für das wichtigste und trachtet danach, die dafür erforderlichen Kapazitäten plangemäß einzusetzen.

Aber selbst wenn bei der Planung aller Projekte (Multiprojektmanagement) die Grenzen der vorhandenen Kapazitäten beachtet werden, gibt es Engpasssituationen, die man nicht immer vorhersehen kann und die oft durch unvorhergesehene Störfaktoren ausgelöst werden. ... Deshalb ist es nicht nur ratsam, sondern notwendig, Prioritäten festzulegen." (Zielasek, G.: Projektmanagement, 1995, S. 142)

Ziel der **Kapazitätsoptimierung** sowohl im Planungsbüro wie auch in der ausführenden Firma ist die aus betrieblicher Sicht gleichmäßige und möglichst hohe Auslastung der vorhandenen Kapazitäten. Die betriebliche Optimierung entspricht nur in den wenigsten Fällen gleichzeitig dem optimalen Einsatz erforderlicher Kapazitäten für jedes einzelne Projekt. Somit stehen der optimale Kapazitätseinsatz aus Sicht des Bauherrn mit dem Ziel einer möglichst kurzen Bauzeit häufig im Widerspruch zu der von seinen Auftragnehmern angestrebten Kapazitäts-auslastung.

Der Aufwand für Personal und Geräteeinsatz in der Bauausführung wird von den ausführenden Firmen ermittelt. Nur in Einzelfällen sind entsprechende Kapazitäten für den Auftraggeber, insbesondere Projektleitung mit Projektsteuerung, oder die Planer von Interesse, etwa dann, wenn Flächen für Unterkünfte auf der Baustelle zu bemessen sind oder wenn Angaben der ausführenden Firmen überprüft werden müssen, z. B. bei der Prüfung von Nachträgen.

„Der Personalaufwand in der Bauausführung kann überschlägig durch Abschätzung des Lohnanteils der Bauleistungen für die Arbeit an der Baustelle und den Ansatz von Monatsverrechnungssätzen für gewerbliches Personal ermittelt werden. Plausibilitätskontrollen sind möglich über Lohnaufwandswerte pro m³ BRI oder m² BGF." (Diederichs, C. J.: Kommentar zu den Grundleistungen der Projektsteuerung, 1996, S. 44)

Die Zeit, die ein ganzes Projekt oder ein einzelner Vorgang beansprucht, ist immer von der dafür zur Verfügung stehenden Kapazität abhängig. Aus diesem Grund sollte möglichst bereits zu Beginn eines Projektes feststehen, ob

- das Projekt mit einer begrenzt zur Verfügung stehenden Kapazität durchgeführt, oder ob
- aufgrund von Prioritäten für die Durchführung des Projektes eine größere Kapazität bereitgestellt werden soll.

Es gibt stets Grenzen zur Verkürzung der Zeitdauer einer Aktivität aus technologischen, verfahrenstechnischen oder wirtschaftlichen Gründen

Es gilt nicht: 10 Mann bauen 1 Haus in 100 Tagen,
                        also bauen es 1000 Mann in 1 Tag.

Jeder Projektbeteiligte sollte im eigenen Interesse aus laufenden Projekten und vor allem nach deren Abschluss eigene Kennwerte für die Planung und Kontrolle seiner Kapazitäten ermitteln. Nur mit deren Kenntnis und Berücksichtigung können Verhandlungen der Honorare und die Personalplanung ohne wirtschaftliche Risiken für die eigene Organisation durchgeführt werden. Zumindest in vielen kleineren Büros wird dies bisher vernachlässigt.

Lässt die erste Ermittlung des Kapazitätsverlaufes erkennen, „dass zu bestimmten Zeitpunkten die insgesamt benötigte Kapazität nicht vorhanden ist, so muss sich der Projektleiter entsprechende Maßnahmen überlegen.

- Die einfachste Methode ist, zeitlich gleichliegende Vorgänge so zu verschieben, dass der Arbeitsanfall nacheinander erfolgt.
- Ist dies nicht möglich, kann versucht werden, die Bearbeitungsdauer der Vorgänge zu verlängern. Dies kann aber zu Konflikten mit dem Endtermin führen.
- Weiterhin muss kritisch geprüft werden, ob der veranschlagte Aufwand (Eigenleistung) gerechtfertigt ist oder ob er Reserven enthält.
- Schließlich kann global die tägliche Arbeitszeit erhöht werden, d. h. Überstunden für alle Mitarbeiter pauschal angeordnet werden. ..."
(Wischnewski, E.: Aktives Projektmanagement für das Bauwesen, 1995, S. 131)

Bei der Kapazitätsplanung ist der Zusammenhang von Terminen, Kapazitäten und Kosten zu beachten. Auf der Grundlage der technischen und organisatorischen **Machbarkeit** sind es in den meisten Fällen wirtschaftliche Gesichtspunkte, welche sowohl für die Termin- als auch die Kapazitätsplanung den Maßstab setzen.

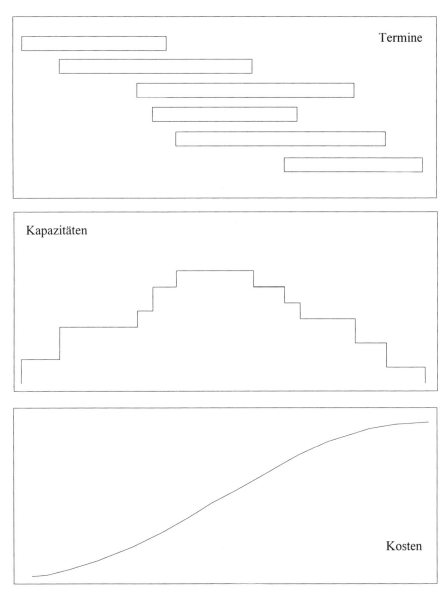

Abb. 8-7   Zusammenhang von Terminen, Kapazitäten und Kosten eines Projektes

9. Projektentwicklung

Wie die Projektleitung und die Projektsteuerung, ist auch die **Projektentwicklung** eine Aufgabe aus dem Bereich des Projektmanagement im Bauwesen. Sie umfasst im Wesentlichen die Vorbereitung von meist größeren Bauprojekten und kann zudem auch die Vermarktung der dabei entstehenden Immobilien zum Gegenstand haben. International wird für die Projektentwicklung der Begriff Development verwendet. **Development** (englisch) bedeutet sowohl Entwicklung von Bauland im Sinne der Erschließung als auch Entwicklung von Gebäuden im Sinne der Bestands- bzw. Nutzungsverbesserung.

Bei den Projekten kann es sich also um ein Baugelände, einen Neubau wie auch um die Änderung einer Nutzung bzw. den Umbau eines vorhandenen Gebäudes handeln. Die Projektidee, der Standort und die Wirtschaftlichkeit des späteren Objektes sind die entscheidenden Faktoren für den Erfolg eines solchen Vorhabens.

Im Allgemeinen ist der Bauherr eines Projektes derjenige, der alle mit der Projektentwicklung anfallenden Entscheidungen treffen muss und den größten Teil der dazu gehörenden Aufgaben selbst verantwortlich durchzuführen hat. Da es hierbei um wirtschaftliche, rechtliche, soziale und technische Fragestellungen geht, trifft man auf diesem Gebiet in der Praxis neben Kaufleuten und Maklern auch ausgebildete Juristen, Architekten, Bauingenieure und Stadtplaner an, die zur Unterstützung des Bauherrn einzelne Aufgaben der Projektentwicklung übernehmen oder auch umfassende Leistungen erbringen.

Die Bandbreite von Aufgaben, die zu einer professionellen Projektentwicklung gehören, und das hohe unternehmerische Risiko, das hiermit verbunden ist, erfordert eine hohe Kompetenz des verantwortlichen Projektmanagements.

Bei einem kleineren Projekt, z. B. einem Wohn- oder Werkstattgebäude, welches ein Bauherr für den Eigenbedarf errichten lässt, fällt ein Teil vergleichbarer Aufgaben wie bei einer Projektentwicklung an. Bauherr und **Architekt** bereiten in diesem Fall die Planung des Objektes im Rahmen der Leistungsphase 1. Grundlagenermittlung gemäß § 15 HOAI vor. Es geht dabei ebenso um die Frage, was gebaut werden soll, um die Überprüfung der Lage und den Erschließungsstand des Baugrundstückes sowie die planungs- und baurechtlichen Voraussetzungen und Bedingungen. (Fürst, D.: Die Problemfelder der Stadt, 1997, S. 20)

Sinnvoll bzw. notwendig ist Projektentwicklung als eigenständige Aufgabe, wenn
- es sich um größere und komplexe Projekte handelt
- wirtschaftliche Gesichtspunkte ein besonderes Gewicht haben
- die Vorbereitung der Planung terminlich und organisatorisch von der nachfolgenden Planung getrennt werden soll.

Sie kann ausgelöst werden durch

- eine hohe Nachfrage nach bestimmten Nutzungen, z. B. Büroflächen
- den bestehenden oder zu erwartenden Leerstand vorhandener Gebäude
- ungenutzte oder unvorteilhaft genutzte Baugrundstücke.

Nicht immer aber geht es bei der Projektentwicklung nur um rein wirtschaftliche Zielsetzungen, in vielen Fällen stehen **soziale Gesichtspunkte** im Vordergrund. So betreiben gemeinnützige Wohnungsbaugesellschaften Projektentwicklung zur Schaffung von kostengünstigen Wohnungen für einkommensschwache Familien.

9.1 Beteiligte und Objekte

Der Fall, dass die Planung und Finanzierung eines größeren Projektes durch einen Bauherrn erfolgt, der das Objekt zudem auch langfristig selbst nutzt, ist in den letzten Jahrzehnten immer seltener geworden. Häufiger übernehmen inzwischen andere als der herkömmliche Bauherr die Aufgaben rund um die **Immobilie**. Eine dieser Aufgaben ist die Projektentwicklung. Was sich hinter diesem Begriff verbirgt und bei welchen Objekten diese erfolgen kann, wird erläutert.

9.1.1 Wer sind die Projektentwickler?

Vor dem Beginn der Planung und erst recht vor der Ausführung von Objekten müssen Bauherren - in ihrer Eigenschaft als Investoren - die Erfolgsaussichten und die Risiken ihrer Projekte, soweit es möglich ist, untersuchen und einschätzen.

Bei den hier angesprochenen Bauherren handelt es sich hauptsächlich um Privatpersonen oder um Wirtschaftsunternehmen, wobei letztere nicht nur zur Bau- und Immobilienwirtschaft zählen. Unternehmen aller anderen Branchen betreiben Projektentwicklung, soweit sie einen Bedarf an Gebäuden haben bzw. über bebaute oder unbebaute **Grundstücke**, sprich: Immobilien, verfügen und diese entwickeln wollen. Bei den Beteiligten werden unterschieden:

- Baubetreuer und Berater; sie erbringen Beratungs- bzw. Dienstleistungen für Bauherren ohne eigenes finanzielles Risiko bezogen auf die Immobilie
- Bauträger und Developer; sie übernehmen als Bauherren auf Zeit das volle Risiko bis zum Verkauf der Immobilie
- Projektentwickler; sie leisten als unternehmenseigenes Personal Projektentwicklung für den eigenen Bedarf eines als Bauherr auftretenden Unternehmens.

Sie sind alle zur Gruppe der Projektentwickler zu zählen, wobei die folgenden Unterscheidungen zu treffen sind.

Baubetreuer und Berater

„Der **Baubetreuer** handelt im fremden Namen, auf fremde Rechnung; er hat über die von ihm verwendeten Mittel seines Auftraggebers Rechnung zu legen. Der Auftraggeber des Baubetreuers ist der Bauherr, der das Objekt in aller Regel auf seinem Grund errichten lässt." (Brych. F. und Pause, H.-E.: Bauträgerkauf ... 1996, S. 12) Derartige Leistungen werden im Folgenden mit „Baubetreuung im engeren Sinne" bezeichnet.

Der **Baubetreuer im engeren Sinne** verpflichtet sich also, für den Bauherrn neben der Errichtung des Hauses auch dessen organisatorische und finanzielle Abwicklung des Projektes vorzunehmen. Über seine Leistungen im Rahmen der Projektentwicklung hinaus fallen weitere Aufgaben an, die von Architekten, Ingenieuren sowie Sonderfachleuten als Planer oder Berater beigetragen werden: städtebauliche Studien, Betriebsplanung, Aufstellen des Raum- und Funktions-programms, Bauaufnahme, Baugrunduntersuchung und vieles mehr.

Bauträger und Developer

Bauträger errichten im Gegensatz zum Baubetreuer im engeren Sinne Bauwerke im eigenen Namen und für eigene Rechnung und verkaufen diese dann einschließ-lich Grundstück an Dritte. Der spätere **Erwerber** kann bestenfalls schon zu Beginn der Planung als Auftraggeber auftreten und bestimmte Wünsche hinsicht-lich des Bauwerkes äußern. Das Bauwerk geht zunächst in das Eigentum des Bauträgers und später in das des Erwerbers über.

Die Bezeichnung **Bauträger** wird meist mit der Realisierung von Wohnbauten verbunden. Die Arbeitsweise der Bauträger ist dadurch gekennzeichnet, dass sie

- große Baulandflächen erwerben
- die Erschließung und Parzellierung durchführen
- die Objektplanung vereinfachen und Standardgrundrisse verwenden
- Gebäude in Serien ausführen
- die Finanzierungsplanung und die Finanzierung sowie
- die Werbung und den Verkauf übernehmen.

Ähnlich wie der Bauträger geht auch der **Developer** vor. Er errichtet ebenfalls Objekte als Bauherr in eigenem Namen und auf eigene Rechnung. Bei Developern handelt es sich um Unternehmen, die Projekte - meist in größerer Dimension - initiieren und realisieren, um sie möglichst noch während der Bauzeit zu veräußern. Der Developer trägt bis zum Verkauf das volle finanzielle Risiko und erhebliche Vorlaufkosten, welche andererseits durch hohe Gewinnmöglichkeiten kompensiert werden. Seine Tätigkeit bezieht sich im Unterschied zum Bauträger überwiegend auf den Gewerbebau. Die Praxis folgt der hier getroffenen Unterscheidung zwischen Bauträger und Developer überwiegend. Leistungen von

Bauträgern und Developern sollen als „**Baubetreuung im weiteren Sinne**" verstanden werden.

Bauträger und Developer erstellen vor allem in den Städten bereits einen wesentlichen Teil von Wohn- und Nichtwohngebäuden. Nach Erhebungen des Statistischen Bundesamtes betrugen die Marktanteile im Jahr 1993 in den alten Bundesländern bei den

- Nichtwohngebäuden bereits 40,8 %. Dazu zählen u. a. Büro- und Verwaltungsgebäude, Handels- und Lagergebäude, Fabrik- und Werkstatt-gebäude, Hotels und Gaststätten sowie bei
- Wohngebäuden 24,8 %. Davon waren 15,6 % Einfamilienhäuser, 8,0 % Zweifamilienhäuser sowie 40,5 % Mehrfamilienhäuser.

Im langjährigen Mittel wird rund ein Drittel aller Gebäude unter Mitwirkung von Bauträgern und Developern erstellt.
(Rußig, V. u. a.: Branchenbild Bauwirtschaft ..., 1996, S. 324)

Projektentwicklung für den Eigenbedarf

Projektentwicklung für den **Eigenbedarf** wird von Unternehmen aller Wirtschafts-zweige, insbesondere der Immobilien-, Banken- und Versicherungsbranche, be-trieben. Ziel ist in diesem Fall nicht der Verkauf, sondern die langfristige Deckung des Bedarfs an eigengenutzten Immobilien. So haben z. B. die Deutsche Telekom AG oder die Deutsche Bahn AG eigene Unternehmen gegründet, die ihre Immobi-lien entwickeln und auch betreiben.

9.1.2 Gegenstand der Projektentwicklung und Arten von Immobilien

Grundsätzlich können alle Arten von Immobilien Gegenstand der Projektent-wicklung sein. Es kann sich dabei um **Objekte** handeln, die

- in den Bestand genommen und selbst genutzt oder vermietet werden, z. B. Immobilien von Banken, Kapitalanlagegesellschaften, Versicherungen, Wohnungsbaugesellschaften oder
- sobald wie möglich an Erwerber veräußert werden sollen, z. B. Reihenhäuser, Eigentumswohnungen, Gewerbe- und Spezialimmobilien.

Als **Gewerbe- und Spezialimmobilien** wurden in den letzten Jahren vor allem Bürogebäude, Handelsimmobilien, Gewerbe- und Technologieparks, Hotels, Seniorenheime, Freizeiteinrichtungen und mehrfunktionale Immobilien realisiert. Es kommen besonders häufig vor:

- „- das typische mehrfunktionale Geschäftshaus, in dem Einzelhandel und/oder Gastronomie und/oder sonstige Dienstleistungen wie Büros, Praxen und Wohnungen untergebracht sind
- Bürohäuser mit Ladenzeile, Einkaufspassage, Gastronomie und/oder kommerziell genutzter Parkanlage

- Hotels in Verbindung mit einer Ladenpassage, einem Kongresszentrum oder einer Büroetage etc.

- innerstädtische oder stadtperiphere mehr- oder multifunktionale Einkaufs-zentren, in denen Einzelhandelsaktivitäten in Verbindung mit Freizeit-einrichtungen, sonstigen Dienstleistungen, Büroetagen, Hotelgewerbe und Kongressaktivitäten gebündelt werden."

(Staender, L. und Kötter, R.: Gewerbeimmobilien ..., 1994, S. 590)

9.2 Formen der Projektentwicklung

Man unterscheidet, vergleichbar der Baubetreuung, die Projektentwicklung im engeren und im weiteren Sinne. Die Unterschiede bestehen sowohl in der Art als auch im Umfang der jeweils damit verbundenen Aufgaben und deren Ablauf.

9.2.1 Projektentwicklung im engeren Sinne

Projektentwicklung im engeren Sinne, auch als Projektvorbereitung bezeichnet, beginnt mit dem Projektanstoß und soll in eine umfassende schriftliche Aufgaben-stellung münden. Dabei ist z. B. die Leistungsphase 1. Grundlagenermittlung als Teil der Objektplanung gemäß § 15 HOAI ein nicht verzichtbarer Bestandteil der Projektentwicklung. Gegenstand sind insgesamt:

- die abgeschlossene Prüfung der rechtlichen Voraussetzungen in Bezug auf das Planungsrecht und die Sicherung des Grundstückes in Verbindung mit

- einer umfassenden Wirtschaftlichkeitsuntersuchung einschließlich einer Risikoanalyse, welche u. a. die Kosten- und Erlösplanung, Rentabilitäts-analyse, Finanzierung sowie steuerliche Aspekte beinhaltet und die bei positivem Ergebnis

- die klare Festlegung der Projektziele wie Raum- und Funktionsprogramm, Festlegung der Standards, Kostenrahmen und Terminziel sowie

- die Projektorganisation einschließlich Organisation der Planung und Ausführung, beispielsweise mit Projektleitung, Leistungsbildern der Planer und Überlegungen zur Vergabe betrifft.

Müssen im Einzelfall sehr große Unsicherheiten in wirtschaftlicher, technischer und rechtlicher Art oder Widerstände politischer Art festgestellt werden, kann es besser sein, die weitere Durchführung zurückzustellen oder das Vorhaben abzubrechen. Die bis dahin angefallenen Kosten der Projektentwicklung müssen dann aus anderen Projekten oder Aktivitäten mitfinanziert werden. Drohende Misserfolge einer begonnenen Maßnahme sind so früh wie möglich auf die **„verlorenen" Entwicklungskosten** zu begrenzen. Die Projektentwicklung im engeren Sinne findet grundsätzlich ihren Abschluss in der Entscheidung, ob das Projekt weiterverfolgt wird oder nicht.

Projektentwicklung im engeren Sinne kann von Baubetreuern und Beratern als Dienstleistung für Bauherren erbracht werden. Das wirtschaftliche Risiko der Projektentwicklung liegt in diesem Fall ausschließlich beim Bauherrn.

9.2.2 Projektentwicklung im weiteren Sinne

Projektentwicklung im weiteren Sinne umfasst über die Projektvorbereitung hinaus die Beauftragung und Betreuung von Planung und Ausführung des Objektes sowie dessen Verwertung, beispielsweise Vermietung oder Verkauf. Die Projektentwicklung besteht in der Regel aus folgenden Teilaufgaben, die zum überwiegenden Teil auch parallel ablaufen:

1. Standortanalyse
2. Marktanalyse
3. Grundstücksanalyse
4. Nutzungskonzept
5. Rentabilitätsanalyse
6. Bauplanung (durch Dritte)
7. Bauausführung (durch Dritte)
8. Vermietung
9. Verkauf.

(Amelung, V.: Gewerbeimmobilien, 1996, S. 68)

Die Teilaufgaben Standortanalyse bis Rentabilitätsanalyse sind bereits in der Projektentwicklung im engeren Sinne enthalten. Bis zum Abschluss der weiteren Aufgaben Bauplanung, Bauausführung, Vermietung oder Verkauf sind die einzelnen Analysen regelmäßig zu überprüfen.

Während der Realisierung, die mehrere Jahre in Anspruch nehmen kann, verändern sich häufig die Rahmenbedingungen. Hier sind z. B. Nachfrage, Kreditzinsen und Konkurrenzprojekte zu nennen. Das Projekt unterliegt zahlreichen Einflüssen, die auf den Erfolg erheblichen Einfluss haben können. Zu denken ist an Schwierigkeiten bei der Planung und Ausführung in Form von Kosten- und Terminüberschreitungen, an Ausführungsmängel, an den Ausfall von potentiellen Erwerbern oder Mietern.

9.3 Faktoren der Projektentwicklung

„Durch Projektentwicklung sind die Faktoren Standort, Projektidee und Kapital so miteinander zu kombinieren, dass einzelwirtschaftlich wettbewerbsfähige, arbeitsplatzschaffende und -sichernde sowie gesamtwirtschaftlich, sozial- und umweltverträgliche Immobilienobjekte geschaffen und dauerhaft rentabel genutzt werden können." (Diederichs, C.-J.: Grundkonzeption der Projektentwicklung, 1996, S. 29)

Der Faktor Kapital, sprich die **Finanzierbarkeit**, ist als wesentliche Voraussetzung anzusehen. Dies betrifft den Anteil an Eigenkapital wie auch die Möglichkeit, ausreichend Fremdkapital zu günstigen Konditionen zu erhalten. Für die beiden weiteren Faktoren Standort und Projektidee kommen grundsätzlich zwei Ausgangssituationen in Frage:

-   Es ist ein Grundstück und damit ein konkreter Standort vorhanden, für den eine geeignete oder bessere Nutzung als bisher gesucht wird. Hierzu zählen sowohl unbebaute als auch bebaute Grundstücke, z. B. ein aufgelassenes Industriegelände oder ein voraussichtlich dauerhaft ungenutztes Gebäude, unabhängig davon, in welchem technischen Zustand es ist.

-   Es besteht ein konkreter Nutzerbedarf. Zur Realisierung der Projektidee ist ein geeigneter Standort zu finden. Der Standort muss oft nicht einmal in einer bestimmten Stadt oder Region liegen, z. B. für ein Logistikzentrum oder ein Ferienhotel.

Aufgrund gesellschaftlicher und wirtschaftlicher Entwicklungen, beispielsweise konjunkturelle Schwankungen, Bevölkerungswanderungen, Änderung von Konsumgewohnheiten und von Produktionsbedingungen, verschieben sich Angebot und Nachfrage nach Immobilien ständig. Zunehmend verändern sich auch die Kriterien zur Bewertung der Standortfaktoren und die Rahmenbedingungen für die mittelfristigen Aussichten auf Erfolg in kürzeren Zeiträumen als die technische **Lebensdauer von Objekten**. Als Kriterien für die Beurteilung der Standorte werden herangezogen:

-   Verwendbarkeit städtischer Grundstücke
-   Verwertbarkeit der Arbeit, z. B. Ausbildung
-   Innovationspotentiale, z. B. Bildung, Forschung und Kommunikation
-   räumliche Spezialisierung von Märkten sowie
-   Interaktionsprozesse wie Verkehr und Kommunikation.

Die Faktoren Standort und Projektidee sind gleichwertige Voraussetzungen für das Gelingen eines Projektes. Eine besondere Schwierigkeit in der Beurteilung sowohl der Projektidee als auch des Standortes besteht darin, dass zum einen in Bauobjekte langfristig investiert wird und zum anderen die Bedingungen, unter denen eine Projektentwicklung einmal erfolgt ist, sich bereits nach wenigen Jahren geändert haben können.

Als Beispiel haben wir die umfangreichen Rekonstruktionen von Wohnbauten in den **neuen Bundesländern** nach der Wiedervereinigung vor Augen und deren teilweise hohen Leerstand nach nicht einmal zehn Jahren.

9.3.1 Standort

Die Bedeutung des **Standortes** war schon vor etwa 100 Jahren Gegenstand methodischer Untersuchungen. So entwickelte Alfred Weber bereits 1909 mit seinem Werk „Über den Standort der Industrien" eine ökonomische Theorie zur Wahl eines Standortes für Industriebetriebe. Als **Standortfaktoren** definierte er

die Höhe der Arbeitskosten, die Höhe der Transportkosten und die Agglomeration (Agglomeration = Zusammenballung von Industrien an wenigen Standorten). Weber berücksichtigte vor allem die Kostenseite des Standortes, vernachlässigte dagegen die heute so wichtige Absatzseite.
(Weber, A.: Über den Standort ..., 1909)
Standorte lassen sich einerseits durch das Umfeld bzw. die Umgebung wie Region, Stadt oder Quartier und andererseits durch das Grundstück selbst unterscheiden. Die Eigenschaften aus beiden Gesichtspunkten machen die Lage und damit die Qualität des Standortes aus.

Zu den Eigenschaften des **Umfeldes** gehören:
- politische Verhältnisse, z. B. die Haltung der Gemeinde zu einem Projekt
- Fördermöglichkeiten, z. B. regional bezogene Steueranreize
- Gesetze, Regeln, Normen, Auflagen, Satzungen, z. B. Ortsbildsatzungen oder Denkmalschutzauflagen, welche häufig unklar oder interpretationsbedürftig sind
- Wirken von Interessengruppen, z. B. Einzelhändler oder Flughafengegner
- Konkurrenzprojekte: Projekte in Vorbereitung werden oft nicht rechtzeitig erkannt
- Interessenlage direkt Betroffener, z. B. der Widerstand der unmittelbaren Nachbarn, wenn Beeinträchtigungen befürchtet werden.

Hinsichtlich der **Lage** einer Immobilie und ihrer Qualität ist für die Projektentwicklung zu berücksichtigen, dass
- jedes Grundstück einmalig ist
- eine gute Lage sich nur bedingt schaffen lässt, sie muss vorgefunden werden
- eine Immobilie auch von ihrem Umfeld angenommen werden muss und
- eine gute Lage eine Immobilie mit hohem gesellschaftlichen oder wirtschaftlichen Nutzen erfordert.

Um die Qualität eines Grundstücks bzw. seine Lage zu beurteilen, muss man versuchen, die Standortfaktoren zu messen. Man unterscheidet diese in physische, sogenannte harte, und sozioökonomische, sogenannte weiche Standortfaktoren. Die **physischen Standortfaktoren** können im Rahmen der Projektentwicklung durchaus beeinflusst werden. Dazu zählen in der Rangfolge abnehmender Beeinflussbarkeit:
- Topographie und Bodenbeschaffenheit einschließlich Altlasten
- technische Ver- und Entsorgung
- unmittelbare Nachbarschaft, z. B. in Bezug auf eine Versorgung mit Dienstleistungen
- Verkehrsanbindung für das geplante Absatz- bzw. Einzugsgebiet durch Öffentlichen Personennahverkehr, Zufahrtstraßen, Parkplätze, Fuß- und Radwege sowie die
- Raumordnung und Bauleitplanung.

Merkmale	Merkmalsausprägungen (Beispiele)
1. Standort	
1.1 Verkehrsanbindung	Fernbahn, S-Bahn, U-Bahn, Autobahn, Fernstraßen, Erschließungsstraßen, Parkplätze
1.2 Angrenzende Nutzungen	Einzelhandel, Banken, Gastronomie, Schulen, Freizeiteinrichtungen
1.3 Städtebauliche Einbindung	historisches Stadtviertel, Grünanlagen
1.4 Lagegunst	
- positiv	„gute Adresse"
- negativ	Umweltbelastungen, Kriminalität
- sonstiges	
2. Grundstück	
2.1 Rechte und Kosten	
- Eigentümer	unbekannt, mehrere Eigentümer
- Rechte Dritter am Grundstück	Miet- und Pachtverträge, Wegerecht, Recht des Nachbarn auf Überbauung ablösen
- Kosten des Grundstücks	Grundstückswert (z. B. Verkehrswert), Grundstücksnebenkosten, Freimachen
2.2 Herrichten und Erschließen	
- Herrichten	Abbruchmaßnahmen, Altlastenbeseitigung, Herrichten der Geländeoberfläche
- Erschließen	Öffentliche und Nichtöffentliche Erschließung, z. B. Abwasseranlagen, Wasser-, Gas-, Fernwärme- und Stromversorgung, Telekommunikation, Verkehrserschließung
2.2 Art und Maß der baulichen Nutzung	
- vorhandenes Planungsrecht	gültiger Bebauungsplan vorhanden
- Grundfläche des Grundstückes	
- Festlegungen	Grundflächenzahl (GRZ) Geschossflächenzahl (GFZ) zulässige Geschosszahl (GZ)
- Planung	Brutto-Grundfläche (BGF) Brutto-Rauminhalt (BRI)
2.3 Bedingungen der Bebauung	
- Baugrund und Tragfähigkeit	ausreichend für geplante Nutzungen
- Grundwasserstand	unterhalb notwendiger Untergeschosse
- Altlasten	Altöl
- Auflagen	Denkmalschutz
- sonstiges	unterirdisches Bauwerk der U-Bahn

Abb. 9-1   Checkliste zur Standort- und Grundstückserfassung

Die **sozioökonomischen Standortfaktoren** können im Rahmen der Projektentwicklung nur in geringem Maße beeinflusst werden. Dazu zählen in der Rangfolge abnehmender Beeinflussbarkeit:

- der sozioökonomische Datenkranz wie Bevölkerungsentwicklung, Sozial- und Wirtschaftsstruktur,
- die rechtliche, steuerliche und finanzwirtschaftliche Situation, dies vor allem bei Auslandsprojekten
- die „Adresse" des Standortes.
- die Verwaltungsstruktur und die Bereitschaft der Verwaltung ein Projekt zu unterstützen
- das Investitionsklima sowie
- die Kultur-, Wohn- und Freizeitqualität am Standort.

(Munke, G.: Standort- und Marktanalyse ..., 1996, S. 112)

Dabei kann ein Grundstück in seiner Qualität durch die **Nachbarschaft** natürlich sowohl positiv als auch negativ von der Verwendung der Nachbargrundstücke beeinflusst werden:

- negativ, wenn die Aktivitäten auf Nachbargrundstücken bestimmte Verwendungen, wie z. B. umweltstörende oder sozial stigmatisierte Aktivitäten, nicht mehr zulassen
- positiv, wenn die Aktivitäten auf Nachbargrundstücken positive externe Effekte, z. B. positive Imagewerte oder komplementäre Aktivitäten, welche die Wohnqualität erhöhen, auslösen.

Im Stadium der Projektvorbereitung ist das Objekt auch hinsichtlich der **öffentlich-rechtlichen Rahmenbedingungen** bezüglich Planungsrecht und Bauordnungsrecht zu überprüfen. Hierzu gehören die Bauleitplanung mit deren Festsetzungen im Flächennutzungsplan, die Inhalte des Bebauungsplanes oder eines Vorhaben- und Erschließungsplanes, soweit vorhanden, Regelungen zum Gebietscharakter, die Bodenordnung mit der Festsetzung zulässiger Nutzungen, Umlegungsverfahren, Grenzregelungen und städtebaulichen Maßnahmen, weiterhin städtebauliche Sanierungsmaßnahmen, städtebauliche Entwicklungsmaßnahmen, städtebauliche Verträge und mit zunehmender Bedeutung der Umweltschutz, beispielsweise bei Lage des Grundstücks in oder nahe einem Natur-, Landschafts- oder Gewässerschutzgebiet und Anforderungen an den Lärmschutz, ferner die Landesbauordnung.(Oehmen, K.: Öffentliches Baurecht, 1997, S. 47 - 52)

Die Fragen zu Baurecht, Altlasten sowie Beschaffenheit von Boden und Baugrund sind rechtzeitig vor dem Eigentumsübergang des Grundstückes zu klären.

Unverzichtbare Voraussetzung für die Projektentwicklung ist neben der sorgfältigen Untersuchung des Standortes weiterhin die **Sicherung des Grundstückes**. Sie geschieht sobald erforderlich, mindestens durch eine Grundstücksoption und bei Absicht der Durchführung durch ein notarielles Kaufangebot oder den Erwerb des Grundstückes.

9.3.2 Projektidee

Die **Projektidee** beinhaltet wenigstens die Art der Nutzung, häufig schon die Vorgabe einer Kapazität, z. B. die Anzahl der Arbeitsplätze, oder spezifische Eigenschaften des gewünschten Objektes. Es werden zunächst grundsätzliche Überlegungen angestellt, die vor dem Beginn der Planung und Ausführung einer gewissenhaften Überprüfung bedürfen.

Bevor von einem Architekten eine erste **Vorplanung** aufgestellt werden kann, sind die Grundlagen der Planung zu ermitteln und eine Aufgabenstellung zu beschreiben. Hierzu gehören eine Bedarfsplanung mit Zielvorstellungen für die Nutzung, ein Raumprogramm in Form der Zusammenstellung vorgesehener Räume nach Größe und Zweckbestimmung sowie das Funktionsprogramm zur Festlegung der Bereiche im Raumprogramm festgelegter Räume oder Flächen.

Um die Größe des zu bauenden Objektes abschätzen zu können, sind auf der Grundlage des **Raum- und Funktionsprogramms**, welches in der Regel die Hauptnutzflächen (HNF) enthält, die weiteren notwendigen Flächen zu ergänzen. Dazu zählen Nebennutzflächen (NNF), Verkehrsflächen (VF) und Konstruktions-Grundflächen (KGF). Die Zusammenstellung aller Grundflächen zur Brutto-Grundfläche (BGF) erlaubt dann eine erste grobe Kostenermittlung, auch wenn bis dahin noch keine zeichnerischen Lösungsversuche vorliegen. Vergleiche dazu DIN 277 Grundflächen und Rauminhalte von Bauwerken im Hochbau.

Bei Gebäuden mit mehreren Nutzungen ist nicht nur die erste Abschätzung des erforderlichen Umfangs erforderlich, sondern auch der richtige **Nutzermix** als Mischung der einzelnen Nutzungen und jeweilige Standard zu finden. In diesem Stadium der Projektvorbereitung sind die späteren Nutzer häufig noch nicht bekannt. Deshalb muss darauf geachtet werden, dass so viele Flächen wie möglich in sowohl kleine als auch große Einheiten eingeteilt werden können und dass diese auch über die Inbetriebnahme hinaus veränderlich bleiben.

Weiterhin ist möglichst genau die vermietbare Fläche zu ermitteln, um in Verbindung mit einer ersten **Marktanalyse** über Miet- oder Verkaufspreise eine erste Erlösplanung zu erhalten. Der Anteil der Flächen für die Verkehrserschließung (VF) und die notwendigen Technikräume (FF) wird oft unterschätzt, der Anteil der vermietbaren Fläche wird dagegen oft zu optimistisch gesehen. Für die Ermittlung der Mietflächen gibt es noch keine einheitliche Regelung. Je nach Art des Objektes kann sie geringfügig über der Nutzfläche (NF) liegen, es können aber auch weitere Flächen Gegenstand eines Mietvertrages sein.

Für die Beschreibung der Qualitäten der Flächen sollte ein **Raumbuch** aufgestellt werden. Dies hat den Vorteil, dass schon sehr früh die Eigenschaften des Objektes angesprochen werden, welche sowohl für die Kosten des Objektes als auch für die Erlöse - in Abhängigkeit vom Standard des baulichen Ausbaus - von großem Einfluss sind (vgl. Kapitel 6.1.2 Raumbuch).

9.3.3 Kapital

Projektentwickler sehen ein Bauobjekt in erster Linie als Investition. Bei einer Investition handelt es sich um die Verwendung finanzieller Mittel zur Beschaffung eines Vermögenswertes, in diesem Fall einer Immobilie. Die Investition in eine Immobilie steht aus Sicht derer, die selbst Projektentwicklung betreiben oder durch Dritte durchführen lassen, fast immer in Konkurrenz zu anderen Möglichkeiten der **Kapitalanlage**. Investitionen in Bauobjekte unterscheiden sich von anderen Kapitalanlagen in vielfacher Hinsicht, weil sie

„- sich auf einen langen Zeitraum erstrecken,

- eine große Kapitalmenge binden,

- gegenüber reinen Finanzinvestitionen (z. B. Sparbriefen usw.) mit erheblichen Risiken behaftet sind,

- nur schwer revidierbar sind."
(Pfarr, K.: Grundlagen der Bauwirtschaft, 1984, S. 151)

Zur Überprüfung der **Wirtschaftlichkeit** einer Investition stehen zwar geeignete Verfahren der Berechnung zur Verfügung, z. B. Annuitätenmethode oder Amortisationsrechnung, das hauptsächliche Problem jeder Berechnung besteht aber darin, dass im Einzelfall zahlreiche Grundlagen geschätzt bzw. festgelegt werden müssen. Hierzu gehören neben der Wahl des Verfahrens die folgenden Eingangsgrößen:

- Betrachtungszeitraum; Investitionen werden je nach Zielsetzung des Investors über 20, 30 oder mehr Jahre betrachtet. Für die Berechnung zählt allerdings die wirschaftliche Nutzungsdauer des Gebäudes, die nicht mit dessen technischer Lebensdauer übereinstimmen muss, soweit die technische Lebensdauer nicht die wirtschaftliche Nutzungsdauer bestimmt.

- Ausgaben bzw. Aufwand im Betrachtungszeitraum; hierzu zählen die Herstellung des Gebäudes in Bezug auf die Baukosten, die Nutzung des Gebäudes und seine Beseitigung als Folgekosten.

- Einnahmen bzw. Erträge im Betrachtungszeitraum; dazu gehören z. B. Mieten, Pachten, Konzessionsabgaben von den Nutzern, oder der Verkaufserlös der Immobilie, gegebenenfalls verbunden mit einer Wertsteigerung.

Mit der Festlegung der Eingangsdaten sind gleichzeitig die **Risiken** des Projektes einzuschätzen. Diese können im Rahmen einer Berechnung z. B. durch höheren Aufwand oder geringere Erträge kalkuliert werden. Es zählen zu den Risiken:

- Entwicklungsrisiko: Ist der Standort gut gewählt und wird die Nutzung angenommen?

- Genehmigungsrisiko: Erfolgt die Genehmigung überhaupt, in der geplanten Zeit und ohne wesentliche Einschränkungen oder Auflagen?

- Planungsrisiko: Kann das Programm tatsächlich im gewünschten Umfang umgesetzt werden und ist das Ergebnis ansprechend?

- Herstellungsrisiko: Kann das Projekt unter Einhaltung der Kosten- und Terminvorgaben in der erforderlichen Qualität realisiert werden?

- Vermarktungsrisiko: Kann das Objekt zu Anfang und auf Dauer vollständig zu den geplanten Konditionen vermietet oder verkauft werden?

- Finanzierungsrisiko: Bleiben die Kapitalkosten für aufgenommene Fremd-mittel im geplanten Rahmen?

Im Rahmen der Wirtschaftlichkeitsermittlung ist ein Mindestwert für die **Renta-bilität** des langfristig gebundenen Kapitals festzulegen. Darin müssen die Zins-zahlungen für Fremdkapital und eine angemessene kalkulatorische Verzinsung des eingesetzten Eigenkapitals enthalten sein. Ebenso sind die oben angesprochenen Risiken in Form von Auf- oder Abschlägen zu berücksichtigen.

Aus diesen Voraussetzungen und der geplanten **Nutzungsdauer** von Objekten, die je nach Standort und Art der Immobilie stark voneinander abweichen können, erklären sich die Unterschiede der geforderten bzw. realisierbaren **Renditen**. Staender nennt für die letzten Jahre folgende Werte für gut vermietete Objekte an großen deutschen Immobilienstandorten:

- erstklassige innerstädtische Büro- und Geschäftshäuser mit 5 bis 5,5 %

- Bürohäuser in guten Innenstadtrandlagen mit 7 bis 8 %

- Gewerbeparks mit 8 bis 10 %

- vermietete Lager- und Produktionshallen mit 10 bis 11,5 %.

In mittleren Großstädten bzw. in entsprechend kleineren Gemeinden sind die Grenzwerte für eine Mindestrendite jeweils um 1 bis 2 % höher anzusetzen. (Munke, G.: Standort- und Marktanalyse, 1996, S. 152)

Viele Objekte sind in der Vergangenheit nur deshalb entstanden, weil Anleger **Steuern** sparen wollten. Dies hat nicht nur der Bauwirtschaft vorübergehend hohe Umsätze gebracht. Es hat in vielen Fällen auch dazu geführt, dass Projekte realisiert wurden, die ohne steuerliche Vergünstigungen niemals eine Chance auf wirtschaftlichen Erfolg gehabt hätten. Ein Teil dieser Objekte wird bis heute nicht im möglichen Umfang genutzt oder es lassen sich keine ausreichenden Erlöse erzielen.

9.4. Projektentwicklung und -durchführung

Die Durchführung eines Projektes wird grundsätzlich nicht davon berührt, ob sie durch eine Projektentwicklung im engeren Sinne als Projektvorbereitung oder im weiteren Sinne bis einschließlich Vermietung oder Verkauf des Objektes erfolgt.

Die Aufgaben des Bauherrn in Bezug auf die Planung durch Architekten und Ingenieure sowie die Leistungen der ausführenden Firmen können von ihm selbst wahrgenommen werden oder er kann wesentliche Teile davon an einen Projektsteuerer delegieren oder an einen Generalplaner beauftragen (vgl. Kapitel 3. Projektleitung und Projektsteuerung sowie 10. Projektmanagement in der Planung).

Gerade die **Projektsteuerung** kann als Fortsetzung oder Ergänzung der Projektentwicklung sein, wobei letztere vor allem auf den Standort, die Projektidee und das Kapital gerichtet ist, die Projektsteuerung den Schwerpunkt in der Koordination der Projekt- und Planungsbeteiligten findet.

10. Projektmanagement in der Planung

Der Einsatz von **Einzelleistungsträgern** sowohl für die Planung, als auch für die Ausführung, ist bisher die am weitesten verbreitete Form der Organisation von Bauprojekten. Sie ist besonders flexibel, bedingt aber für den Bauherrn einen hohen zeitlichen Einsatz und stellt an ihn zudem hohe fachliche Anforderungen.

Die Auftragnehmer des Bauherrn lassen sich vereinfacht in die drei folgenden Gruppen aufteilen: den Objektplaner, die fachlich Beteiligten und die ausführenden Firmen, die später behandelt werden (vgl. Kapitel 11 Projektmanagement in der Ausführung).

10.1 Objektplaner

Planende Architekten und Ingenieure werden in der Honorarordnung für Architekten und Ingenieure (HOAI) als **Objektplaner** bezeichnet. Zu den Aufgaben z. B. des Architekten gehört im Rahmen seines Vertrages mit dem Bauherrn „eine technisch und wirtschaftlich einwandfreie Planung und den unter Beachtung der im Verkehr erforderlichen Sorgfalt und dem Stand der Technik auf die Verwirklichung der Planung zu einem mangelfreien Bauwerk gerichteten Leistungseinsatz." (Locher, H.: Das private Baurecht, 1996, S. 194)

Bei den nachfolgenden Überlegungen stehen die **Organisation der Planung** sowie das Zusammenwirken der an der Planung Beteiligten infolge der Koordination und Integration durch den Objektplaner im Vordergrund. Dabei bestehen die Leistungen des Objektplaners nicht nur in

- Eigenplanung
- Vorschlägen zu Beauftragungen von fachlich Beteiligten
- Vorbereitung und Mitwirkung bei der Ausschreibung und Vergabe sowie
- Überwachung der Ausführung in Form von Objektüberwachung und örtlicher Bauüberwachung.

Vor allem liegen in seinem Aufgabenbereich auch die

- Integration der Beiträge anderer an der Planung fachlich Beteiligter sowie die
- technische und terminliche Koordination der ausführenden Firmen.

Vor der eigentlichen Planung ist die **Aufgabenstellung** zu klären. Hierzu ist es erforderlich, dass die Wünsche, Vorstellungen und Möglichkeiten des Bauherrn in Erfahrung gebracht und durchgesprochen werden. Dabei hat der Architekt ferner die finanziellen Möglichkeiten des Auftraggebers auszuloten, einen Kostenrahmen und einen groben Zeitplan für die Bauabsichten des Bauherrn aufzustellen.

Planung im Hochbau - Objektplaner (Architekt / Ingenieur)	
Objektplaner	Klären der Aufgabenstellung, Erarbeiten des Planungskonzeptes bis Fertigstellung des Gebäudes unter Integration der Beiträge der fachlich Beteiligten in die Objektplanung
Gebäude	-
Freianlagen (Landschaftsarchitekt)	Abstimmung Planungskonzept und Definition Schnittstellen zu Freianlagen
raumbildende Ausbauten (Innenarchitekt)	Abstimmung Planungskonzept und Definition Schnittstellen zu raumbildenden Ausbauten
Fachlich Beteiligte Technische Ausrüstung	grundlegende Anforderungen zur Auslegung der Anlagen, Abstimmung der Ausführung von Teilen der Technischen Ausrüstung in den Baukonstruktionen
1. Gas-, Wasser-, Abwasser- und Feuerlöschtechnik	z. B. Art, Anzahl und Qualität der Sanitärobjekte in Bädern und WC-Anlagen
2. Wärmeversorgungs-, Brauchwassererwärmungs- und Raumlufttechnik	z. B. wasser- bzw. luftdurchströmte Pfosten- und Riegelkonstruktionen von in Fassaden integrierten Heizungsanlagen
3. Elektrotechnik	z. B. Hohlraum- und Doppelböden für die Kabelverteilung der Elektroversorgung
4. Aufzug-, Förder- und Lagertechnik	z. B. Vorrichtungen und Bauteile zum Einbau der Schachtgerüste von Aufzugsanlagen
5. Küchen-, Wäscherei-, und chemische Reinigungstechnik	z. B. Einbringöffnungen in der Außenwand für die Lieferung von Wäschereianlagen
6. Medizin- und Labortechnik	z. B. feuerbeständige Konstruktionen zur Verlegung von Leitungsnetzen in Laboren
Tragwerksplaner	Abstimmung bei der Planung eines statisch-konstruktiven Konzeptes des Tragwerkes
Sonstige Projekt- und Planungsbeteiligte (Auswahl)	
Thermische Bauphysik	z. B. Nachweise des Wärmeschutzes
Schallschutz und Raumakustik	z. B. schalltechnische Messungen
Bodenmechanik	-
Vermessungstechnik	z. B. Ergebnisse der Entwurfsvermessung

Abb. 10-1 Planung aus Sicht des Objektplaners für Gebäude

Nicht alles kann der Bauherr von seinen Planern verlangen, viele Voraussetzungen muss er selbst schaffen, damit diese ihre Verträge tatsächlich erfüllen können. In dieser Hinsicht herrscht bei Bauherren erfahrungsgemäß häufig Unklarheit und deswegen Beratungsbedarf.

Der Objektplaner hat im Rahmen der Leistungsphase 1. Grundlagenermittlung gegenüber dem Bauherrn **Entscheidungshilfen** für die Auswahl anderer an der Planung fachlich Beteiligter zu formulieren und deren Leistungen in die Objektplanung zu integrieren bzw. deren Beiträge zu verwenden. Dies ist erforderlich, da der Architekt nicht auf allen Fachgebieten die erforderliche Sachkunde haben kann. Entsprechend werden im Leistungsbild für die Objektplanung in der HOAI bezüglich der **Koordination** und der Integration von Planungs- und Bauleistungen ausdrücklich erwähnt:

2. Vorplanung (Projekt- und Planungsvorbereitung): Integrieren der Leistungen anderer an der Planung fachlich Beteiligter ...

3. Entwurfsplanung (System- und Integrationsplanung): Integrieren der Leistungen anderer an der Planung fachlich Beteiligter ...

5. Ausführungsplanung: Erarbeiten der Grundlagen für die anderen an der Planung fachlich Beteiligten und Integrierung ihrer Beiträge bis zur ausführungsreifen Lösung ...

6. Vorbereitung der Vergabe: Abstimmen und Koordinieren der Leistungsbeschreibungen der an der Planung fachlich Beteiligten ...

8. Objektüberwachung (Bauüberwachung): Koordinierung der an der Objektüberwachung fachlich Beteiligten ... .

(§ 15 (2) HOAI Honorarordnung für Architekten und Ingenieure (01.96))

Neben der Berücksichtigung von Anforderungen der Nutzer und der Teilplanungen der fachlich Beteiligten kommt in der Planung der Integration von Optimierungsvorschlägen besondere Bedeutung zu. Der Objektplaner hat die Integrationsfähigkeit von **Optimierungsvorschlägen** zu prüfen, die sich in den meisten Fällen auf Teilbereiche des Bauwerkes oder Teilabschnitte der Durchführung beziehen. Alle Vorschläge sind in Bezug auf die Optimierung der Planung und Nutzung zu prüfen und nach Prüfung und Freigabe des Bauherrn in die Planung des Bauwerkes einzuarbeiten.

Ein weiterer Aufgabenschwerpunkt des Objektplaners in der Bauausführung ist die technische und terminliche Koordination der ausführenden Firmen aufgrund des von ihm erstellten Zeitplanes unter Beachtung der Rahmentermine, welche vom Auftraggeber vorgegeben werden. Die Koordinierungspflicht ist nach folgendem Urteil allerdings begrenzt: „Der Architekt, der die Bauüberwachung übernommen hat, muss dafür sorgen, dass die verschiedenen Bauarbeiten bzw. Arbeiten der verschiedenen Gewerke sachdienlich und zeitlich aufeinander abgestimmt sind.

Diese **Koordinierungspflicht** endet dort, wo es um die Abstimmung der Leistungen von mehreren Sonderfachleuten oder Spezialunternehmen geht, deren Fachgebiet der Architekt nicht beherrschen muss. Hier trifft die beteiligten Sonderfachleute die Koordinierungspflicht für ihren Tätigkeitsbereich."
(Urteil des BGH 1996)

10.2 Fachlich Beteiligte und sonstige Projekt- und Planungsbeteiligte

Die Leistungen der **fachlich Beteiligten** sind durch den Bauherrn rechtzeitig zu beauftragen und zu koordinieren. Sowohl der Objektplaner als auch die Fachplaner haben eigenständige, voneinander getrennte Aufgabenbereiche, für die sie jeweils allein verantwortlich sind. Die Fachplaner erbringen ihre Leistungen begleitend zur Objektplanung. Es werden dabei die Leistungen derjenigen Fachplaner benötigt, deren Beiträge zur Vervollständigung der Objektplanung im Einzelfall erforderlich sind.

Als **Fachbereiche** der fachlich Beteiligten nennt die Honorarordnung die Leistungen für Tragwerksplanung, Technische Ausrüstung, Thermische Bauphysik, Bodenmechanik, Erd- und Grundbau sowie vermessungstechnische Leistungen. Häufig haben sich die entsprechenden Fachingenieure auf einzelne Fachgebiete spezialisiert, z. B. Heizungs-, Klima- und Lüftungstechnik oder Elektroplanung, welche zum Gebiet der Technischen Ausrüstung zählen.

Tragwerksplaner (Statiker)

Gegenstand der **Tragwerksplanung** (Statik) ist die Standsicherheit des Bauwerkes. Hierfür erarbeitet der Tragwerksplaner (Statiker) eine Lösung hinsichtlich der Baustoffe, der Bauarten, des Herstellungsverfahrens und der Art der Gründung auf der Grundlage der Objektplanung und unter Beachtung der in die Planung zu integrierenden Beiträge der weiteren fachlich Beteiligten, z. B. Ingenieure für Bodenmechanik und Technische Ausrüstung.

In Abstimmung mit dem Objektplaner erstellt er bereits zu Beginn der Planung ein statisch-konstruktives Konzept für das Tragwerk und trifft die grundlegende Festlegung der konstruktiven Details und Hauptabmessungen des Tragwerkes für die tragenden Querschnitte, Aussparungen und Fugen, die Ausbildung der Auflager und Knotenpunkte sowie der Verbindungsmittel. Hierzu gehört ferner das Aufstellen eines Lastenplanes sowie gegebenenfalls der Nachweis der Erdbebensicherung.

Planung im Hochbau - Tragwerksplaner	
Objektplaner	Abstimmung des Lastenplanes und des Tragwerkes sowie der für die Objektplanung wesentlichen Hauptabmessungen von Querschnitten, Aussparungen und Fugen, gegebenenfalls baulicher Brandschutz
Gebäude (Architekt)	z. B. Stützen und Wände zu Fahrgassen, Rampen und Stellplätzen in einer Tiefgarage
Freianlagen (Landschaftsarchitekt)	z. B. Lasten und Aufbau der Begrünung unterbauter Flächen wie einer Tiefgarage
raumbildende Ausbauten (Innenarchitekt)	z. B. Unterzüge und Gestaltung von Deckenbekleidungen in einem Restaurant
Fachlich Beteiligte Technische Ausrüstung	Abstimmung der die Tragwerksplanung betreffenden Lastangaben und Durchführungen nach Angaben der fachlich Beteiligten für die Technische Ausrüstung
1. Gas-, Wasser-, Abwasser- und Feuerlöschtechnik	z. B. Verlauf der Grundleitungen für die Abwasserentsorgung und Fundamente
2. Wärmeversorgungs-, Brauchwassererwärmungs- und Raumlufttechnik	z. B. Anschlüsse und Querschnitte von Schornsteinen, Wand- und Deckendurchbrüche für Raumluftkanäle
3. Elektrotechnik	z. B. Wanddurchbrüche für Kabelpritschen, Leerrohre im Tragwerk für Installationen
4. Aufzug-, Förder- und Lagertechnik	z. B. Abmessungen von Aufzugsschächten sowie Art und Lage von Ankerschienen
5. Küchen-, Wäscherei-, und chemische Reinigungstechnik	z. B. Lasten und ggf. Maschinenfundamente von chemischen Reinigungsanlagen
6. Medizin- und Labortechnik	z. B. Wandausbildung von Räumen für Röntgendiagnostik oder Strahlentherapie
Tragwerksplaner	-
Sonstige Projekt- und Planungsbeteiligte (Auswahl)	
Thermische Bauphysik	z. B. thermische Auswirkungen auf Bauteile
Schallschutz und Raumakustik	z. B. Raumakustik und Deckenkonstruktion
Bodenmechanik	z. B. Gründungsberatung für Pfahlgründung
Vermessungstechnik	z. B. vermessungstechnisches Überwachen des Tragwerkes in der Bauausführung

Abb. 10-2   Planung aus Sicht des Tragwerksplaners

Ergebnisse der Tragwerksplanung sind insbesondere:

- Aufstellen der prüffähigen und genehmigungsfähigen statischen Berechnungen nach amtlichen Berechnungsgrundlagen (DIN-Vorschriften)
- zeichnerische Darstellung der Konstruktionen wie Schalpläne, Einbau- und Verlegeanweisungen, Bewehrungspläne im Stahlbetonbau bzw. entsprechende Konstruktionspläne im Stahlbau oder Holzbau in Ergänzung zur Objektplanung
- Mengenermittlungen von z. B. Betonstahl-, Stahl- und Holzmengen bzw. Stücklisten zur Kostenermittlung und zur Leistungsbeschreibung des Objektplaners
- eventuell Mitwirken bei Prüfung und Werten von Angeboten durch den Objektplaner und Beitrag zum Kostenanschlag, soweit es den Fachbereich betrifft
- gegebenenfalls bauphysikalische Nachweise zum baulichen Brandschutz.

(§ 64 (3) HOAI Honorarordnung für Architekten und Ingenieure (01.96))

Der Objektplaner, z. B. Architekt, darf sich im Regelfall auf die Angaben der fachlich Beteiligten, z. B. des Tragwerksplaners, verlassen und muss diese nicht im Einzelnen überprüfen. Dies auch, weil ihm hierfür die fachlichen Voraussetzungen fehlen. Allerdings muss z. B. der Architekt sich vergewissern, dass der Tragwerksplaner von den richtigen Grundlagen ausgegangen ist und die Besonderheiten des Bauvorhabens berücksichtigt hat.

Fachlich Beteiligte für Technische Ausrüstung und weitere

Die Anlagen der **Technischen Ausrüstung** von Gebäuden (TGA) dienen der unmittelbaren Ver- und Entsorgung oder decken den Bedarf ihrer Nutzer an Wärme, Kälte, Luft, Elektrizität, Wasser oder sonstigen Medien. Deren Installationen umfassen alle Rohrleitungen, Verteilungssysteme, Entnahme- und Anschlussstellen einschließlich aller installierten Objekte. Ferner gehören dazu alle zentralen im Bauwerk gelegenen betriebstechnischen Anlagen, die zur Funktionsleistung der Versorgungsträger notwendig sind. Die Technische Ausrüstung von Gebäuden und anderen Bauwerken wird gemäß § 68 HOAI in sechs **Anlagegruppen** unterschieden:

1. Gas-, Wasser-, Abwasser- und Feuerlöschtechnik
2. Wärmeversorgungs-, Brauchwassererwärmungs- und Raumlufttechnik
3. Elektrotechnik
4. Aufzug-, Förder- und Lagertechnik
5. Küchen-, Wäscherei-, und chemische Reinigungstechnik
6. Medizin- und Labortechnik.

Planung im Hochbau - Fachlich Beteiligte für Technische Ausrüstung (u. a.)	
Objektplaner	Angabe von Flächen- und Raumbedarf sowie mögliche oder notwendige Lage von Anlagen der Technischen Ausrüstung, laufende Abstimmung der Beiträge der fachlich Beteiligten in die Objektplanung
Gebäude (Architekt)	z. B. Heizkessel für Warmwasserheizung
Freianlagen (Landschaftsarchitekt)	z. B. Abwasserleitungen ab dem Gebäude zum Kanalisationsnetz
raumbildende Ausbauten (Innenarchitekt)	z. B. Sprinklerleitungen und Sprinkler sowie Wandhydranten im Innenraum
Fachlich Beteiligte Technische Ausrüstung	Angabe von Flächen- und Raumbedarf für die Anlagen der Technischen Ausrüstung der einzelnen Fachbereiche untereinander
1. Gas-, Wasser-, Abwasser- und Feuerlöschtechnik	
2. Wärmeversorgungs-, Brauchwassererwärmungs- und Raumlufttechnik	z. B. Koordination der Leitungsnetze bzw. der Trassen für die Ver- und Entsorgung im Gebäude bzw. in Baukonstruktionen wie in Installationswänden, Deckenhohlräumen, Doppelböden, Bodenkanälen, Schächten, z. B. bei der Mehrzahl von Anlagen die Abstimmung der Anschlusswerte für die Elektroversorgung und die Anschlüsse für die Gebäudeleittechnik
3. Elektrotechnik	
4. Aufzug-, Förder- und Lagertechnik	
5. Küchen-, Wäscherei-, und chemische Reinigungstechnik	
6. Medizin- und Labortechnik	
Tragwerksplaner	Abstimmung der für das Tragwerk erforderlichen Lastangaben sowie der für die Technische Ausrüstung notwendigen Durchführungen
Sonstige Projekt- und Planungsbeteiligte (Auswahl)	
Thermische Bauphysik	z. B. Abgabe der Abwärme von Anlagen
Schallschutz und Raumakustik	z. B. Angabe der Geräusche von Anlagen
Bodenmechanik	-
Vermessungstechnik	-

Abb. 10-3   Planung aus Sicht der fachlich Beteiligten für die TGA u. a.

Die **fachlich Beteiligten** liefern als Beitrag für die Objektplanung die Auslegung der Systeme und Anlagenteile ihres Fachbereiches bzw. für die jeweilige Anlagengruppe. Ergebnisse der Planung der Technischen Ausrüstung sind insbesondere:

- Erarbeitung von Planungskonzepten, Untersuchung alternativer Lösungsmöglichkeiten und Wirtschaftlichkeitsvorbetrachtung
- Aufstellen von Funktionsschemata und Prinzipschaltbildern der Anlagen
- Berechnung und Bemessung sowie zeichnerische Darstellung mit Dimensionen und Anlagenbeschreibung
- Angabe und Abstimmung der für die Tragwerksplanung notwendigen Durchführungen und Lastangaben sowie Anfertigen von Schlitz- und Durchbruchsplänen
- Mitwirken beim Kostenanschlag und bei der Kostenkontrolle.

Sonstige Projekt- und Planungsbeteiligte

Darüber hinaus benötigt der Bauherr die Leistungen von den sonstigen **Projekt- und Planungsbeteiligten**. Es handelt sich dabei beispielsweise um Berater, Gutachter und Sonderfachleute für Thermische Bauphysik, z. B. den Wärmeschutz, Schallschutz und Raumakustik, beispielsweise bezogen auf Luft- und Trittschallschutz, Bodenmechanik wie Gründungsberatung für Flächen- und Pfahlgründungen sowie vermessungstechnische Leistungen wie die Entwurfsvermessung. Deren Beiträge sind mit der Objekt- oder Fachplanung abzustimmen und in diese zu integrieren.

10.3 Einzelleistungsträger in der Planung

Für die Objektplanung und auch die meist zahlreichen Fachplanungen bedarf es grundsätzlich eines eigenen **Werkvertrages** zwischen dem Bauherrn und dem jeweiligen Planer, soweit diese als Einzelleistungsträger tätig werden. Es ist Aufgabe des Bauherrn, diese Verträge vorzubereiten und mit seinen Auftragnehmern zu schließen (vgl. Abbildung folgende Seite).

Die Pflicht der Vergütung von Leistungen ergibt sich aus dem Werkvertragsrecht des Bürgerlichen Gesetzbuches (BGB). Die **Honorarordnung für Architekten und Ingenieure** ist eine Preisverordnung, aber kein Gesetz. Sie regelt die Höhe der Vergütung. Gestützt auf das Gesetz zur Regelung von Ingenieur- und Architektenleistungen (GIA) vom 4. November 1971 herrscht überwiegend die Auffassung, dass die HOAI in vollem Umfang auf alle, d. h. auch berufsfremde Personen, anzuwenden ist, die Leistungen nach der HOAI erbringen.

Eine auf den Berufsstand der Architekten und Ingenieure beschränkte Anwendung scheidet aus. Die einheitliche Anwendung der HOAI auf die Leistungen von Berufsfremden und Berufsangehörigen soll ein einheitliches Preisgefüge für gleichartige Leistungen garantieren. Dies führt zu **Wettbewerbsbeschränkung** in Bezug auf den Preis der Leistungen. (Urteil des OLG Düsseldorf 1982)

Bereits die oben in den Grundzügen dargestellten Leistungsbilder und die in den Abbildungen beispielhaft gezeigten Zusammenhänge zwischen der Objektplanung und den weiteren Fachbereichen lassen erkennen, wie komplex die Planung von Bauwerken beim Einsatz von zahlreichen Einzelleistungsträgern ist.

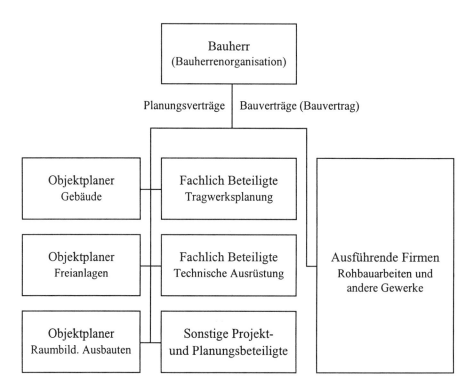

Abb. 10-4 Der Bauherr als Auftraggeber von Einzelleistungsträgern in der Planung

Es wurden zunächst nur die **Grundleistungen** der HOAI angesprochen. Grundleistungen umfassen die Leistungen, die zur ordnungsgemäßen Erfüllung eines Auftrages im allgemeinen erforderlich sind. Über die Grundleistungen hinaus kann der Bauherr noch Besondere Leistungen oder Zusätzliche Leistungen (vgl. § 2 HOAI) beauftragen, wenn besondere Anforderungen an die Ausführung des Auftrages zu stellen sind oder wenn der Bauherr eine zeitliche oder fachliche Entlastung bei der Wahrnehmung seiner eigenen Aufgaben benötigt.

Der Bauherr kann zu diesem Zweck insbesondere die Koordinationsleistungen in der Planung sowie wirtschaftliche Aufgaben an einen Projektsteuerer oder alternativ bestimmte Aufgaben des Projektmanagement an den Objektplaner delegieren. Er beauftragt diese als **Besondere Leistungen** über die Grundleistungen hinaus.

Diese Leistungen überschneiden sich mit einzelnen Aufgaben, die alternativ von einem **Projektsteuerer** wahrgenommen werden können (vgl. § 15 und § 31 HOAI). Es handelt sich um

- Aufstellen eines Zeit- und Organisationsplanes (Leistungsphase 2)
- Aufstellen eines Finanzierungsplanes (Leistungsphase 2)
- Wirtschaftlichkeitsberechnung (Leistungsphase 3)
- Aufstellen, Überwachen und Fortschreiben von differenzierten Zeit-, Kosten- und Kapazitätsplänen (Leistungsphase 8)
- Ermittlung und Kostenfeststellung zu Kostenrichtwerten (Leistungsphase 9).

Die hier genannten Besonderen Leistungen sind in der HOAI nicht abschließend aufgeführt. Sie sind weder ausreichend beschrieben, noch ist die Vergütung geregelt. Es ist deshalb erforderlich, dass Bauherr und Objektplaner - ähnlich wie bei der Projektsteuerung - den Leistungsumfang hinsichtlich Aufgaben und Ergebnissen klären und verbindlich festlegen. Dabei sind eine nach Projektfortschritt gegliederte Aufgabenliste und die genaue Definition der am Ende des Projektes vorliegenden Ergebnisse erforderlich.

(§ 15 (2) HOAI Honorarordnung für Architekten und Ingenieure (01.96))

Will der Bauherr das gesamte Projektmanagement in der Planung delegieren, so hat er die Möglichkeit, einen **Generalplaner** zu beauftragen.

10.4 Gesamtleistungsträger in der Planung

Eine Alternative zur herkömmlichen Projektorganisation mit den zahlreichen Aufträgen, die mit einem hohen Aufwand für den Bauherrn verbunden sind, ist die Generalplanung. Sie wird im folgenden zum einen im Außenverhältnis zwischen dem Bauherrn und dem Generalplaner und zum anderen im Innenverhältnis zwischen dem Generalplaner und seinen Subplanern betrachtet.

Generalplanung im Außenverhältnis

Bauherren beauftragen bei großen und komplexen Bauaufgaben an einen Generalplaner. „Unter **Generalplanervertrag** ist im allgemeinen zu verstehen, dass der Auftragnehmer damit beauftragt wird, außer den Architektenleistungen zumindest die üblichen Fachplanungen, insbesondere die Leistungen der Tragwerksplanung und der technischen Gebäudeausrüstung, mit zu erbringen."

(Schlömilch, H.-E.: Generalplanervertrag, 1992, S. 1545)

Dabei umfasst die Generalplanung tatsächlich mehr als die einfache Addition der einzelnen Leistungsbilder, welche für das Projekt notwendig sind. Die im Rahmen der Generalplanung erforderlichen und damit über die eigentliche Planung hinausgehenden Leistungen werden nachfolgend als **Projektmanagement** bezeichnet.

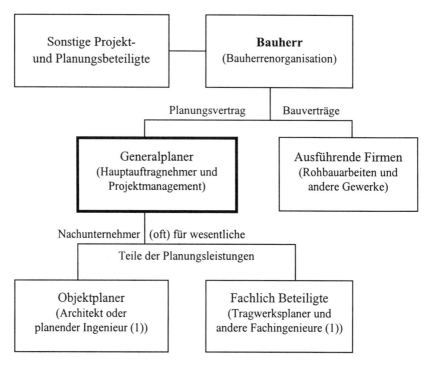

Abb. 10-5   Der Generalplaner innerhalb der Projektorganisation
              (1) soweit nicht vom Generalplaner selbst durchgeführt

Die obige Abbildung lässt offen, wer die Generalplanung wahrnimmt und welche Teile der gesamten Leistung der Generalplaner selbst ausführt. Nur in Ausnahmefällen ist ein Planer oder ein Planungsbüro in der Lage, sowohl die Objektplanung als auch alle Fachplanungen einschließlich des Projektmanagement als wesentlichen Bestandteil der Generalplanung vollständig selbst, sozusagen **aus einer Hand**, zu erbringen.

Generalplanung kann grundsätzlich als projektbezogene, flexible Form der Organisation, d. h. im vorübergehenden Zusammenschluss mehrerer selbständiger Büros, oder als Büro mit dem notwendigen breiten Leistungsspektrum durchgeführt werden.

Aus der Sicht des Bauherrn ist der Generalplaner also sowohl Objektplaner nach HOAI § 15 oder z. B. § 55 als auch Fachplaner für alle Fachbereiche. Er steht damit für die Ordnungsmäßigkeit und Vollständigkeit aller im Generalplanervertrag vereinbarten **Planungsleistungen** ein. Dies ist unabhängig davon, ob oder welche Planungsleistungen er von anderen Planern, seinen Subplanern, erbringen lässt.

In den meisten Fällen erbringt der Generalplaner mindestens einen wesentlichen Teil der gesamten Leistung, wobei dieser bestehen kann in

- der Objektplanung und dem Projektmanagement, die Fachplanungen dagegen werden von Subplanern erbracht, dies ist der häufigste Fall,

- den Fachplanungen und dem Projektmanagement, der Objektplaner ist dann Subunternehmer, dies ist z. B. anzutreffen, wenn der Objektplaner wenig Erfahrung mit der Projektdurchführung hat,

- dem Projektmanagement als ausschließlicher Aufgabe, dies kann durchaus bei sehr großen und komplexen Bauvorhaben sinnvoll sein.

Grundsätzlich ist der Generalplaner nicht verpflichtet, die von ihm geschuldeten Leistungen durch eigenes Personal selbst zu erbringen. Das gesetzliche Werkvertragsrecht sieht nicht vor, dass der Vertragspartner sämtliche ihm obliegende Leistungen selbst erbringt. Er muss nur für den **Leistungserfolg** einstehen, unabhängig davon, wer die Leistungen dafür erbringt, ob der Vertragspartner selbst oder ein von ihm eingesetzter Erfüllungsgehilfe.

Ist der Generalplaner Architekt und legt der Bauherr Wert darauf, dass dieser die Architektenleistungen, insbesondere die Gestaltung des Gebäudes selbst übernimmt, so ist dies vertraglich festzulegen.

Die Generalplanung erfordert über die Objektplanung und die Fachplanungen hinaus Leistungen des **Projektmanagement**. Hierzu gehören im Außenverhältnis:

- Vorbereitung des Vertrages durch Beschreibung der Leistungsbilder des Objektplaners und aller einbezogenen Fachbereiche

- Erstellung aller Honorarrechnungen für die Objektplanung, die Fachbereiche und das Projektmanagement gegenüber dem Bauherrn

- verantwortliche übergeordnete Koordination und Steuerung der Gesamtleistung in fachlicher, wirtschaftlicher und terminlicher Hinsicht

- Haftung für alle Planungsleistungen

- Abschluss der Haftpflichtversicherung für den gesamten Leistungsumfang einschließlich der Leistungen der Subplaner sowie

- Information des Bauherrn, insbesondere in Form von Niederschriften, Berichten und Dokumentationen.

Die über die Objektplanung und die Fachplanungen hinausgehenden und für die Generalplanung unverzichtbaren Leistungen des Projektmanagement werden in der Schrift Generalplanung - Ein Leitfaden für Architekten als 4. Besondere Generalplanerleistungen detailliert beschrieben und unterteilt in

I   Organisation
II Beratung
III Berichtswesen/Dokumentation/EDV
IV Koordination/Steuerung.

Diese können um 6. Sonstige Besondere Leistungen sowie 7. Vertragsmanagement und 8. Nachtragsmanagement erweitert werden.

(Architektenkammer Hessen und Bayerische Architektenkammer: Generalplanung - Ein Leitfaden für Architekten, 2000, S. 48 - 53)

Es handelt sich hierbei um den Entwurf eines **Leistungsbildes** für das Projektmanagement des Generalplaners über die Objekt- und Fachplanungen hinaus. Es ist weder verbindlich noch abschließend, sondern bildet eine Grundlage für die individuellen Vereinbarungen zwischen dem Bauherrn und dem Generalplaner.

Die Leistungen der oben als sonstige Projekt- und Planungsbeteiligte bezeichneten Berater, Gutachter und Sonderfachleute sind häufig nicht Teil der Generalplanung. Für den Generalplaner kann es z. B. nachteilig sein, wenn er das Bodengutachten oder die Vermessungstechnik übernimmt und durch einen Subplaner ausführen lässt. Denn bei solchen „**Arbeiten an einem Grundstück**" beträgt die Gewährleistung nur ein Jahr im Gegensatz zu der am Bauwerk mit der Dauer von fünf Jahren, welche für den Generalplaner insgesamt gilt und damit im Zweifelsfall entscheidend ist (vgl. § 638 BGB). Ein weiterer Grund für die gesonderte, vom Generalplaner getrennte Beauftragung von den sonstigen Projekt- und Planungsbeteiligten, z. B. Gutachter, kann die aus Sicht des Bauherrn notwendige Unabhängigkeit des Auftragnehmers sein.

Generalplanung im Innenverhältnis

Der Generalplaner bedient sich als (Haupt-)Auftragnehmer, soweit er nicht alle Leistungen selbst erbringt, weiterer Architektur- und/oder Ingenieurbüros als seinen Subplanern im Innenverhältnis. Die fachlich Beteiligten - in manchen Fällen auch die Objektüberwachung - sind Auftragnehmer des Generalplaners und werden als dessen **Subplaner** bezeichnet. Es liegt dann nicht nur ein Vertragsverhältnis zwischen dem Bauherrn und dem Generalplaner, sondern zudem zahlreiche weitere Verträge zwischen dem Generalplaner und seinen Subplanern vor.

Daraus ergeben sich für die fachlich Beteiligten gegenüber dem Generalplaner vergleichbare Verhältnisse wie gegenüber einem Bauherrn in dessen Eigenschaft als Auftraggeber hinsichtlich Vertrag mit Honoraranspruch sowie Abrechnung und Zahlung, Haftung und Gewährleistung, Planungsinhalten, z. B. Leistungsbilder, und Planungsbedingungen, z. B. Termineinhaltung.

Zu den **Aufgaben des Generalplaners** im Bereich Projektmanagement gehören im Innenverhältnis:

-   Beschreibung der Leistungsbilder und damit der Schnittstellen aller Fachbereiche zueinander

-   Vorbereitung, Verhandlung und Abschluss der Verträge mit den sonstigen fachlich Beteiligten als Subplaner und Prüfung ihrer Leistungserfüllung

- Aufstellen und Durchsetzen der Projektorganisation mit Hilfe des Organisationshandbuches und Steuerung der Planung in fachlicher, wirtschaftlicher und terminlicher Hinsicht über alle Leistungsphasen (vgl. hierzu den geringen Umfang der Koordination im Rahmen der Objektplanung bei herkömmlicher Projektorganisation)
- kaufmännische und technische Abwicklung aller Verträge mit den Subplanern, wie z. B. Schriftverkehr und Datenaustausch, Buchführung, Rechnungswesen, Zahlungsverkehr sowie die
- Übernahme wirtschaftlicher Risiken, z. B. für die Schlechtleistungen oder den Leistungsausfall auch der Subplaner.

Da nicht jeder Architekt oder Ingenieur, der eine **Generalplanung** übernimmt, auch alle erforderlichen Leistungen selbst erbringen kann, muss er für einen Teil der Leistungen entweder Subunternehmer beauftragen oder mit anderen Planern kooperieren. Es kommen grundsätzlich in Frage:

- Einsatz von Subplanern,
- Bildung einer Arbeitsgemeinschaft,
- Gründung einer GmbH,
- Bildung einer Partnerschaft oder
- Bildung eines Innenkonsortiums.

Vor- und Nachteile der Generalplanung aus Sicht der Beteiligten

Ob die Generalplanung vorteilhaft ist oder nicht, hängt nicht nur von der Art und Komplexität des Projektes ab. Sie wird verständlicherweise aus der Sicht der Projektbeteiligten wie Bauherr, Objektplaner und fachlich Beteiligte unterschiedlich beurteilt. Für den Bauherrn ergibt sich der Vorteil, dass er für alle Fragen der Planung nur **einen Ansprechpartner** hat. Er kann die Beauftragung der Fachplaner an den Generalplaner delegieren. Entsprechend sind der zeitliche Einsatz des Bauherrn und die Anforderungen an seine Sachkenntnis dadurch geringer, dass nur der Auftrag an den Generalplaner zu erteilen, zu überwachen und abzurechnen ist. Dabei ist die Möglichkeit, auf die Planung Einfluss zu nehmen oder die Planung zu ändern, nicht eingeschränkt, sie besteht allerdings ausschließlich über den Generalplaner.

Die Vorgabe eines Ingenieurbüros oder eines Herstellers mit Planungsaufgaben durch den Bauherrn, z. B. bei Industrieanlagen, ist auch in diesem Fall möglich. Die Verpflichtung des Bauherrn, für die Vorbereitung und Ausführung eines genehmigungspflichtigen Vorhabens geeignete **Entwurfsverfasser** zu bestellen, wird im Grundsatz durch die Beauftragung eines Generalplaners nicht eingeschränkt. Die mit der Beauftragung nur eines Auftragnehmers verbundene Konzentration birgt natürlich ein gewisses Risiko, es ist deshalb bei der Auswahl eines Generalplaners besondere Sorgfalt notwendig.

Hinsichtlich der Befugnisse und **Mitwirkungsrecht** des Bauherrn muss mit dem Generalplaner geregelt werden:

„-   Wer ist Ansprechpartner beim Generalplaner (Federführendes Organ)?
-      Wo liegen die Prioritäten beim Auftraggeber?
-      Welche Vollmachten gibt der Auftraggeber dem Generalplaner?
-      Über welche Dinge will der Auftraggeber auf jeden Fall unterrichtet werden?
-      Welche Kosten für die Bauleistungen werden vom Auftraggeber vorgegeben?
-      Welche Planungsleistungen dürfen ohne Zustimmung des Auftraggebers an Dritte weitergegeben werden?
-      Wo will der Auftraggeber auf jeden Fall mitsprechen oder mitwirken?
-      Welche Firmen sollen zur Abgabe eines Angebotes aufgefordert werden?
-      Welche Unterlagen will der Auftraggeber als Dokumentation erhalten?"

(Knipp, B.: Vertragsgestaltung und Honorierung des Generalplaners, 1999, S. 9)

Alle Fragen der Erbringung von Leistungen, der Kosten- und Termineinhaltung sowie der Haftung und Gewährleistung sind auf den Generalplaner konzentriert. Die Verantwortung des Generalplaners ergibt sich aus dem Werkvertragsrecht des Bürgerlichen Gesetzbuches, da der Generalplanervertrag, wie andere Planungs-verträge, als Werkvertrag gilt. Die nachfolgend aufgeführten Vor- und Nachteile der Generalplanung aus Sicht der Beteiligten mit durchaus unterschiedlichen Zielsetzungen sollen

-      zur Einstimmung in die „neue Rolle als Generalplaner" dienen
-      die Anschauungen und Wertungen der Beteiligten aus ihrer jeweils individuellen Sicht zeigen
-      als Hilfe zur Argumentation bei der Verhandlung des Generalplaners mit seinen Vertragspartnern dienen, insbesondere um die Vorteile der General-planung herauszustellen.

Bauherren beauftragen also einen Generalplaner, um folgende Vorteile zu errei-chen:

-      Zusammenfassung aller Leistungsbilder im Rahmen eines Planungsvertrages und damit der Verantwortung für die Planung
-      Delegation von Koordinationsaufgaben, die sie sonst selbst übernehmen müssten, an einen dafür verantwortlichen Planer
-      zeitliche und fachliche Entlastung und damit weniger Personalbedarf in der Bauherrenorganisation, dabei insbesondere ein möglichst
-      reibungsloser Planungsablauf und damit kürzere Projektdauer sowie ein
-      besseres Verhältnis zwischen Qualität der Planung und Baukosten.

Dem stehen aber möglicherweise auch folgende Nachteile gegenüber:

- erhöhtes Risiko bei der Auswahl des einen (General-)Planers; der Bauherr setzt sozusagen „alles auf eine Karte"
- zusätzliche Vergütung für das Projektmanagement des Generalplaners
- häufig geringere Transparenz in Bezug auf die Konsequenzen aus Planungsentscheidungen sowie
- zu hoher Einfluss des Generalplaners auf die gesamte Planung; der Generalplaner kann die Fachingenieure als Subplaner fachlich „dominieren".

Die Funktion des Generalplaners als Erbringer des gesamten Leistungsumfanges in der Planung und Bauleitung entspricht durchaus dem **klassischen Berufsbild** von Architekten und Ingenieuren. Erst in den vergangenen zwanzig Jahren hat sich aufgrund steigender Anforderungen eine zunehmende Spezialisierung in der Planung, beispielsweise auf Bauphysik oder Fassadenplanung, entwickelt. Nicht nur für den Bauherrn, sondern auch für den Objektplaner hat sich der Aufwand für die Koordination und Integration von Leistungen aufgrund der größeren Zahl von Spezialisierungen und damit Planungsaufträgen erhöht.

Die Argumente für die Beauftragung eines Generalplaners gelten selbstverständlich nicht nur für private, sondern genauso auch für öffentliche Bauherren.

„Angesichts des Abbaus des Personalbestandes in den **Bauverwaltungen** müssen sich deren Aufgaben zunehmend auf die Wahrnehmung der Bauherrenfunktionen konzentrieren. ... Bauherrenaufgaben, welche die Bauverwaltungen in Zukunft nicht mehr selbst zu leisten in der Lage sind, übernehmen künftig die Architekten und Ingenieure als Teil ihrer notwendigen Gesamtverantwortung für das Bauvorhaben alleinverantwortlich. ... Neben entsprechend leistungsfähigen Architektur- und Ingenieurbüros sind auch Planerarbeitsgemeinschaften zu berücksichtigen."
(Werwath, K.: Generalplaner versus Generalunternehmer, 1999, S. 30)

Die geeignete Organisationsform der Planung mit dieser vom öffentlichen Auftraggeber geforderten **Gesamtverantwortung** ist die Generalplanung.

Planer bieten Generalplanung an, um folgende Vorteile zu erreichen:
- Auswahl von aus ihrer Sicht besonders geeigneten fachlich Beteiligten
- bessere Möglichkeiten der Veranlassung und Integration von Beiträgen der fachlich Beteiligten in die Objektplanung
- bessere Einflussnahme auf die Qualität und den Umfang der Fachplanung
- weniger Aufwand bei der notwendigen Abstimmung mit einem gegebenenfalls zeitlich und fachlich überlasteten Bauherrn sowie
- Möglichkeit, das Verhältnis von Aufwand zu Honorar zu optimieren.

Daneben müssen natürlich auch andere Gesichtspunkte gesehen werden, die Nachteile darstellen können. Sie stellen die Übernahme eines wesentlich höheren wirtschaftlichen Risikos durch Aufnahme der **Fremdleistungen** in den „eigenen" Vertrag mit dem Bauherrn dar. Diese Risiken ergeben sich im einzelnen

- aus der Gesamthaftung und den damit verbundenen höheren Kosten der Haftpflichtversicherung
- aus dem meist unterschiedlichen Beginn der Gewährleistungsfristen zwischen dem Generalplanervertrag und den Verträgen mit den Subplanern
- bei eventueller Schlechtleistung oder eventuellem Ausfall eines Subplaners
- bei Rücktritt des Bauherrn vom Vertrag
- hinsichtlich der Zwischenfinanzierung von Honorarzahlungen im Innenverhältnis (besonders bei geringer Eigenkapitalausstattung) und
- im Fall unzureichender Routine des Generalplaners beim Projektmanagement, welches von manchen Planern noch immer als Widerspruch zum künstlerischen oder technischen Berufsverständnis gesehen wird.

Zur Problematik der **Zwischenfinanzierung** der Planungsleistungen durch den Generalplaner in dem Fall, dass er seinen Pflichten zur Zahlung gegenüber seinen Subplanern nachkommen muss, andererseits aber vom Bauherrn die Zahlungen verzögert werden, sei auf folgendes Risiko hingewiesen: „Sofern der Generalplaner insgesamt (Abschlags-)Zahlungen an den Fachplaner davon abhängig machen will, dass er selbst vom Bauherrn Zahlungen erhält, kann eine solche Vereinbarung nur individuell getroffen werden. Bei Anwendung des AGB-Gesetzes könnte eine solche Abhängigmachung von Zahlungen vom Verhalten eines Dritten gegen das AGB-Gesetz verstoßen." (Architektenkammer Hessen und Bayerische Architektenkammer: Generalplanung - Ein Leitfaden für Architekten, 2000, S. 57)

Aus der Sicht der Subplaner ergibt sich ein ähnlich differenziertes Bild beim Einsatz eines Generalplaners. Zu den Vorteilen ist zu rechnen, dass

- die rechtzeitige Einbeziehung in die Planung häufig eher gewährleistet ist
- der Generalplaner als Auftraggeber im Allgemeinen mehr Erfahrungen in der Bauplanung als die meisten Bauherren hat
- der Generalplaner den Subplanern das Projektmanagement abnehmen und sie in diesem Sinne entlasten kann
- für die Fachplaner als Subplaner der Akquisitionsaufwand für ihr Büro verringert wird.

Als Nachteile können entgegenstehen:

- der direkte Kontakt zum Bauherrn wird eingeschränkt oder ist sogar teilweise gar nicht vorhanden
- der Generalplaner kann durch seine Position als Hauptauftragnehmer seine Subplaner, i. d. R. Fachingenieure, fachlich dominieren
- Auseinandersetzungen bezüglich der Honorierung und Haftung sind nicht selten.

11. Projektmanagement in der Ausführung

Die Unternehmenseinsatzformen der **ausführenden Firmen** und ihre jeweiligen Funktionen haben sich in den letzten Jahren stark verändert. War es zunächst die Entwicklung von der Arbeitsteilung zur Gesamtleistung im eigenen Unternehmen, z. B. als Generalunternehmer oder Totalunternehmer, so ist inzwischen ein Trend von der Gesamtleistung zur Arbeitsteilung mit Schwerpunkten in der Dienstleistung festzustellen. Dazu gehört vorzugsweise das Projektmanagement umfassender Leistungen, verbunden mit der Beauftragung wesentlicher Teile oder sogar der vollständigen Bauleistungen an Nachunternehmer, z. B. als Totalübernehmer. Die Ursachen dieser Entwicklungen liegen in der Struktur der Bauwirtschaft an sich, in der konjunkturellen, dabei stärker international geprägten Entwicklung und im veränderten Verhalten der Bauherren gegenüber ihren Auftragnehmern begründet.

11.1 Sparten der Bauproduktion

Für die Aufteilung der Bauwirtschaft nach **Sparten** gibt es keine allgemein gültige Struktur. Im engeren Sinne werden nur die unmittelbar baubeteiligten Unternehmen unter dem Begriff Bauwirtschaft erfasst. Dieser lässt sich wiederum unterteilen in das Bauhauptgewerbe und das Baunebengewerbe, das seinerseits in das Ausbau- und Bauhilfsgewerbe gesplittet ist. Im Rahmen der Vergabe von Bauleistungen werden diese üblicherweise nach Gewerken unterschieden. Unter einem Gewerk ist ein Zweig des Bauhandwerkes zu verstehen, z. B. Dachdeckerarbeiten.

11.2 Produktionsablauf und -organisation

Um die Bedeutung des Projektmanagement für die ausführenden Firmen zu verdeutlichen, werden zunächst einige Besonderheiten der Bauwirtschaft erläutert; dazu gehören die folgenden Aspekte.

Die Initiative zum Bauen geht grundsätzlich von den Bauherren aus. Sie bestimmen entsprechend der Nachfrage nach z. B. Wohnraum oder Büroflächen den Ort und die Termine der Ausführung und das Bauvolumen. In vielen Bereichen besteht für die ausführenden Firmen eine besondere Abhängigkeit vom öffentlichen Bauherrn und dessen jeweiliger Haushaltslage, z. B. beim Verkehrswegebau.

Die Vorgabe von Mengen und Qualitäten der Bauleistungen erfolgt durch die Planer des Bauherren in Form der **Leistungsbeschreibungen**. Die rechtlichen Vertragsinhalte werden durch den Bauherrn als Auftraggeber bestimmt. Um einen Bauauftrag zu erlangen, müssen sich die Bieter einem Preiswettbewerb unterwerfen. Dafür erstellen sie ihre Kalkulation vorab und können sie das Verhalten der Konkurrenz nicht einschätzen. Gleichzeitig müssen sie für eine aussichtsreiche

Bewerbung als Nachweis der Leistungsfähigkeit in umfangreichem Maße Kapazitäten, wie beispielsweise Personal und Gerät vorhalten. Dies wird als Bereitstellungsgewerbe bezeichnet.

Bauwerke werden überwiegend in Einzelfertigung erstellt. Durch die Fertigung nach Beauftragung als Auftragsfertigung besteht während der gesamten Durchführung durch den Bauvertrag eine enge Bindung an den Auftraggeber. Bauleistungen werden zum großen Teil vor Ort in Form der **Baustellenfertigung** erbracht. Die Arbeit an immer neuen und unterschiedlichen Standorten bedingt einen großen Aufwand für den Transport der Baustoffe und Bauteile.

Der (Fremd-)Kapitalbedarf während der Durchführung einerseits und die zunehmend schlechte **Zahlungsmoral** der Auftraggeber andererseits belasten den wirtschaftlichen Erfolg, auch bei technisch und organisatorisch hoher Leistungsfähigkeit, erheblich. Erschwerend für den notwendigen Einsatz selbständiger und qualifizierter Arbeitskräfte sind die durch Witterung und Schmutz wenig attraktiven Arbeitsplätze bei den gewerblichen Arbeiten und infolgedessen die Schwierigkeit, geeignetes Fachpersonal zu finden oder auszubilden.

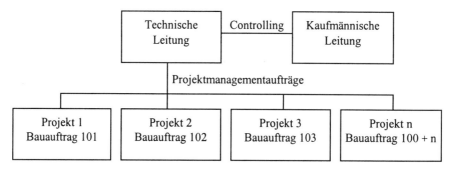

Abb. 11-1   Bauaufträge als Projekte im Verständnis der Projektwirtschaft ausführender Firmen

Hat der Bauherr noch einen vergleichsweise großen Spielraum bei der Gestaltung seines Projektes, so werden den ausführenden Firmen zum einen die entscheidenden Projektbedingungen durch den **Bauvertrag** vorgegeben. Zum anderen kann der Bauherr im Fall von Nebenangeboten aber auch günstige Alternativen der anbietenden Firmen bei seinem Projekt berücksichtigen. Unter diesen Umständen müssen sie ihre wirtschaftlichen Zielsetzungen, bestehend in der optimalen Kombination ihrer Einsatzfaktoren bei der Durchführung mehrerer Bauaufträge zu gleicher Zeit, erreichen (vgl. Abbildung). Maßstab für den Erfolg der aus-führenden Firmen ist die Differenz aus dem Auftragswert einerseits und z. B. Löhnen, Materialverbrauch, Einsatz von Geräten und Schalungsmaterial, Transportleistungen, Fremdleistungen sowie Baustellen- und Allgemeinen Geschäftskosten andererseits.

Das Projektmanagement auf der Seite der ausführenden Firmen wird auch als Projektwirtschaft bezeichnet. **Projektwirtschaft**, auf das einzelne Fachunternehmen und die von ihr üblicherweise erbrachten Bauleistungen bezogen, beinhaltet zunächst einmal das Verständnis, dass jeder einzelne Bauauftrag als eigenständiges Projekt angesehen wird. So zerfällt das Gebäude des Auftraggebers als dessen Projekt in zahlreiche eigenständige Projekte aus der Sicht der ausführenden Firmen in ihrer Funktion als Auftragnehmer. Dabei gelten grundsätzlich gleichartige Bedingungen für die Durchführung, wie zeitliche, finanzielle, personelle und andere Begrenzungen.

Stehen für die Ausführung von Bauleistungen Leistungsbeschreibungen zur Verfügung, die vollständig und eindeutig sind, dann kann sich die ausführende Firma auf den preisbewussten Einkauf von Personal und Gerät konzentrieren. Die Projektwirtschaft besteht im Idealfall in der kosten- und terminbewussten Lösung einer verhältnismäßig klar umrissenen Aufgabe. **Projekt** ist entweder der einzelne Auftrag oder die einzelne Baustelle.

Ziel der ausführenden Firmen ist es demzufolge, die einzelnen Verträge termingerecht, frei von Mängeln und mit geringen Selbstkosten und gleichmäßiger Auslastung ihrer Kapazitäten zu erfüllen. Insofern ist Projektwirtschaft im wesentlichen auf die **Optimierung der Ausführung** meist mehrerer gleichzeitig zu bearbeitender Projekte gerichtet.

Da die Bauherren als Nachfrager von Bauleistungen sowohl den Ort, die Zeit, die Qualität als auch den rechtlichen Vertragsinhalt der Leistungen bestimmen, sind die Möglichkeiten der ausführenden Firmen, ihre Arbeit und Auslastung zu optimieren, eingeschränkt.

An die terminliche Koordination durch die ausführende Firma sind im Vergleich zur Planung höhere Anforderungen zu stellen, weil im Unterschied zur Planung die Leistungen der Ausführung stärker voneinander abhängig sind. Dies betrifft z. B. die Beschaffung und den Transport der Baustoffe und -teile oder Fertigungsabläufe. Besondere Bedeutung hat der zeitliche Aspekt insofern, als die ausführenden Firmen mit einem hohem Anteil an Fremdkapital arbeiten und ihre Leistungen, beginnend von der Angebotskalkulation bis zur Fertigstellung, zu einem hohen Anteil zwischenfinanzieren müssen.

Besondere Anforderungen an die Projektwirtschaft sind dann gestellt, wenn weitere Betriebe zu koordinieren sind, dies ist gegenüber **Nachunternehmern** immer und bei der Übernahme von Aufgaben als Generalunternehmer in besonderem Maße der Fall. Die ausführende Firma übernimmt dann i. d. R. Funktionen des Auftraggebers in Form von Ausschreibung und Vergabe, Koordination sowie Überwachung, Abrechnung und Abnahmen der Leistungen gegenüber dem jeweiligen Nachunternehmer.

Nachunternehmer werden eingesetzt, um ergänzende Gewerke, Spezialkenntnisse oder Spezialgeräte einzubinden, das eigene Personal gering zu halten sowie fachlich oder räumlich fehlende Kapazitäten zu ersetzen. Häufig ist es darüber hinaus ganz einfach kostengünstiger und flexibler, mit Nachunternehmern zu arbeiten, als eigene Kapazitäten zu halten oder aufzubauen.

So steigt mit der Anzahl von Nachunternehmern und deren Anteil am Bauauftrag der Vorbereitungs-, Führungs- und Koordinationsaufwand erheblich. Die Erfüllung von Leistungen der Projektwirtschaft wird letztlich zum Schlüssel des Erfolgs.

11.3 Einzelleistungsträger in der Ausführung

Bei der Vergabe nach Einzelgewerken erfolgt die Beauftragung von Bauleistungen an eine Vielzahl von **Fachunternehmen**. Zu den Fachunternehmen als **Einzelleistungsträgern** zählen einerseits Handwerksbetriebe und andererseits Baufirmen bis hin zu Baukonzernen. Während Handwerksbetriebe überwiegend kleinere bis mittlere Aufträge ihres Gewerkes in Einzelfertigung und mit geringem Maschineneinsatz ausführen, übernehmen größere Baufirmen regional und überregional Leistungen meist mehrerer Gewerke, z. B. den vollständigen Rohbau. Aus Sicht des Bauherrn ist hierbei entscheidend:

-     seine Planer erstellen die Leistungsbeschreibungen nach Gewerken getrennt
-     er kann auf der Grundlage eines Preiswettbewerbes für jedes einzelne Gewerk die nach seinen Kriterien am meisten geeignete Firma auswählen
-     er schließt mit jedem Fachunternehmer direkt einen Bauvertrag ab und
-     er nimmt die Leistungen jedes Bauvertrages einzeln ab.

Diese Aufteilung in zahlreiche spezielle Funktionen hat im Gegensatz zur Beauftragung eines **Gesamtleistungsträgers** (vgl. folgenden Abschnitt 11.4 Gesamtleistungsträger in der Ausführung) eine Reihe von Vorteilen, wozu folgende Punkte zu rechnen sind:

-     jeder Beteiligte kann auf dem Gebiet und in der Funktion tätig sein, auf dem Qualifikation und Erfahrungen erworben wurden
-     die Risiken, vor allem in wirtschaftlicher Hinsicht, sind auf mehrere Beteiligte verteilt und somit sowohl für den einzelnen wie für das Projekt insgesamt geringer und
-     der Wettbewerb unter den Planern und ausführenden Firmen erlaubt es dem Auftraggeber, die jeweils besonders geeigneten Partner bei jedem Projekt neu auszuwählen und somit eine hohe Flexibilität der Zusammenarbeit zu erreichen.

Diese auch als herkömmlich bezeichnete Organisation, getrennt nach den Funktionen Bauherren, Planer und ausführende Firmen, letztere vor allem als Einzelleistungsträger und Fachunternehmen, wird aber auch in Frage gestellt. Als Positionen werden u. a. formuliert:

- die von Architekten und Ingenieuren erstellte Planung sei nicht ausführungsgerecht oder nicht wirtschaftlich
- die ausführenden Firmen hätten darüber hinaus zu selten die Möglichkeit, ihre Fachkenntnisse und Erfahrungen einzubringen
- die Bauherren kommen ihren Aufgaben, z. B. im Bereich der Koordination, nicht im notwendigen Umfang nach, haben unrealistische Terminvorstellungen und gestehen speziell den ausführenden Firmen nicht genügend Zeit für Angebotskalkulation und Arbeitsvorbereitung zu.

Deshalb ist ein Teil der Unternehmen dazu übergegangen, über die Bauleistungen hinaus auch Planungsleistungen bis hin zu Bauherrenaufgaben zu übernehmen und damit letztlich selbst als **Nachfrager** tätig zu werden.

Mit der Ausweitung der Unternehmensform und der Übernahme mehrerer Funktionen steigt der Anteil des Projektmanagements, durch die Beauftragung von Nachunternehmern bis hin zur Konzentration ausschließlich auf das Projektmanagement durch Generalübernehmer oder Bauträger, überproportional. Gleichzeitig erhöhen sich auch die **Risiken** in technischer, wirtschaftlicher und rechtlicher Hinsicht einschließlich des Absatzrisikos.

Viele Unternehmen haben bei der Ausweitung ihres ursprünglichen Kerngeschäftes, z. B. vom Fachunternehmer bis zum Developer, leidvolle Erfahrungen sammeln müssen, weil sie die erforderliche Erfahrung in dem neuen Schwerpunkt Projektmanagement unterschätzt hatten oder es sich nicht schnell genug erarbeiten konnten.

11.4 Gesamtleistungsträger in der Ausführung

Um den schwierigen Bedingungen bei der Ausführung von Bauleistungen unter den oben beschriebenen Voraussetzungen zu entgehen und um in geringerem Maße von den Auftraggebern und ihren Planern abhängig zu sein, haben viele ausführende Firmen sich in den letzten Jahrzehnten verstärkt als **Gesamtleistungsträger** deren Aufgaben angenommen und sich auf Dienstleistungen ausgerichtet. Das bedeutet, dass sie über die Bauleistungen hinaus, teilweise anstelle von Bauleistungen, Aufgaben der Bauherren, Planer und Betreiber in ihre Verantwortung übernommen haben. Dies sind insbesondere folgende Aufgaben der

- Bauherren, durch die eigenständige Übernahme von Projektentwicklung
- Planer, durch die Ergänzung der Bauleistungen um Architekten- und Ingenieurleistungen in der Planung und Überwachung als Generalunternehmer und Totalunternehmer
- Betreiber, durch die Erweiterung der oben genannten Aufgaben um das Objektmanagement.

Für alle erweiterten Leistungsbilder bzw. für die erfolgreiche Wahrnehmung der damit entstehenden Unternehmenseinsatzformen hat das Projektmanagement, hier als **Projektwirtschaft**, im Vergleich zu den Fachleistungen, z. B. Rohbauarbeiten, ein deutlich höheres Gewicht. Dabei reichen die Formen erweiterter Leistungen vom Angebot von Bauleistungen, welche die eigenen Kapazitäten übersteigen, bis hin zur vollständigen Planung und Ausführung ganzer Bauwerke. Der Schwerpunkt der nachfolgenden Ausführungen liegt auf den Unternehmenseinsatzformen Generalunternehmer und Totalunternehmer, zusätzlich werden zunächst kurz die Bieter- und Arbeitsgemeinschaften erläutert, bei denen das Projektmanagement ebenso eine entscheidende Bedeutung hat.

Arbeitsgemeinschaften

Arbeitsgemeinschaften eröffnen auch mittelständischen Bauunternehmen die Chance, Zugang zu Großprojekten oder neuen Aufgabenfeldern wie Spezialbauten zu erhalten und durch gemeinsame Angebote bessere Chancen im Wettbewerb zu erreichen. Aus der Sicht ausführender Firmen sprechen folgende Gründe für die Bildung einer Arbeitsgemeinschaft (ARGE):

- Zusammenschluss überregional tätiger Großfirmen mit ortsansässigen Firmen, dabei Arbeitsteilung nach Orts- bzw. Fachkenntnissen

- Addition der Kapazitäten mehrerer Baufirmen, insbesondere bezüglich des Fachpersonals

- Risikostreuung bei Angebot und Durchführung

- bessere Kapazitätsauslastung, wichtig vor allem bei Großaufträgen sowie Anschlussaufträgen

- aus Sicht kleiner Unternehmen wird die Mitwirkung an großen und technisch komplexen Bauvorhaben möglich.

(Rußig, V. u. a.: Branchenbild Bauwirtschaft, 1996, S. 15)

Arbeitsgemeinschaften entsprechen in besonderer Weise einem Projekt. Denn für die Dauer des Auftrages werden die hierfür abgestellten Kapazitäten der beteiligten Unternehmen auf eine extra dafür gegründete rechtlich selbständige Gesellschaft übertragen. Diese hat in der Regel die Form einer BGB-Gesellschaft. Sie bedarf einer eigenständigen **Projektorganisation**, die ausschließlich für das zeitlich begrenzte Projekt gültig ist. Mit Abschluss des Projektes wird nicht nur die Projektorganisation, sondern auch die Gesellschaft wieder aufgelöst.

Durch die Bildung von Arbeitsgemeinschaften haben ausführende Firmen die Chance, auch bei geringer eigener Kapazität dennoch große Projekte zu bearbeiten. Nicht zu unterschätzen ist allerdings die für den einzelnen ARGE-Partner größere Haftung, denn er haftet gegenüber dem Bauherrn bei Ausfall des Partners oder der Partner für das ganze Werk. Die Zusammenfassung, Organisation und Leitung der eigenen und der hinzu gekommenen Kapazitäten ist eine anspruchsvolle Aufgabe im Projektmanagement.

Unternehmenseinsatzformen und Funktionen

Die nachfolgende Übersicht zeigt mit Angabe der jeweiligen **Unternehmenseinsatzform** die wesentlichen Funktionen, die von ausführenden Firmen übernommen werden können:

Unternehmenseinsatzformen und Funktionen	Produzierender Betrieb	Ausführende Firma	Planer	Bauherr
Projektentwickler als Developer	-	+ 1)	+ 1)	+
Totalunternehmer (Totalübernehmer) 5)	-	+ 2)	+ 1)	-
Generalunternehmer (Generalübernehmer) 5)	-	für alle Gewerke + 1)	- 3)	-
Fachunternehmer	- 4)	für einzelne Gewerke	-	-
Baustoffhersteller	liefert Baustoffe	-	-	-

Abb. 11-2   Unternehmenseinsatzformen und ihre Funktionen

Erläuterung: +   hauptsächliche Funktion
-     Funktion wird nicht oder selten wahrgenommen

1)   übernimmt Leistungen verantwortlich (Außenverhältnis) und nimmt Aufgaben des Projektmanagement wahr; vergibt unabhängig davon Teile der Leistungen an Subunternehmer (Innenverhältnis)
2)   Leistung wird häufig als Schlüssel-Fertig-Bau (SFB) bezeichnet
3)   häufig Übernahme von Teilleistungen der Planer (Koordination der Gewerke, Ausführungsplanung bei Leistungsbeschreibung mit Leistungsprogramm) durch den Generalunternehmer
4)   teilweise Herstellung von Baustoffen
5)   Generalübernehmer und Totalübernehmer erbringen Leistungen nicht selbst, sondern vergeben diese an Nachunternehmer

Die auch als erweitertes Dienstleistungskonzept bezeichnete **Projektwirtschaft** im Rahmen oben gezeigter Unternehmenseinsatzformen ist durch die folgenden Anstrengungen gekennzeichnet:

„1.   Das Bauunternehmen versucht, den gesamten Bauprozess einschließlich der Grundstücksbeschaffung, der Planung, Projektentwicklung und Finanzierung sowie das Betreiben als jeweils eigenständige Geschäftsfelder in den Blick zu nehmen.

2. Die klassische Bauausführung im Rohbau bis hin zum Ausbau verliert an Bedeutung und wird mehr und mehr an Subunternehmer übertragen.

3. Vor allem die Projektentwicklung ist markt- und kundenorientiert und richtet sich auf den Grundstücks-, Nutzer-, Investoren- und Arbeitsmarkt.

4. Es werden neue Management-Techniken angewendet, z. B. Lean-Management, die sich auf die Steuerung der gesamten Wertschöpfungskette richten.

5. In den jeweiligen Wertschöpfungsstufen werden die Eigenanteile reduziert, um sich gleichzeitig der Steuerung der gesamten Wertschöpfungskette zu widmen." (Schütt, B.: Die Bauwirtschaft im Umbruch, 1996, S. 15)

Die Besonderheiten der Organisation ausführender Firmen und die Bedeutung der Projektwirtschaft lassen sich am besten am Beispiel der Unternehmenseinsatzformen Generalunternehmer und Totalunternehmer darstellen.

Unternehmermodelle

„Als **Generalunternehmer** wird derjenige Hauptunternehmer bezeichnet, der sämtliche für die Herstellung eines Bauwerkes erforderlichen Bauleistungen zu erbringen hat und wesentliche Teile hiervon selbst ausführt."

(Bundesminister für Raumordnung, Bauwesen und Städtebau (Hrsg.): Vergabehandbuch ..., 1973, § 8A, 13.2)

Die als wesentlich bezeichneten Teile des gesamten Bauwerkes sind in den meisten Fällen im Hochbau die Rohbauarbeiten. Sie betragen gemessen am Wert eines Bauwerkes etwa ein Drittel der zu beauftragenden Gesamtleistung. Bei höherem technischen Ausstattungsgrad nimmt dieser Anteil entsprechend ab. Der Generalunternehmer ist für die beauftragten Leistungen der ausschließliche Vertragspartner des Bauherrn, und er hat als **Hauptunternehmer** sämtliche Aufgaben im eigenen Namen wahrzunehmen.

Übernehmen ausführende Firmen mit einem Bauvertrag über ihre Sparte oder ihre Kapazität hinaus Leistungen, so sind damit in besonderem Maße Aufgaben aus dem Projektmanagement verbunden. Denn sie haben selbst in einer dem Auftraggeber vergleichbaren Weise diejenigen Leistungen, welche sie nicht selbst ausführen

- auszuschreiben und die Angebote der Bewerber zu bewerten
- Verträge mit Nachunternehmern abzuschließen
- die Nachunternehmer zu koordinieren und deren Leistungen zu überwachen.

Bezüglich dieser und anderer Aufgaben ist der Generalunternehmer vergleichbar einem Bauherrn in seiner Funktion als Auftraggeber. Dabei ist die damit entstehende Stellung zwischen dem Bauherrn, der nun als Hauptauftraggeber fungiert, und den eigenen Nachunternehmern noch schwieriger, weil Organisationsstrukturen, Vertrag und Termine vom Hauptauftraggeber vorgegeben werden.

Ein hohes **Risiko** liegt für den Unternehmer in der Haftung gegenüber dem Hauptauftraggeber für den vollen Umfang aller vertraglich vereinbarten Leistungen. So ist vom Auftragnehmer der Herstellungsprozess angemessen zu überwachen und das Werk vor Abnahme zu prüfen. Er hat für alle Mängel und Schäden einzustehen, die daraus resultieren, dass er den Herstellungsprozess nicht richtig überwacht bzw. nicht richtig organisiert hat und der Mangel bei richtiger Organisation entdeckt worden wäre.

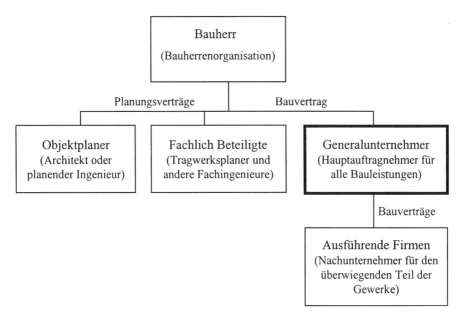

Abb. 11-3   Stellung des Generalunternehmers innerhalb der Projektorganisation

Aber auch für den Bauherrn besteht beim Einsatz eines Generalunternehmers oder Generalübernehmers ein höheres Risiko als beim Einsatz von mehreren Fachunternehmen, denn schafft der Hauptauftragnehmer, was aufgrund von Fehlern im Projektmanagement durchaus häufig vorkommt, die termin- oder mangelfreie Herstellung nicht oder geht er sogar in Konkurs, so sind die daraus entstehenden Probleme größer und wesentlich schwerer zu beheben.

Der Generalunternehmer verkörpert in seiner Rechtsperson alle Zuständigkeiten und Verantwortlichkeiten für die ihm beauftragten Leistungen. Er ist der einzige Hauptunternehmer und trägt die volle Verantwortung für die von ihm eingesetzten Nachunternehmer bezüglich der Vertragsleistungen.

Die vom Generalunternehmer beauftragten **Nachunternehmer** sind dessen Erfüllungsgehilfen, deshalb haftet der Generalunternehmer auch für die frist- und fachgerechte Erfüllung der von den Nachunternehmern zu erbringenden Leistungen einschließlich der Gewährleistung.

„Grundsätzlich gilt als Ziel der Vergabe von Aufträgen an Subunternehmer die bessere Nutzung von Spezialwissen und Spezialgeräten; der Hauptauftragnehmer kann sich auf sein Kerngeschäft konzentrieren. Außerdem muss er einen geringeren Bestand an festen Arbeitskräften (Stammbelegschaften) vorhalten und kann auch den - gesellschaftlich kritisch betrachteten - Einsatz von ausländischen Niedriglohnarbeitskräften auf Dritte verlagern."
(Rußig, V. u. a.: Branchenbild Bauwirtschaft, 1996, S. 117)

Die Beauftragung eines Generalunternehmers kann grundsätzlich auf der Grundlage unterschiedlicher Planungstiefen erfolgen. Es kommen als Voraussetzung für eine Beauftragung sowohl eine Leistungsbeschreibung mit Leistungsprogramm als sogenannte Funktionalausschreibung als auch eine Leistungsbeschreibung mit Leistungsverzeichnis in Frage. Als Mindestvoraussetzung ist eine vollständige und eindeutige Aufgabenstellung zu sehen, die in eine Leistungsbeschreibung mit Leistungsprogramm mündet.

Bei der **Leistungsbeschreibung mit Leistungsprogramm** „wird vom Auftraggeber nur der Rahmen oder das Programm der gewünschten Bauleistung angegeben, wobei er es dem Bieter überlässt, bei der Angebotsbearbeitung den Rahmen oder das Programm dadurch auszufüllen, dass sie, jedenfalls zum Teil auch im Wege der Planung, die erforderlichen Leistungseinzelheiten nach ihrer Vorstellung erarbeiten und dann in ihrem Angebot abgeben. Danach handelt es sich vom Ergebnis her gesehen nicht mehr um eine Leistungsbeschreibung, die in der erforderlichen vollständigen Form von Auftraggeberseite vor Beginn des Bauvergabeverfahrens in einer Weise ausgearbeitet wird, dass die Bieter bzw. Bewerber nur noch die von ihnen verlangten Preise einzusetzen haben (vgl. § 6, Nr. 1 VOB/A)." (Ingenstau, H. und Korbion, H.: VOB Verdingungsordnung für Bauleistungen A und B, 2000)

Leistungsstörungen sind vom Generalunternehmer terminlich und kostenmäßig aufzufangen, sofern diese nicht durch Änderungswünsche des Bauherrn nach Beauftragung ausgelöst wurden oder sofern nicht Mängel der Leistungsbeschreibung offensichtlich vorliegen und diese die Leistungsstörungen verursachen.

Die Angebote von Generalunternehmern enthalten nicht nur Kosten der Bauleistungen, sondern zusätzlich einen sogenannten **Generalunternehmerzuschlag**. Dieser beträgt nach Kenntnis des Verfassers etwa 15 bis 20 % bei Beauftragung nach Vorplanung bzw. Leistungsbeschreibung mit Leistungsprogramm und im Mittel etwa 10 bis 12 % bei Beauftragung nach Ausführungsplanung bzw. Leistungsbeschreibung mit Leistungsverzeichnis und wird für die auch als Regiekosten bezeichneten Koordinationsleistungen erhoben.

Diese **Regiekosten** stehen für die Übernahme von Leistungen des Projekt-management im Rahmen der Projektwirtschaft und von Risiken in der Durch-führung der Bauleistungen im Rahmen der vertraglich vereinbarten Garantien wie garantierter Termin und garantierte Kosten, meist in Form eines Pauschal-vertrages.

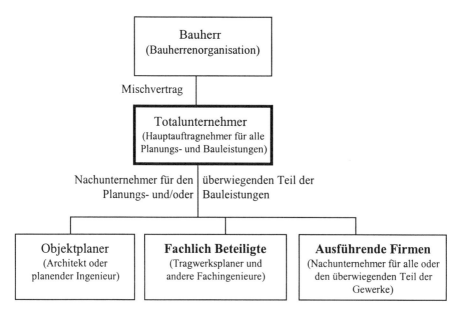

Abb. 11-4   Stellung des Totalunternehmers innerhalb der Projektorganisation

Bei Einsatz eines Totalunternehmers hat der Auftraggeber die Möglichkeit, die Koordination und Steuerung der Projektbeteiligten auch auf der Seite der Planung auf diesen zu übertragen. Ansonsten verringern sich seine Aufgaben nicht grund-sätzlich, abgesehen davon, dass sie auf einen Vertrag statt sonst zahlreicher Verträge zusammengefasst werden und eine Vielzahl von Schnittstellen für den Bauherrn entfällt. Die grundsätzlichen Entscheidungen des Bauherrn bezüglich der Projektziele, die Prüfung und Abnahme der beauftragten Leistungen als Ganzes und die Pflicht der fristgerechten Mittelbereitstellung bleiben bestehen. Das unternehmerische Risiko, das er mit dem Bauvorhaben als ganzes eingeht, bezogen z. B. auf die Vermietung, bleibt natürlich bestehen. Andererseits setzt er mit der Beauftragung eines Auftragnehmers mit großem Leistungsumfang alles „auf eine Karte".

Übernehmermodelle

In der Durchführung von Großprojekten erfahrene Firmen entwickeln gerade auf dem Gebiet der Projektwirtschaft ihre Kernkompetenz, sie bestehen im äußersten Fall aus einer **Projektmanagement-Gesellschaft** und haben fast nur noch für die

Auftragsbeschaffung und das Projektmanagement eigenes Fachpersonal. Für jedes neue Projekt werden dann alle Bauleistungen und erforderlichenfalls auch Planungsleistungen durch Nachunternehmer erbracht.

Die Funktion eines **Generalübernehmers**, welcher keine Bauleistungen selbst ausführt, sondern im vollen Umfang an Nachunternehmer vergibt, besteht ausschließlich im Projektmanagement der Bauaufgabe. Dieses Projektmanagement enthält Aufgaben sowohl von der Bauherrenseite, z. B. Abschluss der Verträge, als auch aus den Leistungsbildern der Planer, soweit es z. B. um die Koordination und Überwachung von Bauleistungen geht.

„Im Gegensatz zum Generalunternehmer, der wesentliche Teile der verlangten Bauleistung selbst im eigenen Betrieb auszuführen hat, handelt es sich bei dem Generalübernehmer um ein Unternehmen, das den gesamten Bauauftrag vom Bauherrn übernimmt, ohne jedoch selbst Bauleistungen auszuführen. Die Bauleistung wird vielmehr in der Regel voll und ganz an einzelne Nachunternehmer vergeben (Bauleistungshändler)."
(Hofmann, O. und Frickell, E.: Die Vergabe öffentlicher Bauleistungen, 1985)

Entsprechend handelt es sich bei einem Unternehmen, das abgesehen vom Projektmanagement alle Planungsleistungen und alle Bauleistungen an Nachunternehmer vergibt, um einen **Totalübernehmer**. Ist der (General- oder)Totalübernehmer nicht in der Lage, das Projekt vertragsgemäß durchzuführen, z. B. im Fall des Konkurses, ist der Schaden vor allem für den Auftraggeber unvergleichlich viel größer, als wenn dieser bei der Beauftragung zahlreicher Firmen oder Planer in einem Einzelfall Probleme mit einem seiner Auftragnehmer hat. Insofern sind aus Sicht des Bauherrn die Fähigkeiten der ausführenden Firma im Projektmanagement auch mit Rücksicht auf seine eigenen Fähigkeiten auf diesem Gebiet das entscheidende Kriterium für deren Beauftragung.

12. Inbetriebnahmeorganisation

Die **Inbetriebnahme** von Gebäuden oder anderen Bauwerken ist Teil des Projektmanagement und bildet vorerst dessen Abschluss. Weitere Projekte fallen an, wenn Gebäude modernisiert, saniert, umgebaut oder schließlich abgebrochen und beseitigt werden. Nach der Inbetriebnahme ist das Gebäude in Abgrenzung zum Projektmanagement Gegenstand des Objektmanagement, häufig auch als Gebäudemanagement bezeichnet.

Inbetriebnahme ist die Organisation des Betriebsgeschehens sowie die Voraussetzung für die Planung und Vorbereitung der Inbetriebnahme parallel zur Planung und Ausführung des Gebäudes. Zwischen der Termin- und Kapazitätsplanung und dem Vertragsmanagement für das Bauprojekt sowie der Inbetriebnahme bestehen zahlreiche Abhängigkeiten und Wechselwirkungen. Hierauf wird beispielhaft im Abschnitt 12.2 Inbetriebnahme der Technischen Anlagen eingegangen.

Die Inbetriebnahme soll schon aus wirtschaftlichen Gründen kurzfristig nach der **Fertigstellung des Gebäudes** und in möglichst kurzer Zeit geschehen, weil

- im fertiggestellten Gebäude Kapital gebunden ist und dieser Investition so schnell wie möglich Erlöse beispielsweise in Form von Mietzahlungen für eine Nutzung gegenüberstehen müssen (return on investment)

- ein vorübergehend gleichzeitiger Betrieb im alten und im neuen Gebäude doppelte Nutzungskosten verursacht und für einzelne Funktionen zusätzliche Wege zwischen den Gebäuden anfallen

- die Inbetriebnahme zu einer möglichst kurzen Unterbrechung der Nutzung führen soll; im Idealfall erfolgen der Betriebswechsel und die operative Inbetriebnahme über Nacht oder an einem Tag, in der Regel als „Tag x" bezeichnet.

Um so mehr ist eine frühzeitig begonnene und durchaus mit einem gewissen Aufwand betriebene Planung und Vorbereitung der Inbetriebnahme gerechtfertigt. Die Inbetriebnahme des Gebäudes ist dabei von einer vollständigen Planung der betrieblichen Organisation des **Betriebsgeschehens** abhängig. Diese soll grundsätzlich auch in die Leistungsphase 1. Grundlagenermittlung eingehen. Tatsächlich haben aber die Nutzer häufig keine Gelegenheit, ihre Anforderungen zu dieser Zeit einzubringen oder diese ändern sich in der Zwischenzeit. So muss der Planung der Inbetriebnahme die erstmalige oder wiederholte Erhebung der Nutzeranforderungen vorausgehen.

Die Vorbereitung und Durchführung der Inbetriebnahme kann bei größeren Projekten als eigenständige Aufgabe angesehen werden, wobei durchaus die Freistellung eines Bauherrenvertreters ausschließlich zu diesem Zweck angemessen ist oder die Beauftragung eines externen **Inbetriebnahme-Fachmannes** gerechtfertigt sein kann. Denn oft ist eine Betriebsunterbrechung von nur wenigen Tagen teurer als das Honorar für diesen Fachmann.

12.1 Planung und Vorbereitung der Inbetriebnahme

Für die Planung einer Inbetriebnahme sind zahlreiche Anforderungen und Voraussetzungen sowohl aus dem Betriebsgeschehen als auch aus dem Bauvorhaben zu berücksichtigen; es kommt auf folgende **Aufgaben der Inbetriebnahme** an:

-    Betriebs- und Personalplanung
-    Ausarbeitung von Betriebsanweisungen
-    Aufstellung von Schulungs- und Qualifizierungskonzepten
-    Personalbeschaffung
-    Schulung und Qualifizierung
-    Beschaffung von Ausstattungen
-    Übernahme von Räumen
-    Übernahme von Gerät
-    Übernahme von Steuerungs- und Kommunikationsanlagen
-    technische Probeläufe, technische Inbetriebnahme
-    Abnahmen von Bau- und Lieferleistungen
-    Übernahme von Dokumentationen
-    operationale Inbetriebnahme: Probebetrieb
-    Umzug und
-    Betriebsaufnahme.

Diese Maßnahmen können im Sinn einer Termin- oder **Ablaufplanung** als Vorgänge verstanden werden und zur Ermittlung der gesamten Dauer und des kritischen Weges als Netzplan dargestellt werden (vgl. Kapitel 8 Termin- und Kapazitätsplanung).

Auf die unmittelbar mit dem Gebäude zusammenhängenden Aufgaben wird in den Abschnitten 12.2 Inbetriebnahme der technischen Anlagen sowie 12.3 Vorbereitung und Durchführung des Umzuges eingegangen. Hierbei sind der Inbetriebnahmefachmann, die Architekten und Ingenieure der Bauüberwachung sowie der für den Umzug Verantwortliche gefordert.

In Bezug auf die mit der Inbetriebnahme notwendigen Umstellung der Betriebsabläufe im Gebäude und des neuen Umfeldes, z. B. Kunden oder Publikum, ist das Mitwirken des Personals sicherzustellen und zu organisieren.

Öffentlichkeitsarbeit

Handelt es sich um ein öffentliches oder vielen anderen Personen zugängliches Gebäude, z. B. Universitätsgebäude, Krankenhaus, Gewerbezentrum, dann sind Öffentlichkeit oder Kunden- und Besucherkreis rechtzeitig zu informieren und bei der Nutzung des neuen Gebäudes zu unterstützen. Hierzu gehören:

-    Hinweis auf Betriebsverlagerung und gegebenenfalls eine vorübergehende Betriebsunterbrechung

-   Mitteilung der neuen Adresse und Verteilung von Informationsmaterial, z. B. Lageplan, Telefonliste
-   Werbung unter Angabe des neuen Gebäudes oder Standortes
-   Eröffnungsfeier
-   Presseinformationen sowie
-   Aufrechterhaltung einer Information am alten Standort und Umleitung von Post, Telefon u. a. für eine gewisse Zeit.

Personal der nutzenden Organisation

Das Mitwirken des Personals der **nutzenden Organisation** sowohl bei der Vorbereitung als auch besonders bei der Durchführung einer Inbetriebnahme ist unverzichtbar. Die damit verbundene zusätzliche Belastung des Personals ist abzuschätzen und durch Arbeitszeitregelungen sowie kapazitative Unterstützung auszugleichen. Am Beispiel von Projekten im Krankenhausbau sind zu berücksichtigen und im Grundsatz bei anderen Nutzungen ähnlich anzutreffen:

„-   Sicherstellung der Krankenhausversorgung und des Klinikbetriebes während der gesamten Inbetriebnahmephase in den alten Gebäuden und im Neubau
-   Mitwirkung bei Abnahme und Übernahme von Gebäuden, Betriebstechnik und Einrichtungen
-   Erarbeitung von abteilungsinternen Abläufen
-   Mitwirkung bei Probeläufen
-   Teilnahme an Schulungsveranstaltungen
-   Einarbeitung in neue Arbeitsmethoden und Verfahren
-   im Zusammenhang mit Umzug und Einrichtung anfallende Aufgaben
-   im Zusammenhang mit Gerätebeschaffung und Ausstattung anfallende Aufgaben
-   Einarbeitung von Mitarbeitern
-   Einleben in die neue Umgebung."

(Scholze-Volk, E. und Goecke, H. Betriebsplanungsleistungen bei der Inbetriebnahme eines Klinikums, 1988, S. 323)

Bei der Erarbeitung von internen Abläufen kommt es sehr darauf an, inwieweit die Konzeption und die Größe des Betriebes im neuen Gebäude von denen im alten Gebäude abweichen. Da als Grundlage der Gebäudeplanung ein Raum- und Funktionsprogramm und in den meisten Fällen eine Studie zur **Betriebsplanung** (vgl. § 15 (2) HOAI, Leistungsphase 1. Grundlagenermittlung) aufgestellt wurden, sind diese im Zuge der Inbetriebnahmeplanung auf Aktualität zu prüfen, gegebenenfalls zu überarbeiten und für die Organisationsplanung und den Probebetrieb vorzugeben.

12.2 Inbetriebnahme der technischen Anlagen

Bedingt durch den Bauablauf und die Notwendigkeit einer mindestens teilweisen
Ver- und Entsorgung des Gebäudes während der Bauarbeiten und damit bereits
vor Inbetriebnahme des Gebäudes muss eine teilweise Inbetriebnahme der
benötigten Anlagen mit **zeitlichem Vorlauf** erfolgen. Mit den hier bezeichneten
technischen Anlagen sind diejenigen der KG 400 nach DIN 276 Kosten im
Hochbau (06.93) angesprochen.

Die Versorgung des Gebäudes mit Wasser, Gas, Strom und anderen Medien ist
ferner für den Probebetrieb und die Prüfung der **Funktionstüchtigkeit des
Gebäudes** erforderlich. Hierfür sind technische Anlagen vor der geplanten
Nutzung in Betrieb zu nehmen. Fallen die letzten Bauarbeiten in die kalte
Jahreszeit zwischen November und März, werden häufig Heizungsanlagen oder
raumlufttechnische Anlagen im Zuge von Winterbaumaßnahmen vorzeitig in
Betrieb genommen. Eine besondere Rolle spielen schon während der Baudurch-
führung die Anforderungen an die bauliche und betriebliche **Sicherheit**, z. B.
Brandschutz, Alarmanlagen oder Schließanlagen. Es sind zu überprüfen:

- Abwasser-, Wasser- und Gasanlagen; insbesondere Sanitäranlagen,
  beispielsweise bezogen auf die Wasseraufbereitung für Enthärtung,
  Druckerhöhungsanlagen für Kaltwasserversorgung und Löschwasser,
  Sprinkleranlagen sowie Versorgungsanlagen für medizinische Gase mit
  Verdichter- und Vakuumanlagen, Sauerstoff- und Lachgaszentralen

- Wärmeversorgungsanlagen; insbesondere Heizungsanlagen, z. B. Brenner
  und Wasseraufbereitung

- Lufttechnische Anlagen; insbesondere Feuerschutzklappen

- Starkstromanlagen; insbesondere Notstromversorgung, z. B. mit Dieselmotor
  betriebenes Notstromaggregat mit Generator, Akkumulatorenanlage und
  Sofortbereitschaftsanlage

- Fernmelde- und informationstechnische Anlagen; insbesondere Anlagen zur
  Warn- und Alarmmeldung wie Brand-, Überfall- und Einbruchmeldeanlagen,
  Wächterkontrollanlagen, Zugangskontrollanlagen und Anlagen zur
  Raumbeobachtung einschließlich Schlüsseldienst und Erteilung von
  Zutrittsberechtigungen

- Förderanlagen; z. B. Aufzüge, Rolltreppen, Hubvorrichtungen oder
  Kranbahnen

- Nutzungsspezifische Anlagen; z. B. medizinische Anlagen

- Gebäudeautomation wie Mess-, Steuer- und Regelungstechnik/Zentrale
  Leittechnik, insbesondere Sensoren und Aktoren, Software.

Dabei ist für jede einzelne Anlage zu klären, ob und für welche Dauer zwischen
der baulichen Fertigstellung der technischen Anlage und der Inbetriebnahme des
Gebäudes Verträge zu Stillstandswartung, Störbeseitigung und Instandhaltung
abzuschließen sind. Eine Stillstandswartung wird erforderlich, wenn eine Anlage,

z. B. eine Rolltreppe, mehrere Monate vor der Inbetriebnahme des Bauwerks vollständig eingebaut wurde und somit die Voraussetzungen für eine Inbetriebsetzung vorgelegen haben. Zur **Stillstandswartung** gehören mindestens:

- Beseitigung von Störungen
- Beseitigung von Verschmutzungen
- Versorgung schmierbedürftiger Stellen mit Öl oder Fett
- regelmäßige Bewegung der Anlage, damit Schmierstellen nicht verharzen und
- vorbeugende Maßnahmen zum Korrosionsschutz.

Die **Inspektion und Wartung** von z. B. Rolltreppen durch den Auftragnehmer auch schon vor der Inbetriebnahme umfasst gemäß Herstellerangaben folgende Leistungen:

„1. Gestellung eines Fachmonteurs und Vorhaltung der erforderlichen Werkzeuge

2. Überprüfung der Maschinen, Motoren, Schaltgeräte, Handläufe sowie der gesamten Sicherheitseinrichtungen der Anlage (ohne Ein- und Ausbau, Zerlegen von Teilen, etc.)

3. Abschmieren sämtlicher beweglicher Teile wie Getriebe, Motoren, Steuergeräte, Ketten, Führungsbahnen, Rollen usw.

4. Überprüfen des Ölstandes der Antriebsmaschine

5. Mitteilung an den Kunden über den Betriebszustand."

Zur Inbetriebnahmephase der technischen Anlagen gehört ferner deren Überprüfung auf etwaige Mängel, welche die Funktionsfähigkeit allgemein oder hinsichtlich der Erreichung der Leistungsanforderungen verhindern. Die Inbetriebsetzung dient dann der Beseitigung dieser Mängel, sofern nicht wegen Geringfügigkeit auf eine Behebung vor Übergabe verzichtet werden kann.

Die **Inbetriebsetzung** einer Anlage dient dem Nachweis der vom Auftragnehmer vertraglich zugesicherten Eigenschaften gegenüber dem Auftraggeber. Hierzu gehören im Regelfall:

- Nennleistungen
- maximaler Verbrauch in der Anwendung
- Funktionsweise
- Leistungsregelverhalten
- Mindestverfügbarkeit im Dauerverhalten
- Einhaltung von Grenzwerten, z. B. Lärmwerte
- Gestaltung und Wirkung, z. B. Proportion, Struktur, Farbgebung.

12.3 Vorbereitung und Durchführung des Umzuges

Zur Vorbereitung eines **Umzuges** gehört ein Konzept und für die Durchführung sind eine Reihe von organisatorischen Regelungen zu treffen. So ist zunächst durch die Leitung der nutzenden Organisation, z. B. durch die Geschäftsführung eines Unternehmens) ein **Umzugsverantwortlicher** einzusetzen, der mit den notwendigen Kompetenzen ausgestattet ist und für die folgenden Maßnahmen verantwortlich tätig wird.

Bei der Vorbereitung und Leitung des Umzuges ist bei entsprechendem Umfang der Arbeiten für den Umzugsverantwortlichen eine Leitstelle einzurichten. Zu seiner Unterstützung ist aus jedem Bereich bzw. jeder Abteilung der vom Umzug betroffenen Organisationseinheiten ein **Umzugsbeauftragter** zu benennen und ihm zur Unterstützung an die Seite zu stellen. Ferner ist für jedes Gebäude eine Person zu benennen, die über Ortskunde im bisherigen Gebäude verfügt und mit dem Bau und der Vorbereitung der Inbetriebnahme des neuen Gebäudes vertraut ist.

Zu den Aufgaben des Umzugsverantwortlichen als Projektmanager des Umzuges gehören in der Durchführung Aufgaben wie Besprechungen zur Ermittlung der grundlegenden Informationen und Wünsche der Beteiligten, das Treffen bzw. die Vorbereitung von allen mit dem Umzug zusammenhängenden Entscheidungen sowie die rechtzeitige Information der Betroffenen. Es kann sogar die Herstellung eines **Leitfadens** mit Planunterlagen, Verzeichnis der Beteiligten, Stücklisten und Ablaufplänen zweckmäßig sein. Im Rahmen von Umzügen bestehen durch die CAD-Unterstützung umfangreiche Möglichkeiten:

„- Vereinfachung durch grafische Darstellung und Planung

- mehr Transparenz in der Flächenverwaltung bei Umzügen

- Auswertungen zum Belegungsstatus (vorher/nachher) mit geringerem Aufwand

- grafische und farbige Entscheidungsvorlagen für die Belegungsplanung einzelner Bereiche

- Kosteneinsparung durch mehr Überblick und schnellere und bessere Variantenerzeugung

- mehr Akzeptanz bei den Beteiligten durch optimale Planungs- und Entscheidungsvorlagen."

(Braun, H. P.; Oesterle, E. und Haller, P.: Facility Management - Erfolg in der Immobilienbewirtschaftung, 1996, S. 58)

PHASEN UMZUG

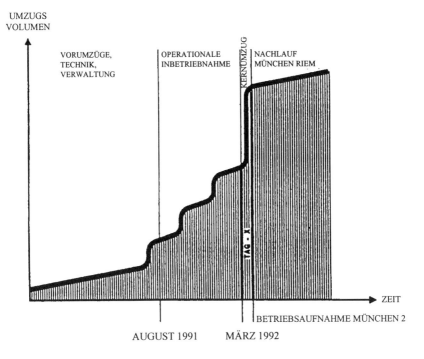

Abb. 12-1 Betriebsverlagerung und Umzug Flughafen München (Konzept zur Betriebsverlagerung, AGI-Plan vom 11.05.1990, nicht veröffentlichte Studie)

Der **Umzugsverantwortliche** entwickelt ferner, gegebenenfalls unterstützt durch externe Berater eine Strategie für die Betriebsverlagerung der Organisation vom bisherigen in das neue Gebäude. Dabei ist zu überlegen, ob der Umzug in mehreren Phasen erfolgen kann (vgl. Abbildung), z. B. als

- Vorumzug einzelner räumlich ausreichend unabhängiger Bereiche
- Kernumzug räumlich nicht trennbarer Bereiche
- Nachumzug einzelner ebenfalls räumlich ausreichend unabhängiger Bereiche.

Im Fall des Umzuges in mehreren Phasen findet das Betriebsgeschehen vorübergehend sowohl am alten wie auch am neuen Standort statt. Die Vor- und Nachteile unterschiedlicher Strategien sind zu vergleichen und aus technischer und wirtschaftlicher Sicht zu bewerten. Es stehen sich jeweils die Kosten des Umzuges einerseits und die Folgen der damit verbundenen **Betriebsunterbrechung** vor allem Personalkosten, Minderungen der Leistungen und Erlöse gegenüber. Für die Umzugsplanung des Landtages Nordrhein-Westfalen in das neue Landtagsgebäude wurde z. B. gefordert:

„- Durch den Umzug sollen die damit entstehenden zusätzlichen Aufgaben der Mitarbeiter auf ein Mindestmaß reduziert werden.

- Die Fraktionen, Abteilungen, Referate und Sonderbereiche sollen bis zum Tage X am alten Arbeitsplatz möglichst voll funktionsfähig bleiben und

- am nächsten Tag ihren neuen Arbeitsplatz im Landtagsneubau funktionsfähig antreffen.

- Bereiche mit wesentlichen Kontakten untereinander sollen möglichst als Einheit umziehen."

(Faltz, H. A.: Umzug in den neuen Landtag - Eine logistische Aufgabe, 1988, S. 127f.)

Der gesamte Umzug ist weiterhin in zahlreiche **Einzelumzüge**, beispielsweise je Abteilung, aufzuteilen, die der räumlichen und organisatorischen Struktur der Organisation entsprechen. Bei der Terminplanung des Umzuges sind neben den üblichen Arbeitszeiten die Betriebs- sowie sonstigen Ferien und die Bedingungen aus dem Jahresablauf wie Beeinträchtigung des Umzuges durch Schnee und Eis im Winter zu berücksichtigen. Auch ist eine Abstimmung mit dem Betriebsrat wegen erforderlicher Personalsteuerung, z. B. Urlaubssperre, Mitwirken der Mitarbeiter beim Umzug, Überstundenregelung u. a. zu treffen.

Um den Umfang der Arbeiten abschätzen zu können, werden die Mengengerüste des Umzugsgutes aufgestellt und eventuell anfallende Spezialtransporte für z. B. EDV-Hardware, Kunstgegenstände, Wertgegenstände, Tresore und Pflanzen gesondert erfasst. Diese Erhebungen sind für den Transport als auch für eine eventuell notwendige Zwischenlagerung erforderlich. Die daraus abgeleiteten **Umzugspakete** werden in einen Termin- und Kapazitätsplan eingearbeitet und mit der Projektleitung für das neue Gebäude abgestimmt.

Vor der Mengenermittlung des Umzugsgutes ist zu entscheiden, ob und in welchem Umfang Möbel, Maschinen oder Akten aus dem bisherigen Gebäude mitgenommen werden sollen. Spätestens ein Umzug sollte Anlass sein, nicht mehr benötigtes Inventar zu „entrümpeln". Das Mitnehmen von Möbeln ist oft insoweit problematisch, als Abmessungen und Gestaltung beispielsweise bezogen auf das gewünschte Erscheinungsbild des Unternehmens häufig nicht in das neue Gebäude passen. Mindestens ein halbes Jahr vor dem geplanten Umzug sind die Umzugsleistungen auszuschreiben und an eine geeignete **Spedition** zu beauftragen. In Abstimmung mit der Spedition erfolgt die detaillierte Ablaufplanung aller einzelnen Leistungen des Umzuges als sogenannte Umzugspakete unter Berücksichtigung der Umzugsphasen, der Herkunfts- und Zielorte mit Gebäude, Geschoss und Raum sowie deren Optimierung.

Von der Spedition ist ein Nachweis über die Bereitstellung der benötigten Transportmittel wie Fahrzeuge, Hebezeuge und Transporthilfsmittel zu führen und eine Festlegung der in Frage kommenden Transportrouten zu treffen. Erforderlichenfalls sind **Sondergenehmigungen** für Spezialtransporte oder Straßensperrungen einzuholen. Hinsichtlich der Transporte innerhalb und im Umfeld der Gebäude sind Engpässe im Bereich von

- Zufahrten und Abstellflächen für Fahrzeuge und Transportgut vor dem Gebäude
- Eingangshallen, Fluren und Treppenräumen sowie
- Personen- und Lastenaufzügen im Gebäude

festzustellen und in der Ablauf- und Kapazitätsplanung zu berücksichtigen. Erforderlichenfalls ist Abhilfe durch zusätzliche Hilfsmittel, wie z. B. einen Autokran, zu beschaffen. Bei Umzügen sind Beschädigungen durch die Transporte nie ganz zu vermeiden, dies betrifft insbesondere

- Grünanlagen
- Boden- und Treppenbeläge
- Wandbekleidungen und Türen sowie
- Aufzugskabinen.

Deshalb sind Schutzmaßnahmen wie Hinweisschilder, Absperrungen und Bekleidungen vorzubereiten und anzuordnen. Dennoch aufgetretene Schäden sind zu erfassen und die Beseitigung zu veranlassen. Ebenso ist die Beseitigung der nicht mehr benötigten Transportmittel und Verpackungsmaterialien zu regeln. Für verloren gegangenes Transportgut ist eine „lost-and found"-Stelle einzurichten.

12.4 Inbetriebnahme des Gebäudes und Betriebsaufnahme

Der **Probebetrieb** dient dem Erkennen der Eignung oder Funktionsfähigkeit bzw. der Mängel von

- Systemen wie Informations-, Kommunikations-, Ver- und Entsorgungssysteme sowie betriebliche Anlagen
- geschultem und eingewiesenem Personal sowie der
- Erprobung und Überprüfung betrieblicher Abläufe und Betriebsprozesse.

Die **Inbetriebnahmephase** ist vor allem für technische Anlagen unverzichtbar. „In der Inbetriebnahme sollen sich Mängel zeigen, solche der Funktionsfähigkeit allgemein oder solche, die die Erreichung der Leistungsspezifikationen verhindern. Die Inbetriebsetzungsphase dient dann der Beseitigung dieser Mängel, sofern nicht wegen Nichtrelevanz oder Geringfügigkeit auf eine Behebung vor Übergabe verzichtet wird."
(Massow, H.: Vorbereitung von Inbetriebsetzung von Anlagen, 1993, S. 271)

Häufig ist ein Probebetrieb einzelner Anlagen und Bereiche schon sehr früh erforderlich. So werden für die interne Kommunikation **Hard- und Software** vor der eigentlichen Betriebsaufnahme getestet.

Bei Krankenhäusern müssen vor allem alle Abläufe getestet und optimiert werden, die für das Leben und die Gesundheit der Patienten von entscheidender Bedeutung sind. Dazu gehören z. B. der Transport eines Unfallopfers auf dem Krankenhausgelände zur Notaufnahme und von dort zur Operation, ferner die garantierte Hygiene im Krankenhaus trotz möglicherweise noch letzter Bauarbeiten.

Bei Flughäfen und Bahnhöfen ist der Flug- oder Fahrbetrieb zu testen. Verkehrsprozesse können mit Studenten oder Bundeswehrsoldaten simuliert werden. Probleme bei der Wegeführung von Passagieren, der Bildung von Warteschlangen und der Beförderung von Gepäckstücken oder dem Betrieb von Anzeigetafeln werden oft erst im Probebetrieb deutlich und können in den meisten Fällen dann noch rechtzeitig vor der Betriebsaufnahme abgestellt oder gemildert werden.

Bei Hotels beginnt oft mehrere Wochen vor der Eröffnung der Probebetrieb im Gastronomiebereich, in der Verwaltung und beim Room-Service. Mitarbeiter, Geschäftsfreunde und ausgewählte Gäste wohnen dann schon in dem Hotel und werden dort vollständig verpflegt. So hat das unter Umständen neu zusammengestellte Personal ausreichend Zeit, um sich einzuarbeiten und sich aufeinander abzustimmen.

Vor der Inbetriebnahme ist ferner die Erprobung und **Simulation von Ausfällen** einschließlich der Notfallmaßnahmen erforderlich. Zum Probebetrieb gehört deshalb auch der Umgang mit möglichen Unregelmäßigkeiten, Ausfällen und extremen Belastungen bei Notfallmaßnahmen. Hierzu zählen Ereignisse wie Stromausfall, Brand oder starker Schneefall. Diese sind im Probebetrieb zu simulieren bzw. es ist entsprechender Alarm zu geben. Die Beteiligten werden hierauf nicht vorbereitet und müssen wie im Ernstfall reagieren.

Bei großen Gebäuden oder Betrieben kommt es vielfach zu einer stufenweisen Inbetriebnahme. Dies gilt auch für Gebäude mit mehreren oder vielen von einander unabhängigen einzelnen Nutzern, beispielsweise Eigentümer und Mieter von Wohnungen und Büros. Allein aus Platzgründen, bezogen auf z. B. Parkplätze vor dem Hauseingang oder die Aufzugskapazität, verbietet sich ein gleichzeitiger Einzug mehrerer Parteien. Hier bedarf es einer Abstimmung der Termine.

Die **funktionale Inbetriebnahme** der Ausbaugewerke, der technischen Anlagen und Ausstattungen ist Teil der Abnahme. Sie ist damit Voraussetzung für die Übergabe an die Nutzer und elementar für die anschließende **operative Inbetriebnahme**. Im Rahmen der Inbetriebnahme sind deshalb vor der Übergabe durch geeignete Maßnahmen sicherzustellen:

- Fertigstellung Gebäude oder Anlage mit Außenanlagen
- Versorgung mit Wasser, Heizung, Kälte, Elektrizität
- Entsorgung Abwasser, Müll
- Funktionsfähige Haustechnik, Kommunikationssysteme, Sicherungssysteme
- Firmen- und Behördenabnahmen.

Nach der Übernahme:

- Einrichtung durch Nutzer,
- Einzug der Nutzer
- uneingeschränkte Nutzung von Gebäuden oder Anlagen
- übergeordnete Objekteinbindung in das Gesamtsystem.

(Kerski, M. und Howanietz, R.: Flughafeninbetriebnahme und Inbetriebnahme-planung für Neu- und Ausbaumaßnahmen, 1993, S. 282)

Auch nach der Betriebsaufnahme werden noch einzelne Probleme auftreten. Insofern läuft die Inbetriebnahme oft noch einige Wochen weiter und wird schließlich von der regulären Betriebsorganisation abgelöst.

Zur Inbetriebnahme liegen in Form von Veröffentlichungen und Dokumentationen bisher nur wenig Informationen vor. Der Verfasser hat selbst die Betriebs-verlagerung eines Ingenieurbüros organisiert und einmal den Umzug und die Inbetriebnahme eines Verkehrsflughafens miterleben dürfen. Es ist zu hoffen, dass diese wichtige und spannende Thematik in Zukunft intensiver behandelt und als spezielle Aufgabe des Projektmanagement entwickelt wird.

13. Gebäudemanagement

Die **Lebensdauer** eines Gebäudes beginnt mit dessen Fertigstellung und kann aus mehreren Phasen bestehen:

- Leerstand bis Nutzungsbeginn
- Nutzung
- Modernisierung, Sanierung, Umbau
- Nutzung
- Leerstand bis Abbruch und Beseitigung.

Während die Kosten des Gebäudes aus der Lebensdauer über alle Phasen bestehen, ist die Nutzung in nur einem Teil dieser Lebensdauer möglich. Das Vorhandensein eines Gebäudes von der Fertigstellung an bis zu seiner Beseitigung wird als **technische Lebensdauer** bezeichnet, denn unabhängig davon, ob es genutzt werden kann, entstehen Kosten für dessen Eigentümer.

Von der technischen Lebensdauer eines Gebäudes ist die **wirtschaftliche Nutzungsdauer** zu unterscheiden. Mit der technischen Lebensdauer ist der Zeitraum bestimmt, in dem ein Gebäude aufgrund seiner physischen Eigenschaften, wie der Standfestigkeit, genutzt werden kann. Die Nutzung von Gebäuden ist aber auch ganz entscheidend von seiner funktionalen Eignung, z. B. durch geeignete Grundrisse, oder vergleichbaren Eigenschaften, z. B. Nutzung als Denkmal, und der Nachfrage auf dem Markt für Immobilien abhängig. Deswegen ist die wirtschaftliche Nutzungsdauer, beispielsweise bestimmt durch die Nachfrage nach Zimmern in einem Ferienhotel, häufig kürzer als dessen technische Lebensdauer, die 100 Jahre und mehr betragen kann. Zu den Einflussfaktoren, die auf die wirtschaftliche Nutzungsdauer von Gebäuden einwirken, gehören:

„- Bedarfsverschiebungen, wie z. B. Brauchbarkeit des Innenausbaus, Grundrissaufteilung usw.

- Veränderungen in der Systemumgebung, z. B. Nachbargebäude."

Zu den **Einflussfaktoren**, die auf die technische Lebensdauer von Gebäuden einwirken, gehören andererseits:

„- Eigenschaften, die das Gebäude mitbringt, z. B. Güte der Planung oder der Bauausführung

- Umwelteinflüsse, z. B. Wasser- und Temperatureinwirkungen, Art und Grad der Nutzung, z. B. Abweichungen von den Nutzungsbedingungen, die der Planung zugrunde lagen

- Alterserscheinungen, z. B. Alterung der Baustoffe, Pflege und Instandhaltung."

(Pfarr, K.: Grundlagen der Bauwirtschaft, 1984, S. 165 - 166)

Ziel des Gebäudemanagement muss es deswegen sein, für einen möglichst hohen Gebrauchswert in betrieblicher Hinsicht und für eine hohe wirtschaftliche Nutzungsdauer eines Gebäudes im Verhältnis zu dessen technischer Lebensdauer zu sorgen.

Der Normenausschuss Heiz- und Raumlufttechnik (NHRS) im DIN Deutsches Institut für Normung e. V. hat mit der DIN 32736 Gebäudemanagement, Begriffe und Leistungen (08.00) die folgende Definition gegeben: „Gebäudemanagement (GM): Gesamtheit aller Leistungen zum Betreiben und Bewirtschaften von Gebäuden einschließlich der baulichen und technischen Anlagen auf der Grundlage ganzheitlicher Strategien. Dazu gehören auch die Infrastruktur und kaufmännischen Leistungen. Gebäudemanagement zielt auf strategische Konzeption, Organisation und Kontrolle, hin zu einer integralen Ausrichtung der traditionell additiv erbrachten einzelnen Leistungen."

(DIN 32736 Gebäudemanagement, Begriffe und Leistungen (08.00))

Zu Einordnung und Abgrenzung des Gebäudemanagement gegenüber verwandten Fachgebieten ist zu beachten: Das Gebäudemanagement

- unterscheidet sich vom Projektmanagement; Projektmanagement ist auf das Projekt gerichtet, also z. B. ein in der Entstehung befindliches Gebäude

- ist Teil des Objektmanagement; Objektmanagement umfasst das Management von Objekten, hierzu zählen unterschiedliche bauliche Anlagen und damit neben anderen Bauwerken auch Gebäude

- wird als Teil des Immobilienmanagement, des Facility Management und des Umweltmanagement verstanden.

Zum Verständnis der im Zusammenhang mit dem Gebäudemanagement verwendeten Begriffe ist ergänzend zu den Erläuterungen in der DIN 32736 den Begriffsbestimmungen der Landesbauordnungen - hier in Form der Musterbauordnung für die Länder der Bundesrepublik Deutschland (MBO) - und der Honorarordnung für Architekten und Ingenieure (HOAI) zu folgen:

- „Objekte sind Gebäude, sonstige Bauwerke, Anlagen, Freianlagen und raumbildende Ausbauten." (§ 3 Nr. 1 HOAI)

- „Gebäude sind selbständig benutzbare, überdeckte bauliche Anlagen, die von Menschen betreten werden können und geeignet oder bestimmt sind, dem Schutz von Menschen, Tieren oder Sachen zu dienen." (§ 2 (2) MBO)

Auf den Zusammenhang zwischen Projektmanagement und Objektmanagement ist bereits hingewiesen worden. In diesem Zusammenhang wird Objektmanagement als Gebäudemanagement bezeichnet, da in der vorliegenden Veröffentlichung Gebäude eindeutig gegenüber anderen Objekten im Vordergrund stehen. Gebäudemanagement muss bereits im Zuge des Projektmanagement, vor allem in der Projektvorbereitung, nicht nur berücksichtigt, sondern ganz wesentlich in den Grundzügen konzipiert werden.

Folgende Abbildung zeigt die Einordnung des Gebäudemanagement in das Umfeld von Immobilienmanagement, Facility Management und Umweltmanagement.

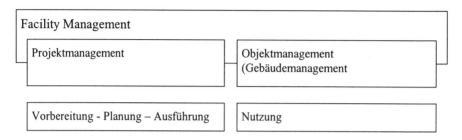

Abb. 13-1   Projektmanagement und Objektmanagement als Gegenstand des
                 Facility Management

Hinsichtlich des Verständnisses von **Facility Management** wird Naber gefolgt, sie definiert: „Facility Management ist die gemeinsame Philosophie aller an der Planung, Realisierung, Nutzung und letztendlich auch Beseitigung von Bauwerken Beteiligter, die einen umfassenden Ansatz verfolgen, die Lebensdauer eines Gebäudes wirtschaftlich optimal zu nutzen." (Naber, S.: Planung unter Berücksichtigung der Baunutzungskosten..., 2001, S. 12)

Facility Management dient damit als eine wesentliche Voraussetzung und Grundlage für ein erfolgreiches Projektmanagement und bildet damit ferner eine zeitliche Klammer um Projektentwicklung, Projektmanagement und Gebäudemanagement.

13.1 Bereiche des Gebäudemanagement im Überblick

DIN 32736 Gebäudemanagement (08.00) umfasst neben den Leistungen zum Betreiben und Bewirtschaften der baulichen und technischen Anlagen eines Gebäudes als Technisches Gebäudemanagement auch die Leistungsbereiche Infrastrukturelles Gebäudemanagement, Kaufmännisches Gebäudemanagement und Flächenmanagement (vgl. Abbildung folgende Seite).

Weitere Normen wie DIN 18960 Nutzungskosten im Hochbau (08.99) sowie spezifische Normen für das Betreiben und die Instandhaltung der technischen Anlagen im Gebäude werden hierzu in Beziehung gesetzt und dienen der Ergänzung.

Gebäudemanagement umfasst sowohl **gebäudeabhängige Leistungen** bzw. Kosten vergleichbar den (Bau-)Nutzungskosten, z. B. die Instandhaltung, als auch **gebäudeunabhängige Leistungen** bzw. Kosten, z. B. das Catering.

Ziele des Gebäudemanagements sind im Allgemeinen:

„-   die hohe Auslastung der nutzbaren Flächen durch Veranstaltungs-/Flächen-
     management

-    die Verbesserung der Gebäudequalität durch Raumorganisation, technische
     Funktionen, die Kommunikation sowie das Erscheinungsbild

-    die Senkung von Betriebs-, insbesondere Energie- und Instandhaltungskosten
     und

-    das Entwickeln und Verfolgen von Strategien und Programmen zur Wert-
     erhaltung des Gebäudebestandes."

(Diederichs, C.-J.: Qualität, Nutzen und Kosten..., 1992, S. 78)

Im Zusammenhang mit dem Projektmanagement für Bauherren und Planer stehen
die gebäudeabhängigen Leistungen, also die Aufgaben der Planung und Nutzung
des Gebäudes, im Vordergrund. Der Zusammenhang von Gebäudeplanung und
Technischem Gebäudemanagement mit den Schwerpunkten technische Gebäudeerhaltung und Gebäudebetrieb wird deshalb ausführlich behandelt.

Die darüber hinausgehenden, in DIN 32736 Gebäudemanagement (08.00) enthaltenen gebäudeunabhängigen Leistungen werden lediglich in den Grundzügen beschrieben. Dem Gebäudemanagement liegt aus betrieblicher Sicht weiterhin der
Gedanke zu Grunde, dass umfangreiche Serviceleistungen von Externen erbracht
werden können, was auch als **Outsourcing** bezeichnet wird. Hier bieten sich
Leistungen wie die Gebäudereinigung, Kopier- und Druckereidienste und vieles
mehr an. Diese Leistungen gehen über den Gebäudebetrieb und die Gebäudeerhaltung hinaus, da es sich hier um Aufgaben handelt, die ausschließlich der
betrieblichen Leistungserstellung dienen.

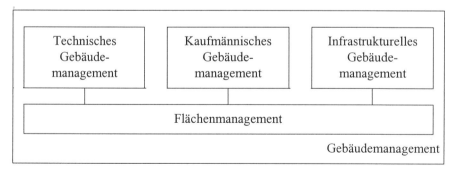

Abb. 13-2   Leistungsbereiche des Gebäudemanagement nach DIN 32736
              (08.00)

Dabei enthält das Technische Gebäudemanagement mit Modernisieren, Sanieren
und Umbauen zusätzliche Aufgaben, die als Projekte durchzuführen sind. Eine
grundlegende Sanierung eines Gebäudes oder ein Umbau sind einem Neubau von
den dafür erforderlichen Leistungen und deren Organisation durchaus vergleich-

bar. So erfasst auch der Anwendungsbereich der DIN 276 Kosten im Hochbau (06.93) die „Kosten für Maßnahmen zur Herstellung, zum Umbau und zur Modernisierung" von Bauwerken im Sinne eines Projektes.

13.2 Gebäudenutzung und Technisches Gebäudemanagement

Für die Planung und Nutzung von Gebäuden in den darin enthaltenen Anlagen bestehen seit vielen Jahren verschiedene Normen und Verordnungen. Zum Überblick und um deren Inhalt und Zielsetzung aufzuzeigen, dient die folgende Abbildung:

Normen, Verordnungen und sonstiges	Anwendungs-bereiche	Verfahren
DIN 18960 Baunutzungskosten (04.76) DIN 18960 Nutzungskosten im Hochbau (08.99)	Planung und Nutzung von Gebäuden	nicht enthalten
II. Berechnungsverordnung (10.90 einschl. Änd. von 07.96)	Planung und Nutzung von Wohnbauten	Wirtschaftlich-keitsberechnung, Finanzierungsplan
DIN 31051 Instandhaltung (01.85)	Anlagen bzw. Anlagenteile im Maschinenbau	Schema zur Beurteilung einer Schwachstelle
DIN 32541 Betreiben von Maschinen und ver-gleichbaren technischen Arbeitsmitteln (05.77)	Anlagen bzw. Anlagenteile im Maschinenbau	nicht enthalten
DIN 32736 Gebäudemanagement (08.00)	Betreiben und Bewirtschaften von Gebäuden	nicht enthalten
Facility Management als Philosophie (Facility = Gebäude, Anlagen, Einrichtungen)	Betreiben und Bewirtschaften von Facilities	nicht geregelt
Alle Normen und Entwürfe sowie die II. Berechnungsverordnung enthalten Hinweise zum Anwendungsbereich, Begriffe und Maßnahmen, Gliederungen und Erläuterungen.		

Abb. 13-3   Gegenstand der Normen und Verordnungen im Zusammenhang mit der Planung und Nutzung von Gebäuden im Überblick

Ergänzend sei erwähnt, dass

- es bis zum Erscheinen der DIN 18960 Baunutzungskosten (04.76) kein Regelwerk für alle Nutzungsarten gab
- diese durch die DIN 18960 Nutzungskosten im Hochbau (08.99) als überarbeitete Fassung abgelöst wurde
- daneben die II. Berechnungsverordnung (10.90) im Wohnungsbau Anwendung findet
- DIN 32541 Betreiben von Maschinen und vergleichbaren technischen Arbeitsmitteln (05.77) in Verbindung mit
- DIN 31051 Instandhaltung (01.85) bei Maschinen und technischen Anlagen beachtet werden muss und schließlich
- mit der DIN 32736 Gebäudemanagement (08.00) durch den NHRS eine umfassende Grundlage für das Gebäudemanagement vorgelegt wurde
- Facility Management als Philosophie einer ganzheitlichen Planung und Nutzung von Gebäuden, Anlagen und Einrichtungen verstanden werden darf sowie daneben
- Immobilienunternehmen und andere Eigentümer von Gebäuden eigene Begriffe, Gliederungen und Verfahren verwenden.

DIN 18960 Baunutzungskosten (04.76) wurde zur Beurteilung der **Wirtschaftlichkeit** eines Gebäudes in der Planung und während der Nutzung entwickelt. DIN 18960 Nutzungskosten im Hochbau (08.99) dagegen ist explizit kein Instrument zur Beurteilung der Wirtschaftlichkeit mehr. Die II. Berechnungsverordnung hat die Bewertung und **Bewirtschaftung** von Wohnungen zum Gegenstand.

Zu DIN 18960 ist zu erwähnen: DIN 18960 Baunutzungskosten (04.76) wurde durch die DIN 18960 Nutzungskosten im Hochbau (08.99) ersetzt. Bei der im Grundsatz beibehaltenen Zielsetzung sind folgende Änderungen von Bedeutung:

- Die bisherige Kostengruppe 2. Abschreibung ist ersatzlos gestrichen worden. Für Wirtschaftlichkeitsermittlungen ist jedoch die kalkulatorische Abschreibung im Sinne des bewerteten Verzehrs von Gütern und Leistungen dennoch unverzichtbar, sie ist in diesem Fall zu ergänzen.
- Die Kostengliederung wurde inhaltlich von zwei auf drei Stellen erweitert.
- Die Erweiterung ist u. a. im Bereich der Betriebskosten und der Instandsetzungskosten durch eine noch stärkere Anlehnung als bisher an DIN 276 Kosten im Hochbau (06.93) gekennzeichnet.
- Es werden Arten der Nutzungskostenermittlung eingeführt, die in Verbindung mit den Kostenermittlungen der DIN 276 Kosten im Hochbau stehen.
- Der Gesichtspunkt der Inspektion und Wartung von Baukonstruktionen ist hinzugekommen.
- Der Begriff Bauunterhaltungskosten wird durch Instandsetzungskosten ersetzt.

Das Technische Gebäudemanagement gemäß DIN 32736 Gebäudemanagement enthält Aufgaben im Sinne eines Leistungsbildes für die Gebäudenutzung und Gebäudeerhaltung.

Während DIN 18960 Baunutzungskosten (04.76) und DIN 18960 Nutzungskosten im Hochbau (08.99) sowie die II. Berechnungsverordnung das ganze Gebäude einschließlich Außenanlagen erfassen, beziehen sich DIN 32541 Betreiben von Maschinen und vergleichbaren technischen Arbeitsmitteln (05.77) und DIN 31051 Instandhaltung (01.85) auf Anlagen bzw. Anlagenteile sowohl als Teil eines Gebäudes - KG 400 Bauwerk - Technische Anlagen gemäß DIN 276 (06.93) - als auch auf die zur Leistungserstellung im Gebäude benötigten Produktionsanlagen.

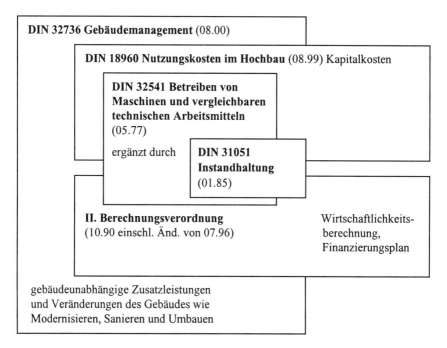

Abb. 13-4   Abgrenzung der Normen und Verordnungen im Zusammenhang mit der Nutzung und Erhaltung von Gebäuden im Überblick

Die wesentlichen Gesichtspunkte des Gebäudebetriebs und der Gebäudeerhaltung wie Instandhaltung und Instandsetzung oder Bauunterhalt werden nachfolgend erläutert.

13.2.1 Gebäudebetrieb

Zum **Gebäudebetrieb** zählen alle Maßnahmen, die erforderlich sind, um die Nutzbarkeit des Gebäude sicherzustellen. Davon sind alle Aufgaben abzugrenzen, die mit der Leistungserstellung in Form von Produktion oder Dienstleistung im Gebäude als Umgebung der Leistungserstellung erforderlich sind. So heißt es auch in der DIN 18960 Baunutzungskosten (04.79) zutreffend und sollte grundsätzlich berücksichtigt werden: „Die betriebsspezifischen und produktionsbedingten Personal- und Sachkosten sind nicht nach dieser Norm zu erfassen, soweit sie sich von den Baunutzungskosten trennen lassen." (DIN 18960 Baunutzungskosten (04.76))

Es sind in der Praxis unterschiedliche Grundlagen zur Ermittlung der Gebäudebetriebskosten in Gebrauch. Darin voneinander abweichende Begriffe und darüber hinaus die von den Regelwerken häufig abweichende Praxis erschweren den Austausch von Informationen und Kennwerten zum Gebäudebetrieb. Auch die Gliederung der DIN 32736 Gebäudemanagement (08.00) ist in diesem Zusammenhang sehr kritisch zu sehen, da gebäudeabhängige Kosten wie die Heizung und gebäudeunabhängige, weil betriebliche Leistungen wie DV-Dienstleistungen mit den Leistungen für die Erhaltung von Gebäuden und Anlagen, z. B. Gärtnerdienste, vermischt werden. Von Bedeutung sind, teilweise für spezifische Nutzungen oder Anlagen gültig, die folgenden Normen sowie die II. BV, wovon letztere ausschließlich im Wohnungsbau Anwendung findet.

Betriebskosten gemäß DIN 18960 Nutzungskosten im Hochbau (08.99)

Die Kostengruppe **Betriebskosten** (KG 300) enthält die durch den bestimmungsgemäßen Gebrauch des Gebäudes oder der Wirtschaftseinheit, der Nebengebäude, Anlagen, Einrichtungen und des Grundstücks laufend entstehenden Kosten für Fremd- und Eigenleistungen, Personal- und Sachkosten.

Es wird weiter unterteilt (hier nur zweistellig dargestellt):

310 Ver- und Entsorgung
320 Reinigung und Pflege
330 Bedienung der technischen Anlagen
340 Inspektion und Wartung der Baukonstruktionen
350 Inspektion und Wartung der technischen Anlagen
360 Kontroll- und Sicherheitsdienste
370 Abgaben und Beiträge
390 Betriebskosten, sonstiges.

Von Bedeutung ist hierbei, dass nunmehr auch die **Inspektion** und **Wartung** der Baukonstruktionen (KG 340) Berücksichtigung findet, was in der vorangegangenen Norm nicht der Fall war und daneben auch nicht Gegenstand der Normen für Anlagen bzw. Anlagenteile sein kann. Die weitere Aufteilung entspricht der

Gliederung nach Bauteilen gemäß DIN 276. Dies hat den großen Vorteil, dass die Kostenplanung des Gebäudes und seine Nutzung, hier die Planung der Betriebskosten, in direktem Zusammenhang stehen. Denn die Eigenschaften des Objektes werden im Zuge der Planung im Fall einer Kostenberechnung nach Bauelementen bzw. einer Kostenfeststellung mit entsprechender Gliederung in einer Art und Weise dokumentiert, dass damit für die Nutzung des Gebäudes eine sehr gute Grundlage geschaffen wird.

Begriffe für Tätigkeiten gemäß DIN 32541 Betreiben von Maschinen und vergleichbaren technischen Anlagen

Gegenstand dieser Norm ist u. a. die **Gebäudetechnik** entsprechend der Nutzungskostengruppe 350 Inspektion und Wartung der technischen Anlagen der DIN 18960 (08.99). Während letztere weiter nach Anlagegruppen unterscheidet, nämlich in KG 410 Abwasser-, Wasser-, Gasanlagen, KG 420 Wärmeversorgungsanlagen usw., beschreibt DIN 32541 die „Gesamtheit aller Tätigkeiten, die an Maschinen und vergleichbaren technischen Arbeitsmitteln von der Übernahme bis zur Ausmusterung ausgeübt werden." Es wird gegliedert:

1   Übernehmen (Indienststellen)
2   Inbetriebnehmen
3   Rüsten (Einrichten)
4   Betätigen (Bedienen)
5   Instandhalten (Hinweis auf DIN 31051)
6   Außerbetriebnehmen
7   Ausmustern.

Der Zusammenhang mit der DIN 31051 Instandhaltung ist dabei gegeben und wird an dieser Stelle ausdrücklich erwähnt.

Betriebskosten gemäß II. Berechnungsverordnung (10.90 einschl. Änd. 07.96)

Die **II. BV** ist gemäß § 1 anzuwenden, wenn

„1.   die Wirtschaftlichkeit, Belastung, Wohnfläche oder der angemessene Kaufpreis für öffentlich geförderten Wohnraum bei Anwendung des zweiten Wohnungsbaugesetzes oder des Wohnungsbindungsgesetzes

2.   die Wirtschaftlichkeit, Belastung oder Wohnfläche für steuerbegünstigten oder freifinanzierten Wohnraum bei Anwendung des zweiten Wohnungsbaugesetzes

3.   die Wirtschaftlichkeit, Wohnfläche oder der angemessene Kaufpreis bei Anwendung der Verordnung zur Durchführung des Wohnungsgemeinnützigkeitsgesetzes zu berechnen sind."

(II. Berechnungsverordnung (10.90 einschl. Änd. 07.96))

Die II. BV wird auch für die Ermittlung von **Wohnflächen** verwendet, da es hierfür ansonsten keine geeignete oder derzeit allgemein gültige Grundlage gibt. Die II. BV schafft darüber hinaus als einziges Regelwerk eine Grundlage für eine vollständige Wirtschaftlichkeitsermittlung. Diese erfolgt unter Anwendung des § 19 Kapitalkosten in Verbindung mit § 24 Bewirtschaftungskosten. Die **Bewirtschaftungskosten** beinhalten die Kostenarten Abschreibung, Verwaltungskosten, Betriebskosten, Instandhaltungskosten sowie das Mietausfallwagnis.

„§ 27 Betriebskosten

(1) Betriebskosten sind die Kosten, die dem Eigentümer (Erbbauberechtigten) durch das Eigentum am Grundstück (Erbbaurecht) oder den bestimmungsgemäßen Gebrauch des Gebäudes oder der Wirtschaftseinheit, der Nebengebäude, Anlagen, Einrichtungen und des Grundstücks laufend entstehen. Der Ermittlung der Betriebskosten ist die dieser Ermittlung beigefügte Anlage 3 „Aufstellen der Betriebskosten" zugrunde zu legen. .... ."

Die in Anlage 3 (zu § 27 Abs. 1) enthaltenen Kosten sind:

1. Die laufenden öffentlichen Lasten des Grundstücks

2. Die Kosten der Wasserversorgung

3. Die Kosten der Entwässerung

4. Die Kosten
   a) des Betriebs der zentralen Heizungsanlage einschließlich der Abgasanlage
   b) des Betriebs der zentralen Brennstoffversorgungsanlage
   c) der eigenständig gewerblichen Lieferung von Wärme, auch aus Anlagen im Sinne des Buchstabens a
   d) der Reinigung und Wartung von Etagenheizungen

5. Die Kosten
   a) des Betriebs der zentralen Wasserversorgungsanlage
   b) der eigenständig gewerblichen Lieferung von Warmwasser, auch aus Anlagen im Sinne des Buchstabens a
   c) der Reinigung und Wartung von Warmwassergeräten

6. Die Kosten verbundener Heizungs- und Warmwasserversorgungsanlagen

7. Kosten des Betriebs des maschinellen Personen- oder Lastenaufzugs

8. Die Kosten der Straßenreinigung und Müllabfuhr

9. Die Kosten der Hausreinigung und Ungezieferbekämpfung

10. Die Kosten der Gartenpflege

11. Die Kosten der Beleuchtung

12. Die Kosten der Schornsteinreinigung

13. Die Kosten der Sach- und Haftpflichtversicherung

14. Die Kosten für den Hauswart

15. Die Kosten
    a) des Betriebs der Gemeinschafts-Antennenanlage
    b) des Betriebs der mit einem Breitbandkabelnetz verbundenen privaten
       Verteilanlage
16. Die Kosten des Betriebs der maschinellen Wascheinrichtung
17. Sonstige Betriebskosten.
(II. Berechnungsverordnung (10.90 einschl. Änd. von 07.96))

Während die Verbrauchsmengen der Betriebsführung bei ähnlichen Bedingungen häufig gleich ausfallen, können die Kosten in Abhängigkeit vom Standort, also Gemeinde oder Stadt erheblich abweichen. Dies ist auch einer der Gründe, warum es so schwer ist, **Kennwerte** zu bilden, die ohne weiteres bei verschiedenen Objekten Anwendung finden können. Deutlich zeigt dies ein vor wenigen Jahren von der Zeitschrift „Capital" durchgeführter Vergleich. Die angenommenen Mengen der Verbrauchswerte für Strom, Gas, Wasser, Abwasser und Müll sowie Straßenreinigung waren bei allen Erhebungen gleich. Die Kosten, bedingt durch die voneinander abweichenden Preise der einzelnen **Versorgungsunternehmen**, zeigten sich als sehr unterschiedlich. Dieses Phänomen betrifft nicht nur den hier untersuchten Wohnungsbau, sondern grundsätzlich alle anderen Nutzungen auch.

Es wurden die Kosten in verschiedenen Städten, hier eine Auswahl, ermittelt: „Feste und verbrauchsabhängige Kosten im Modelleinfamilienhaus (140 Quadratmeter Wohnfläche) in Euro (Umrechnung durch den Verf.) pro Jahr, gegebenenfalls mit Mehrwertsteuer und Abgaben, Stand Anfang 1995, Basisdaten der städtischen Ämter (vgl. auch Abbildung folgende Seite).

Strom:	4 000 Kilowattstunden
Gas:	30 000 Kilowattstunden, entspricht je nach Heizwert, etwa 3000 Kubikmetern, 20-kW-Heizanlage, Warmwasser
Wasser:	200 Kubikmeter
Abwasser:	gegebenenfalls mit Gebühr für Regenwassereinleitung
Straßenreinigung:	bei 13 m Front, vereinzelt nach Grundstücks- oder Straßenfläche, in einigen Fällen inklusive Pflichtgebühr für Bürgersteigreinigung
Müll:	120 Liter Gesamtmüll pro Woche, bei angebotener Wertstoffabholung reduzierte Gebühr."

Kosten pro Jahr / Stadt	Strom	Gas	Wasser	Abwasser	Straßen-reinigung	Müll-abfuhr
Berlin (W)	693	**1429**	273	356	64	236
Cottbus	502	945	328	626	(2)	**44**
Darmstadt	624	828	520	**930**	85	199
Dresden	**478**	973	362	328	33	181
Ingolstadt	667	867	**156**	250	28	138
Karlsruhe	670	932	258	**234**	(2)	187
München	**778**	891	230	280	45	197
Offenbach	609	805	421	316	**124**	104
Oldenburg	602	**755**	269	373	40	135
Siegen	583	870	358	570	**14**	82
Ulm	639	908	289	286	(2)	**464**
Wiesbaden	647	845	**615**	684	99	87

Fußnote (2):   Fahrbahnreinigung aus Steuermitteln

Abb. 13-5   Unterschiedliche Betriebskosten für Einfamilienhäuser
(Seyfried, K.-H.: Die Preistreiber, 1995, S. 140f.)

Ein weiteres Beispiel zeigt die gemittelten **Betriebskosten** von Büroimmobilien (Abbildung unten). Es wird gegenüber den gezeigten Verbrauchswerten im Wohnungsbau eine andere Gliederung verwendet - auch eines der grundsätzlichen Probleme bei fast allen Vergleichen. In diesem Fall werden die Kosten auf den Quadratmeter Mietfläche im Monat bezogen. Dabei wird neben der sogenannten „Kaltmiete" für die Bereitstellung, Verwaltung und Instandhaltung der Flächen von der „Zweiten Miete" für die Betriebskosten gesprochen. Bundesweit liegen diese Werte bei Bürogebäuden zwischen etwa 3,00 und 4,50 €/m² Mietfläche und erreichen damit bereits bis zu einem Drittel von günstigen „Kaltmieten", mit steigender Tendenz.

Betriebskosten von Büroimmobilien	
Kostenart	€/qm/Monat
Energie	1,15
Technischer Service	0,75
Öffentliche Abgabe (Grundsteuer, Wasser- und Abwasserkosten)	0,63
Verwaltung	0,45
Hausdienste (Reinigung und Pflege der Außenanlagen)	0,30
Versicherung	0,20
Abfall	0,18
Summe	3,65

Abb. 13-6   Betriebskosten von Büroimmobilien (o. Verfasserangabe: Die „zweite Miete" wird immer teurer, 1998, S. V 2/1)

Zusammengetragen sind hier die Betriebskosten eines üblichen Bürogebäudes ohne besondere Nutzungsanforderungen in einer deutschen Stadt ab 100 000 Einwohner. Die Grundlage bildet dabei die Betriebskostenabrechnung zahlreicher Objekte aus dem Jahr 1996. Alle Werte sind in diesem Beispiel Durchschnittswerte. (o. Verfasserangabe: Die „zweite Miete" wird immer teurer, 1998, S. V 2/1)

Schlussfolgerungen für die Einflüsse auf die Kostenarten wie Gebäudetyp, Anteil der technischen Anlagen oder Intensität der Nutzung können aus diesen Angaben nicht gezogen werden. Es lässt sich lediglich im Vergleich mit früheren Erhebungen ganz allgemein feststellen: „Die Kosten der altgewohnten Gebäudebewirtschaftung wachsen seit einiger Zeit schneller als die Gesamtkosten. Ursachen hierfür sind die überproportional wachsenden Kosten für Energie und Entsorgung, die hohen Umweltschutzkosten und schließlich die Verringerung der Regelarbeitszeiten, die den Personalbedarf für Dienste wachsen lässt. Die Gebäudenutzer lösen durch wachsende Ansprüche an Gebäudetechnik und Gebäudeausstattung einen zusätzlichen Kostenschub aus." (Schneider, H.: Outsourcing von Gebäude- und Verwaltungsdiensten, 1996, S. 24)

Beim Vergleich der oben aufgeführten Beispiele für die verbrauchsabhängigen Kosten in den verschiedenen Städten wie auch der Betriebskosten von Büroimmobilien untereinander und mit den Gliederungen der DIN 18960 (08.99) oder der II. BV wird deutlich, dass bei praktischen Erhebungen sowohl Begriffe als auch Bezugsgrößen uneinheitlich verwendet werden. Für Auswertungen und für die Planung von Nutzungskosten in der Praxis hält der Verfasser die folgenden Kennwerte für sinnvoll:

Abwasser: €/m² Bauelement Dachfläche für Regenwasser
              €/NE Nutzer für Abwasser
              €/m² Grundfläche für Abwasser

Wasser: €/NE Nutzer für Frischwasser bzw. Warmwasser
              €/m² Grundfläche für Frischwasser bzw. Warmwasser

Wärme: €/m² Grundfläche geheizte Fläche
              €/m³ NRI geheizter Rauminhalt

Kälte: €/m² Grundfläche gekühlte Fläche
              €/m³ NRI gekühlter Rauminhalt

Strom: €/m² Grundfläche beleuchtete Fläche
              €/m² Grundfläche mit Fördertechnik versorgte Fläche
              €/Anlage der Fördertechnik

Abfall: €/m² Grundfläche entsorgte Fläche
              €/NE Nutzer des Gebäudes

Reinigung: €/m² Grundfläche gereinigte Fläche.

Anmerkung: Die Leistungen der Wärme und Kälte können weiter in Teilklimatisierung, Belüftung und Befeuchtung unterschieden werden.

Sowohl die Flächen nach DIN 277 (06.87) wie BGF, NGF, HNF als auch die nicht eindeutig definierte Mietfläche werden als Bezugsgrößen verwendet. Um die Vergleichbarkeit von Kennwerten zu vereinfachen, ist auf eine einheitliche Flächenart zu achten.

Häufig werden anstelle oder neben den Kosten auch die Verbrauchswerte in kcal, kWh oder m³ ermittelt, um marktbedingte Einflüsse zu separieren. Soweit die NGF nicht vorliegt, können die Kennwerte für grobe Ermittlungen, z. B. in frühen Leistungsphasen der Planung oder für den vereinfachten Vergleich genutzter Gebäude, auch auf die BGF bezogen werden; für die Rauminhalte gilt dies entsprechend.

Besonderes Augenmerk ist bei der Planung und Nutzung von Gebäuden auf deren **Energiewirtschaftlichkeit** zu richten. Die Chancen der Kostensenkung sind diesbezüglich in der Planung besonders groß. Aber auch während der Nutzung des Gebäudes bestehen Verbesserungsmöglichkeiten. Insofern hat das Energiemanagement einen hohen Stellenwert im Rahmen des Technischen Gebäudemanagement. „Zum Energiemanagement gehören Leistungen wie:

- Gewerkeübergreifende Analyse der Energieverbraucher;
- Ermitteln von Optimierungspotentialen;
- Planen der Maßnahmen unter betriebswirtschaftlichen Aspekten;
- Berechnen der Rentabilität;
- Umsetzen der Einsparungsmaßnahmen;
- Nachweisen der Einsparungen."

(DIN 32736 Gebäudemanagement... (08.00))

Die Vielzahl von Aufgaben des **Energiemanagement** lässt sich in die drei folgenden Maßnahmenkategorien einteilen:

„1. Maßnahmen ohne technische oder bauliche Änderungen, z. B. Anpassung der Heizkurven an die tatsächliche Nutzung, Minderung der Einstellwerte der Wassertemperatur, Prüfung und Neugestaltung der Energielieferverträge

2. Maßnahmen mit geringen technischen oder baulichen Änderungen, z. B. Erneuerung der Dichtungen an Fenstern und Türen, Austausch von Glühbirnen durch Energiesparlampen, Verwendung von Durchflussbegrenzungen

3. Maßnahmen mit größeren technischen oder baulichen Änderungen, z. B. Austausch veralteter Systeme, Montage eines Gebäudeautomationssystems, Wärmedämmung durch Außenwandisolierung."

(AIG): Instandhaltungsinformation Nr. 15, 1994, S. 3)

13.2.2 Technische Gebäudeerhaltung

Unter der **technischen Gebäudeerhaltung** werden alle Maßnahmen zusammengefasst, die in der Praxis und den einschlägigen Normen und Verordnungen als
Instandhaltung einschließlich Wartung und Inspektion, Instandsetzung oder Bauunterhaltung bezeichnet und durchgeführt werden. Eingeschlossen sind Maßnahmen an technischen Anlagen, Ausstattungen und im Bereich der Außenanlagen. Sie dienen mit im Einzelfall notwendigen Änderungen des Gebäudes wie
Sanierung, Modernisierung und Umbau der Sicherung und Erhöhung nicht nur der
technischen Lebensdauer, sondern vor allem der wirtschaftlichen Nutzungsdauer
einer Immobilie. Gesondert werden diejenigen Maßnahmen behandelt, die zur
Veränderung eines Gebäudes führen. Sei es nur zu einer Verbesserung seiner
Eignung, wie in Form von Modernisierung oder Sanierung, oder durch Abbruch
und Beseitigung.

Nach § 3 HOAI sind **Instandsetzungen** „Maßnahmen zur Wiederherstellung des
zum bestimmungsmäßigen Gebrauch geeigneten Zustandes (Soll-Zustand) eines
Objekts." ... Instandhaltungen sind Maßnahmen zur Erhaltung des Soll-Zustandes
eines Objekts. Instandsetzungen sind von Wiederaufbauten zerstörter Objekte und
von Modernisierungen als „bauliche Maßnahmen zur nachhaltigen Erhöhung des
Gebrauchswertes eines Objekts" zu unterscheiden. (§ 3 HOAI (01.96))

Zur Sicherung der Nutzbarkeit und im Hinblick auf die **Werterhaltung** von
Gebäuden sind eine regelmäßige Instandhaltung und eine vorbeugende Instandsetzung erforderlich. Es geht also darum, nicht erst auf eingetretene Schäden zu
reagieren, sondern durch regelmäßige Überprüfung und rechtzeitige Maßnahmen
größere Schäden zu vermeiden. Instandhaltung umfasst nach allgemeinem Verständnis auch die Maßnahmen der Wartung und Inspektion als Teil der Betriebskosten sowie die Instandsetzung.

Entsprechend der DIN 31051 (01.85) beinhaltet Instandhaltung die Maßnahmen
Inspektion, Wartung, Instandsetzung und Bauunterhaltung. Dabei dient die
Inspektion der Feststellung des Ist-Zustandes, die Wartung der regelmäßigen
Pflege, z. B. in Form von Reinigungs-, Schmier- und Reparaturarbeiten der
technischen Anlagen. Instandsetzung kann in die kleine Instandsetzung, z. B.
Austausch von Verschleißteilen, und in die große Instandsetzung, auch als
Bauunterhaltung bezeichnet, unterschieden werden.

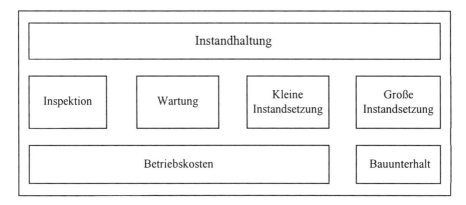

Abb. 13-7 Instandhaltung nach Pierschke (Pierschke, B.: Facilities Management ..., 1998, S. 288) / (GEFMA e. V. (Hrsg.): GEFMA-Richtlinie 122 ... (Entwurf) (12.96))

Für die Instandhaltung der **technischen Anlagen** gilt folgende Zielsetzung, sie kann auch für das gesamte Gebäude, also einschließlich Baukonstruktionen und Ausstattung uneingeschränkt in dieser Form gefordert werden:

„1. Sicherstellung der Funktionalität und der definierten Leistung der installierten Technik

2. hohe Verfügbarkeit

3. hohe Lebensdauer, Werterhaltung

4. geringe Energiekosten

5. Wirtschaftlichkeit des gesamten Personal- und Materialeinsatzes

6. Dokumentation, Kontrolle und Beheben von Schwachstellen

7. Umweltschutz (umweltfreundliche Stoffe, geringe Emission, geordnete Entsorgung)"

(DIN Taschenbuch 255 - Vorwort zur Instandhaltung ..., (05.92), S. VII)

Entsprechend können als **Ziele der Instandhaltung**, welche vor allem auch planenden und vorbeugenden Charakter haben soll, formuliert werden:

- größere Schäden, z. B. durch Undichtigkeit an Dach oder Fassade und in Folge dessen Schäden durch eindringendes Wasser, an Baukonstruktionen und Technischen Anlagen zu vermeiden

- Ausfälle bei Technischen Anlagen wie den Ausfall einer Aufzugsanlage und damit Einschränkung der Nutzung des Gebäudes bzw. des Komforts zu vermindern

- um geplante Unterbrechungen der Nutzung durch Schäden, Ausfall und große Instandsetzungen zu vermeiden

- Erfordernisse der Sicherheit und des Umweltschutzes wie die Dichtigkeit eines Öltanks einzuhalten

- die Nutzungskosten im Durchschnitt über die Nutzungsdauer zu senken
- die Werterhaltung des gesamten Gebäudes langfristig zu sichern.

Bei der Planung der Instandsetzung kann davon ausgegangen werden, dass Gründung und Tragwerk wegen ihrer langen technischen Lebensdauer vernachlässigt werden können. Die Außenhülle ist besonders der Witterung, beispielsweise durch Frost, Regen oder Wind, die Innenhülle ist vor allem der Beanspruchung durch die Nutzung ausgesetzt, die beispielsweise mechanische Beschädigungen oder Verunreinigungen zur Folge hat.

Die **technische Lebensdauer** der meisten technischen Anlagen ist eher kürzer als die der Baukonstruktionen. Veraltete und schadensanfällige Anlagen können zum Sicherheitsrisiko, z. B. durch überlastete Elektroinstallationen, oder Gesundheitsrisiko, durch beispielsweise korrodierende Wasserleitungen, für die Nutzer werden. Aus wirtschaftlicher Sicht ist bei vielen Anlagen der vollständige Ersatz nach 20 bis 30 Jahren angeraten, wenn z. B. moderne Heizungsanlagen weniger Brennstoff oder moderne Klimaanlagen weniger Strom verbrauchen und sich der Ersatz einer Anlage innerhalb der restlichen Nutzungsdauer des Gebäudes amortisiert.

Untersucht man, wie die Instandhaltung in der Praxis organisiert ist, muss man feststellen, dass in diesem Bereich „häufig die nachfolgend aufgeführten **Schwachstellen** auftreten:

- keine Übersicht über laufende Aufträge
- kein gesicherter Wartungsablauf
- keine auftrags-, objekt- bzw. prozessbezogene Kostenerfassung
- unklare Verantwortlichkeiten
- keine Basisdaten für gezielte Schwachstellen analysieren
- keine Übersicht über gelagerte Ersatzteile
- aufwendige Prozesse für Fremdbeauftragung
- verstreute, nicht aktuelle Dokumentation
- personenabhängiges Wissen
- keine objektiven Vergleichswerte für kostenoptimiertes Outsourcing."

(Voß, R.: Instandhaltungsmanagement, 2000, S. 151)

Gegenstand einer geplanten **vorbeugenden Instandsetzung** soll sein:

- rechtzeitiges Erkennen der notwendigen Maßnahmen
- zeitgerechte Bereitstellung der finanziellen Mittel, zeitgerechte Planung, Beauftragung und Durchführung der Maßnahmen
- Kostensicherheit und wirtschaftlicher Einsatz der Mittel
- Vermeidung bzw. Reduzierung von Schäden und Nutzungsausfällen sowie Erhaltung wertvoller Bausubstanz.

Instandhaltung gemäß DIN 18960 Nutzungskosten im Hochbau (08.99)

Mit DIN 18960 (08.99) hat der Begriff Instandsetzung als Ersatz für den Begriff Bauunterhaltung der DIN 18960 (04.76) vollständig Eingang in das Bauwesen gefunden, bisher war dort der Begriff Instandsetzung vorwiegend für technische Anlagen benutzt worden. Ansonsten werden Bauunterhalt und Instandsetzung grundsätzlich gleich gesetzt. Zu KG 6 Bauunterhaltungskosten (04.76) wurde erläutert: „Gesamtheit der Maßnahmen zur Bewahrung und Wiederherstellung des Sollzustandes von Gebäuden und dazugehörigen Anlagen, jedoch ohne Reinigung und Pflege der Verkehrs- und Grünflächen ... und ohne Wartung und Inspektion der haus- und betriebstechnischen Anlagen ... ."

DIN 18960 (08.99) nimmt die Systematik der neuen DIN 276 (06.93) auf und teilt unter KG 400 **Instandsetzungskosten** als Bauunterhalt und Maßnahmen zur Wiederherstellung des Sollzustandes auf

410   Instandsetzung der Baukonstruktionen
420   Instandsetzung der technischen Anlagen
430   Instandsetzung der Außenanlagen
440   Instandsetzung der Ausstattung

und sieht eine weitere Unterteilung entsprechend DIN 276 (06.93) nach Bauelementen vor (z. B. 421 Abwasser-, Wasser-, Gasanlagen).

Instandhaltung gemäß DIN 31051 Instandhaltung (01.85)

DIN 31051 Instandhaltung (01.85), herausgegeben vom Normenausschuss Maschinenbau, regelt Begriffe und Maßnahmen für Maschinen und technische Anlagen, z. B. Aufzüge, vergleichbar den Kostengruppen 5.6 Wartung und Inspektion sowie 6. Bauunterhalt in der DIN 18960 Baunutzungskosten (04.76) bzw. den Kostengruppen 350 Inspektion und Wartung der Technischen Anlagen sowie 420 Instandsetzung der Technischen Anlagen in der neuen DIN 18960 Nutzungskosten im Hochbau (08.99).

Unter **Instandhaltung** sind „Maßnahmen zur Bewahrung und Wiederherstellung des Sollzustandes sowie zur Feststellung und Beurteilung des Ist-Zustandes von technischen Mitteln eines Systems" zu verstehen. Sie beinhalten die „Maßnahmen der Wartung, Inspektion und Instandsetzung. Sie schließen ein: Abstimmung der Instandhaltungsziele mit den Unternehmenszielen, Festlegung entsprechender Instandhaltungsstrategien." (DIN 31051 Instandhaltung (01.85))

**Instandhaltung gemäß II. Berechnungsverordnung
(10.90 und Änd. von 07.96)**

Die II. BV (07.96) gibt unter § 28 Instandhaltungskosten einen Ansatz der **Instandhaltungskosten** vor und grenzt die dafür notwendigen Maßnahmen ausdrücklich von denen einer Sanierung und der Schaffung neuer Räume ab, beispielsweise im Falle eines Dachausbaues.

Die Kostenwerte werden unterschieden bzw. fallen unterschiedlich aus bei bzw. in Abhängigkeit von:

- Alter des Gebäudes; Jahr der Bezugsfertigkeit bis Ende 1969, 1979, 1989
- Beteiligung des Mieters an der (kleinen) Instandhaltung; angesprochen sind kleine Schäden an Installationsgegenständen für Elektrizität, Wasser und Gas, Heiz- und Kocheinrichtungen, Fenster- und Türverschlüssen sowie Verschlussvorrichtungen von Fensterläden im Bereich der Wohnung
- Beteiligung des Mieters an Schönheitsreparaturen
- Instandhaltung an Garagen
- Instandhaltung von Privatstraßen und -wegen.

Mit der Festlegung von Kriterien, Leistungen und Kostenwerten besteht für die Instandhaltung eine hohe Planungssicherheit. Ob in jedem Fall die Kostenwerte zu hoch oder zu niedrig bemessen sind, darüber liegen dem Verfasser keine Auswertungen vor. Die Angemessenheit der Kostenwerte ist dabei zweifellos von der Qualität der Bausubstanz, dem Verhalten der Mieter, einschließlich der Häufigkeit des Wohnungswechsels abhängig. Auf jeden Fall kann die II. BV in Form dieser Regeln als Beispiel für eine Art von Strategie zur Instandhaltung dienen.

13.3 Die weiteren Leistungsbereiche des Gebäudemanagement

Zahlreiche Aufgaben in den Leistungsbereichen Infrastrukturelles Gebäudemanagement und Kaufmännisches Gebäudemanagement sind überwiegend vom Gebäude unabhängig und stehen nicht oder nur indirekt im Zusammenhang mit dem Projektmanagement der Bauherren und Planer.

Es wird deswegen nur ein kurzer Überblick gegeben. Auf Gebäudereinigung und Flächenmanagement wird dagegen insoweit eingegangen, als hierauf beim Projektmanagement geachtet werden muss bzw. von vornherein ein positiver Beitrag zur Nutzung geleistet werden kann.

13.3.1 Infrastrukturelles Gebäudemanagement

Folgt man der Gliederung der DIN 32736 (08.00), enthält das Infrastrukturelle Gebäudemanagement umfangreiche, das Kerngeschäft des Betriebes versorgende Serviceleistungen. Der überwiegende Teil der Aufgaben ist gebäudeunabhängig, wie Verpflegungsdienste, DV-Dienstleistungen, interne Postdienste, Kopier- und Druckereidienste, Parkraumbetreiberdienste, Umzugsdienste, Waren- und Logistikdienste, Zentrale Telekommunikationsdienste und das Ver- und Entsorgen, z. B. von Abfällen.

Als gebäudeabhängige und deswegen in DIN 18960 enthaltene Leistungen sind ganz oder teilweise die Gärtnerdienste, Hausmeisterdienste, Reinigungs- und Pflegedienste der Gebäude und Außenanlagen, die auf das Gebäude bezogenen Sicherheitsdienste und die Winterdienste zu verstehen. Der **Reinigungsaufwand** sei als Beispiel für eine gebäudeabhängige Leistung genannt, da er bereits in der Planung beeinflusst werden kann durch:

- Grundrissgeometrie; Befahrbarkeit der Flächen mit Reinigungsmaschinen, Größe zusammenhängender Flächen, Stützen und Einbauten, Materialien der Boden- und Deckenbeläge, z. B. Gumminoppen-, Teppichboden-, Fliesen- oder Steinbelag
- Fassaden; Material, z. B. Naturstein oder Metall, Anteil der Glasflächen, Sonnenschutz, Geometrie und konstruktive Ausbildung, Möglichkeit, die zu reinigenden Flächen zu erreichen, z. B. mit Hilfe von Fassadenbefahranlagen, Leitern, Gerüsten oder Hubwagen innen und außen.

Die Kosten der Reinigung hängen neben dem Verhalten und der Anzahl der Nutzer und äußeren Einflüssen, z. B. Abgase von Industriebetrieben, schmutzige Zuwegungen, Witterung, von

- den Anforderungen an die Sauberkeit und
- der Beschaffung der Reinigungsleistungen

ab. Unabhängig davon, ob die Reinigungsarbeiten durch eigenes Personal oder durch eine Fremdfirma als sogenanntes Outsourcing durchgeführt werden, ist eine möglichst genaue Leistungsbeschreibung erforderlich.

13.3.2 Kaufmännisches Gebäudemanagement

Kaufmännisches Gebäudemanagement wird in Beschaffungsmanagement, Kostenplanung und -kontrolle, Objektbuchhaltung und Vertragsmanagement unterschieden. (DIN 32736 Gebäudemanagement ... (08.00))

Zur **Beschaffung** gehören Materialien, Energie und Dienstleistungen, soweit es sich um Fremdleistungen handelt. „Outsourcing ist grundsätzlich nichts anderes als das klassische Zukaufen von Leistungen, seit Jahrzehnten unter dem Begriff Make-or-buy behandelt. Wesentlich geändert haben sich jedoch die Dienste, über

deren Verlagerung heute nachgedacht wird. Sie werden komplexer, sie werden zu größeren Paketen gebündelt und sie werden um die wichtige Aufgabe des Dienstemanagements erweitert."
(Schneider, H.: Outsourcing von Gebäude- und Verwaltungsdiensten, 1996, S. 6)

Beispiele waren bislang vor allem Buchhaltung, Rechtsberatung, Datenverarbeitung, Transporte, Weiterbildung, Werbung und Steuerberatung. Im Fall des Gebäudemanagement kommen praktisch alle Leistungen für ein Outsourcing in Betracht. So stellt sich für das Beschaffungsmanagement die Frage, welche Kriterien über den Preis der Leistungen hinaus beim Einkauf von Leistungen zu beachten sind, beispielsweise Fragen der Sicherheit und Zuverlässigkeit, spezieller Fach- und Ortskenntnisse oder des Verwaltungsaufwandes bei der Durchführung.

Kostenplanung und -kontrolle des Gebäudemanagement unterscheiden sich von den vergleichbaren Aufgaben im laufenden Betrieb nicht grundsätzlich. Problematisch ist bei vielen Unternehmen die Tatsache, dass den Kosten im Zusammenhang mit dem Gebäude eher geringe Beachtung geschenkt wurde. Die in vielen Fällen unzureichende Datenbasis erklärt sich neben der geringen Beachtung aber auch daraus, dass folgendes vorgefunden wird:

„- komplexe Dienste, deren Aufgaben nicht immer klar umrissen sind
- ungenaue Mengengerüste
- ungenaue Ist-Kosten-Erfassung
- zahlreiche Schnittstellen zu anderen Unternehmensfunktionen
- unterschiedliche Interessenlagen betroffener Personen und Bereiche
- lange Projektlaufzeiten mit zwischenzeitlichen Veränderungen von Inhalten und Aufgaben"
(Schneider, H.: Outsourcing von Gebäude- und Verwaltungsdiensten, 1996, S. 81)

Zur einer immobilienbezogenen **Objektbuchhaltung** gehören nach Pierschke hauptsächlich:

„- die Erfassung und Abrechnung von Kapitalkosten, Abschreibungen, Steuern und Abgaben, Betriebskosten und sonstigen Kosten bzw. der Mieten und Mietnebenkosten bei angemieteten Immobilien
- die Kontenführung
- die Rechnungsprüfung und der Zahlungsverkehr (inkl. des Mahnwesens) und
- die Bearbeitung von Versicherungsfällen."
(Pierschke, B.: Facilities Management als ganzheitlicher Ansatz, 1998, S. 294)

Das **Vertragsmanagement** beinhaltet die Vorbereitung von Leistungsbildern, die Abstimmung der Verträge mit einem Juristen bzw. einer entsprechenden Abteilung, die kaufmännische Abwicklung der Verträge einschließlich eventueller Änderungen.

13.3.3 Flächenmanagement

Die Ermittlung von Flächen ist erstmalig Gegenstand der **Projektentwicklung**, sofern ein Gebäude neu errichtet werden soll. Vergleichbare Anforderungen sind zu formulieren, wenn ein bestehendes Gebäude erworben oder angemietet werden soll oder Änderungen der Betriebsgröße oder im Betriebsablauf Auswirkungen auf den Flächenbedarf haben. In Anbetracht der hohen Gebäudekosten und der Bedeutung des Gebäudes als Voraussetzung für die betriebliche Leistungserstellung ist das Gebäude ein wesentlicher Faktor.

Flächenmanagement im Zusammenhang mit der Nutzung von Gebäuden hat demnach die aus betrieblicher Sicht optimale Verwendung der im Gebäude vorhandenen Flächen, Räume bzw. Nutzeinheiten zum Gegenstand. Es berührt stark die Bereiche der Infrastruktur und weitgehend alle anderen Teilbereiche des übrigen Gebäudemanagement.

Hierzu gehören die folgenden Fragestellungen:

„-   Welche Kostenstelle verfügt über wie viel Fläche?
-   Wie setzen sich die Flächen zusammen (Büro-, Besprechungs-, Sende-, Verkehrsflächen etc.)?
-   Wo können neu angeforderte Flächen untergebracht werden (Reserven, Anmietung, etc.)?
-   Welcher Standort verfügt über wie viel Fläche einer bestimmten Flächenart?"
(Bethschneider, J. und Braun, H.-P.: Einführung von Facility Management ..., 1995, S. 22)

DIN 32736 (08.00) definiert als einen der Teilbereiche das **Nutzerorientierte Flächenmanagement** und nennt als dessen Aufgaben: „Nutzungsplanung, räumliche Organisation von Arbeitsprozessen und Arbeitsplätzen, ergonomische Arbeitsplatzgestaltung, flächenökonomische Optimierung, Optimierung von Wegebeziehungen" und schließt hinsichtlich der Änderungen im Betriebsgeschehen die „Planung von Belegungs-/Umlegungsprozessen ein".

Mit dem weiteren Begriff **Anlagenorientiertes Flächenmanagement** wird die notwendige Ver- und Entsorgung der Flächen durch die technischen Anlagen angesprochen. Diese besteht in der Verknüpfung von auf den Raum bezogenen Anforderungen (vgl. auch Abschnitt 6.1.2 Raumbuch) mit den Leistungen des Technischen Gebäudemanagement wie Wartung, Inspektion und Instandhaltung sowie erforderlichenfalls Modernisieren, Sanieren und Umbau.

Kriterien für die beiden genannten Teilbereiche sind:
-   Flächenangebot durch Größe und Zuschnitt
-   Lage im Gebäude und funktionale Beziehungen zu anderen Einheiten, z. B. Erreichbarkeit
-   Raumkonditionen wie beispielsweise das Klima

- Ver- und Entsorgung, z. B. durch Endgeräte technischer Anlagen, Anschluss-
werte
- Ausstattung wie Möblierung.

Den Kosten bzw. dem Wert der Flächen wird daneben unter dem Gesichtspunkt **Immobilienwirtschaftlich orientiertes Flächenmanagement** entsprochen. Die Verbindung von einzelnen Flächen zu einer Einheit als Gegenstand eines Miet-vertrages oder einer betrieblichen Funktion ist eine wesentliche Voraussetzung ihrer Nutzbarkeit. Die sachgerechte Belegung von Flächen und die Vermeidung von Leerstand sind ständig zu überwachen und zu steuern.

Gegenstand des Teilbereiches **Serviceorientiertes Flächenmanagement** sind: „Zeitmanagement von Raumbelegungen; Verpflegungs-Logistik in Liegenschaf-ten; Verpflegungs-Bewirtschaftung von Konferenzräumen; Schulungsräumen und dergleichen; Medien- und Konferenztechnischer Service für Büro-, Konferenz-, Veranstaltungsräume und dergleichen; flächen- bzw. raumbezogene Reinigungs-leistungen; flächen- bzw. raumbezogene Sicherheitsleistungen."
(DIN 32736 Gebäudemanagement... (08.00)

Die meisten Mitarbeiter z. B. in einer Verwaltung werden kaum von sich aus melden, dass sie zu viel Fläche haben. Eher werden sie ihr großes Büro genießen und mit Aktenmaterial auffüllen, anstatt dieses durch gezielte Durchsicht auf den notwendigen Umfang zu reduzieren. Wie viel Unnützes sich im Laufe mehrerer Jahre ansammeln kann, wird meist erst bei Umzügen sichtbar. Mit regelmäßigen Überprüfungen, mit Hilfe einer **Dokumentation** über Flächen und ihre tat-sächliche Nutzung und in Verbindung mit geeigneten Hilfsmitteln wie einer DV-gestützten Flächenverwaltung könnten die Raumkosten in den meisten Betrieben ohne Zweifel deutlich gesenkt werden.

Zur Unterstützung bietet sich unter anderem eine CAD-Anwendung an. Ihre Vorteile bestehen in Verbindung mit dem Kaufmännischen Gebäudemanagement durch:
„- mehr Transparenz für den tatsächlichen Flächenbedarf einzelner Bereiche
- mehr Transparenz in der Flächennutzung durch bessere Auswertungs-
möglichkeiten
- Selbstregulierung und Minimierung des Flächenbedarfs durch
Kostenstellenzuordnung
- Kostenreduzierung durch den bewussten Umgang mit Flächen
- Ermittlung von Mitarbeiterbelegungsgraden für eine ausgewogene
Flächenverteilung (Fläche pro Mitarbeiter)
- Reduzierung des Aufwandes bei der Flächenermittlung, da eine weitgehend
automatisierte Ermittlung möglich ist
- detaillierter Überblick über die Flächen und Flächenarten des Gebäude-
bestandes."
(Braun, H. P.; Oesterle, E. und Haller, P.: Facility Management - Erfolg in der Immobilienbewirtschaftung, 1996, S. 56)

13.4 Projekte im Bereich Technisches Gebäudemanagement

Die technische Lebensdauer eines Gebäudes ist nicht nur durch einen der Nutzung entsprechenden Gebrauch gekennzeichnet. Zwischenzeitlich stehen Gebäude leer. Problematisch dabei ist nicht nur der Ausfall der Nutzung, auch während des Leerstandes können erhebliche Kosten für die Erhaltung und Sicherung des Gebäudes anfallen. Wird ein Gebäude nicht genutzt und ist es auf absehbare Zeit nicht nutzbar, muss entschieden werden, ob durch Modernisierung, Sanierung, Umbau oder Abbruch Abhilfe geschaffen werden kann. Hierzu sei angemerkt: „Die Kosten der Herstellung, des Umbaus oder der Beseitigung von Gebäuden sind Kosten von Hochbauten nach DIN 276." (DIN 18960 Baunutzungskosten (04.76))

Jede dieser Maßnahmen ist praktisch ein **Projekt** und muss deshalb mit der gleichen Gewissenhaftigkeit wie der Neubau eines Objektes vorbereitet und durchgeführt werden. Insofern fallen auch in der Lebensdauer eines Objektes, also im zeitlichen Rahmen des Gebäudemanagement, einzelne Projektaufgaben an. Nachfolgend werden die Begriffe und Besonderheiten dieser Maßnahmen beschrieben.

13.4.1 Modernisierung

Gemäß HOAI ist unter **Modernisierungen** zu verstehen:

- „Modernisierungen sind bauliche Maßnahmen zur nachhaltigen Erhöhung des Gebrauchswertes eines Objektes, soweit sie nicht unter die Nummern 4 (Erweiterungsbauten), 5 (Umbauten) oder 10 (Instandsetzungen) fallen, jedoch einschließlich der durch diese Maßnahmen verursachten Instandsetzungen." (§ 3 Nr. 6 HOAI)

Art und Umfang von Modernisierungsmaßnahmen können sehr unterschiedlich sein. Deshalb ist vorab und im Hinblick auf die Nutzung zu klären, welchem Anspruch das modernisierte Objekt genügen soll und welche wirtschaftlichen und organisatorischen Bedingungen zu beachten sind. Hierzu zählen:

- Nutzungskonzept für die betroffenen Flächen
- Beachtung technischer, hygienischer und gesetzlicher Anforderungen und Ansprüche an zeitgemäße, der Nutzung entsprechende Räume
- Zeitrahmen für die Durchführung und die damit verbundene Unterbrechung der Nutzung
- Kostenrahmen für die mit der Modernisierung verbundenen Maßnahmen einschließlich Kosten der vorübergehenden Unterbringung der bisherigen Nutzung und Bewertung des entgangenen Nutzens während der Maßnahme als Mieterlöse oder Nachteile bei der Erfüllung der betrieblichen Aufgaben
- Organisation der Durchführung.

Zur **Modernisierung** von Wohnbauten formuliert Dickenbrock Ziele, die bei optimaler Lösung einer solchen Bauaufgabe erfüllt sein müssen. Diese können auf andere Nutzungen uneingeschränkt übertragen werden.

„- Die zu modernisierenden Altbauten müssen bautechnischen, funktionellen und gestalterischen Ansprüchen genügen, die weitgehend durch die Wohnbedürfnisse der Nutzer bestimmt werden;

- die Modernisierungsmaßnahmen sollten den Standort berücksichtigen;

- ein Leerstehen des Altbaus muss vermieden werden, die Modernisierungsmaßnahmen sollen rechtzeitig und zügig erfolgen;

- die Maßnahmen sollten zu angemessenen Kosten durchführbar sein und den Interessen der Nutzer - also der Bewohner gerecht werden;

- während des Nutzungszeitraums sollte die Wirtschaftlichkeit des Betriebs und der Unterhaltung gewährleistet sein."

(Dickenbrock, G.: Kostenermittlung in der Altbaumodernisierung, 1985, S. 2)

13.4.2 Sanierung

„Sanieren ist die nachhaltige Instandsetzung und umfassende Modernisierung auf lange Sicht." (Neddermann, R.: Altbauerneuerung, 1997, S. 54) Die einzelnen Maßnahmen wurden in den vorangegangenen Abschnitten beschrieben.

13.4.3 Umbau

Gemäß HOAI ist unter Umbauten zu verstehen:

- „Umbauten sind Umgestaltungen eines vorhandenen Objekts mit wesentlichen Eingriffen in Konstruktion oder Bestand." (§ 3 Nr. 5 HOAI)

Umbauen ist somit ein teilweiser Neubau nach teilweisem Abbruch von vorhandenen Baukonstruktionen und technischen Anlagen. Es darf in diesem Zusammenhang auf die vorangegangenen Kapitel sowie den folgenden Abschnitt verwiesen werden. Entscheidend bei diesen Maßnahmen ist der Umstand, dass vor einem Umbau die Flächen in der Regel entmietet bzw. die Nutzung über längere Zeit unterbrochen werden muss.

13.4.4 Abbruch und Beseitigung

Viele Bauwerke wurden in der Vergangenheit mit dem Bewusstsein errichtet, dass sie 100 und mehr Jahre für eine Nutzung zur Verfügung stehen müssten. Wurden diese zwischenzeitlich durch Brände, Kriege oder andere Katastrophen vernichtet, so sind es heute ganz andere Gründe, die zum Ende der Nutzungsdauer und damit zum **Abbruch** von Gebäuden führen. Gebäude werden bewusst abgebrochen, wenn sie nicht mehr den geforderten Nutzen ermöglichen.

„Abbruch ist die Teilung eines vorherigen Ganzen durch trennende Verfahren in zwei oder mehr Teile." (Deutscher Abbruchverband e. V. (Hrsg.): Technische Vorschriften Abbrucharbeiten, 1998, S. 6)

Die Beseitigung der Teile in Form der Entsorgung und gegebenenfalls das Recycling von Baustoffen bzw. die Wiederverwendung von brauchbaren Bauteilen kommt hinzu. Gründe für den Abbruch von Gebäuden sind häufig überwiegend:

- mangelhafte funktionale Eignung, z. B. ungeeigneter Grundriss, schlechte bauphysikalische Eigenschaften

- ungünstige Lage, z. B. im Fall erheblicher Verschlechterung des sozialen Umfeldes

- abnehmende Nachfrage, z. B. durch Bevölkerungsabwanderung oder Strukturänderungen.

Zwischenzeitlich stehen die Gebäude leer. Ausgelöst wird der Abbruch dann durch die für Erhaltung und Sicherung der Bausubstanz verursachten Kosten und durch soziale Probleme während des **Leerstandes**, die letztlich auch den Standort nachhaltig belasten. Der Abbruch ist oft die einzige auf Dauer vertretbare Lösung. Inzwischen hat der Rückbau von Industrieanlagen, Wohnkomplexen oder Sport- und Freizeiteinrichtungen, z. B. Hallenbäder, eine erhebliche Bedeutung gewonnen.

Wirtschaftliche und soziale Aspekte stehen beim Abbruch von Gebäuden im Vordergrund. Welche technischen und organisatorischen Gesichtspunkte sind dabei zu beachten?
Für den Abbruch ist das richtige Verfahren zu wählen. Als **Abbruchverfahren** kommen in Frage:

„- Stemmen mit handgeführten Werkzeugen
 - Stemmen mit Abbruchhammer auf Traggerüst
 - Abgreifen, Abtragen (Greifer, Hydraulik-Schere am Traggerüst)
 - Fall- oder Schlagkugel
 - Eindrücken, Einziehen, Einreißen und
 - Sprengen."

(Unruh, H.-P.: Umgestaltung von Plattensiedlungen durch partielle und totale Demontage und Wiederverwertung der Fertigteile, 2000, S. 16)

Wurden früher Gebäude einfach abgerissen - praktisch zerstört - und dann beseitigt, so stehen dem heute nicht nur rechtliche Auflagen entgegen. Im Gegensatz zum **Abriss** besteht nunmehr die Forderung der mindestens teilweise wiederholten Verwertung von Bauteilen und Baustoffen. „Das richtige Verfahren

- erfüllt sicher die geforderte Leistung

- vermeidet Unfälle

- hat keine schädigenden Auswirkungen auf die Nachbarschaft und Umwelt

- minimiert Belästigungen
- ermöglicht kurze Ausführungsfristen
- verursacht die geringsten Kosten."

(Roller, H.: Vorbehalte gegen Sprengungen im Stadtgebiet ..., 1999, S. 74)

Vergleichbar der Planung eines neuen Gebäudes, der Modernisierung, Sanierung oder eines Umbaus bedürfen auch Abbruch und Beseitigung eines Gebäudes der Vorbereitung. Diese besteht aus einer Ablaufplanung, einer Kostenplanung sowie einer Beschreibung der einzelnen Leistungen. Folgende Tabelle gliedert den Abbruch in mehrere Stufen und nennt Beispiele anfallender Stoffe:

Abbruchstufe	Beispiele anfallender Stoffe
1. Entrümpelung von lagernden Stoffen	Sperrmüll Unrat Hausmüll
2. Demontage wieder-verwendbarer Bauteile	Fenster, Türen Stahlkonstruktionen Maschinen Behälter Heizkörper
3. Separierung von Schadstoffen	Füllmengen von Behältern und Rohrleitungen (Öle, Kältemittel) Demontage von Bauteilen (AZ-Platten) Stemmen, Fräsen, Strahlen von kontaminierten Oberflächen/ Belägen
4. Separieren von Abfällen (nicht wiederverwendbare Stoffe, getrennt nach Stoffgruppen)	Dachabdichtungsmaterialien Innenausbaumaterial Decken-, Wand-, Bodenbeläge Isolierstoffe Holz- und Kunststoffe
5. Abbruch Baukonstruktion	Mauerwerk Beton Stahlbeton Profil- und Baustahl

Abb. 13-8   Abbruchstufen und anfallende Stoffe (Harzheim, J.: Ausschreibung und Durchführung von Abbruchmaßnahmen, 1999, S. 25)

Der Abbruch von Gebäuden erfolgte in den letzten Jahren in großem Umfang in den neuen Bundesländern. Die Wiedervereinigung hatte starken Einfluss auf die industrielle Produktion, verbunden mit dem Rückgang von Arbeitsplätzen. Die Abwanderung der Bevölkerung aus ehemaligen Industrieregionen wie beispielsweise Schwedt oder Hoyerswerda führte - begleitet durch andere Einflüsse - zum dauerhaften Leerstand tausender Wohnungen. Über die Kosten der **Abbruch-arbeiten** liegen umfangreiche Daten vor, die grundsätzlich auch auf andere Maß-nahmen übertragbar sein dürften.

Bezogen auf die Wohnfläche von Plattenbauwohnungen hat das Bauunternehmen Bilfinger + Berger, Niederlassung Cottbus, folgende Kosten für den Rückbau ermittelt bzw. durch Schätzungen (Kostenstand 2000, netto) ergänzt:

- Baustelleneinrichtung mit 7,50 bis 10,00 €/m² WF
- Entkernung inklusive Entsorgung mit 25,00 bis 35,00 €/m² WF
- Demontage Rohbau mit 125,00 bis 175,00 €/m² WF.

Unter Entkernung ist die Entfernung von in der Regel nicht mehr verwendbaren Ausbaukonstruktionen angesprochen. Es handelt sich hierbei um Konstruktionen aus Holz, Glas, Textilien und Kunststoffen, welche die Qualität des Bauschutts verschlechtern und damit die Entsorgungskosten erhöhen würden.

Unter Rückbau ist hierbei das Trennen der Baukonstruktionen und technischen Anlagen in der Weise zu verstehen, dass einzelne, in diesem Fall industriell vor-gefertigte Elemente noch weiter verwendet werden können, z. B. Wandscheiben und Deckenplatten. Deren nochmalige Verwendung wird mit Einsparungen von 60,00 bis 100,00 €/m² WF bewertet. Insgesamt werden die Kosten für den Rückbau mit 167,50 € bis 247,50 €/m² WF angegeben, im Gegensatz zum so bezeichneten traditionellen Totalabbruch mit 75,00 bis 125,00 €/m² WF oder teilweise sogar noch darunter. (Lippmann, B. und Krause, M.: Nachhaltige Sanierung von Plattenbauten, 2000, S. 35)

Literaturverzeichnis

AHO-Fachkommission Projektsteuerung (Hrsg.): Untersuchungen zum
  Leistungsbild des § 31 HOAI und zur Honorierung für die Projektsteuerung.
  Bundesanzeiger, Bonn 1996

Amelung, V.: Gewerbeimmobilien. Springer Verlag, Berlin 1996

Arbeitsgemeinschaft der Bau-Berufsgenossenschaften der Bauwirtschaft (Hrsg.):
  Abbrucharbeiten, sicher arbeiten - gesund bleiben. Frankfurt am Main 1998

AIG (Arbeitsgemeinschaft Instandhaltung Gebäudetechnik):
  Instandhaltungsinformation Nr. 15. Frankfurt am Main 1994

Architektenkammer Hessen und Bayerische Architektenkammer (IIrsg.):
  Generalplanung - Ein Leitfaden für Architekten. Selbstverlag, Wiesbaden und
  München 2000

Bauer, C.-O.: Rechtliche Anforderungen an Inhalte und Abläufe in der
  Konstruktion, in: Verein Deutscher Ingenieure e. V. (VDI) (Hrsg.): Wege zum
  erfolgreichen Qualitätsmanagement in der Produktentwicklung. VDI-Verlag,
  Düsseldorf 1994

Bayer, W.: Kostenplanung mit Kostenflächenarten, in: Die Bauverwaltung und
  Gemeindebau 06/1996

Bethschneider, J. und Braun, H.-P.: Einführung von Facility Management bei RTL
  Television, in: Facility Management 02/1995

Böggering, P.: Die Abnahme beim Werkvertrag, in: BauR 1983

Borchardt, H.: Vergütung von Projektsteuerungsleistungen. Vortrag auf der
  Fachtagung des IIR am 24. April 1996 in Düsseldorf

Brandenberger, J. und Ruosch, E.: Projektmanagement im Bauwesen. 4. Auflage,
  Baufachverlag AG, Dietikon 1996

Braun, H. P.; Oesterle, E. und Haller, P.: Facility Management - Erfolg in der
  Immobilienbewirtschaftung. Springer Verlag, Berlin 1996

Brych, F. und Pause, H.-E.: Bauträgerkauf und Baumodelle. Verlag C. H. Beck,
  München 1996

Bundesminister für Raumordnung, Bauwesen und Städtebau (Hrsg.):
  Vergabehandbuch für die Durchführung von Bauaufgaben des Bundes im
  Zuständigkeitsbereich der Finanzbauverwaltung (VHB). Mit aktuellen
  Ergänzungen, Bonn 1973

Bundesministerium für Bildung und Forschung (BMBF): Neue Ansätze für
  Ausbildung und Qualifikation von Ingenieuren. URL: http://www.bmbf.de,
  2000

Conradi, P.: Die Verantwortung des öffentlichen Bauherrn, in: BDA Hamburg
  (Hrsg.): Architektur und Verantwortung. Schriftenreihe Heft 10, Knut Reim
  Verlag, Hamburg 1995

Creifelds, C.: Rechtswörterbuch. 15. Auflage, Verlag C. H. Beck, München 1999

Deutscher Abbruchverband e. V. (Hrsg.): Technische Vorschriften
   Abbrucharbeiten. 2. Auflage, Düsseldorf 1998
Deutscher Verband der Projektsteuerer e. V. (Hrsg.): DVP Informationen 1994.
   DVP-Verlag, Wuppertal 1994
Deutscher Verband der Projektsteuerer e. V. (Hrsg.): DVP Informationen 1996.
   DVP-Verlag, Wuppertal 1996
Dickenbrock, G.: Kostenermittlung in der Altbausanierung. Springer Verlag,
   Berlin und New York 1989
Diederichs, C. J.: Kommentar zu den Grundleistungen der Projektsteuerung, in:
   AHO-Fachkommission Projektsteuerung (Hrsg.): Untersuchungen zum
   Leistungsbild des § 31 HOAI und zur Honorierung für die Projektsteuerung.
   Bundesanzeiger, Bonn 1996
Diederichs, C.-J.: Grundkonzeption der Projektentwicklung, in: Schulte, K.-W.
   (Hrsg): Handbuch der Immobilien-Projektentwicklung. Verlag Rudolf Müller,
   Karlsruhe 1996
Diederichs, C.-J.: Qualitätsmanagement und Qualitätssicherung im Bauwesen -
   Aufgabe von Bauherren, Bauplanern und Baufirmen. Vortrag auf der
   Fachtagung des DVP e. V.: Projektsteuerung und Qualität. 30.10.1992 in
   Nürnberg
DIN (Deutsches Institut für Normung): DIN ISO 9000 Qualitätsmanagement und
   Qualitätssicherungsnormen, Leitfaden zur Auswahl und Anwendung. Frankfurt
   1987
Dokumentation zum Schinkelfest 1978 des Architekten- und Ingenieurvereins
   Berlin

Enseleit, D. und Osenbrück, W.: HOAI - Anrechenbare Kosten für Architekten
   und Tragwerksplaner. 2. Auflage, Bauverlag GmbH, Wiesbaden 1991
Erler, P.: Berufsbild und Berufstätigkeit der Architekten Teil 1, in: DAB 01/1995
Eschenbruch, K. und Lederer, M.: Leistungsbild und rechtliche Grundlagen, in:
   Kapellmann, K. (Hrsg.): Juristisches Projektmanagement bei Entwicklung und
   Realisierung von Bauprojekten. Werner Verlag, Düsseldorf 1997
Eschenbruch, K.: Recht der Projektsteuerung. Werner Verlag, Düsseldorf 1999

Faltz, H. A.: Umzug in den neuen Landtag - Eine logistische Aufgabe, in:
   Präsident des Landtages (Hrsg.): Der neue Landtag Nordrhein-Westfalen.
   Düsseldorf 1988
Flughafen München GmbH (Hrsg.): Projekthandbuch Teil 1: Projektorganisation.
   Stand 01.03.1987
Flughafen München GmbH (Hrsg.): Projekthandbuch Teil 16:
   Trassenkoordination Regelquerschnitt 7.3.4 - 3. Fortschreibung. Stand
   07.07.1989
Fürst, D.: Die Problemfelder der Stadt - Versuch einer systematischen Einordnung,
   in: Kirsch, G. und Wittmann, W. (Hrsg.): Stadtökonomie. Gustav Fischer
   Verlag, Stuttgart 1997

GAEB (Gemeinsamer Ausschuss Elektronik im Bauwesen): Regelungen für
　　Informationen im Bauvertrag, Version 1.0. Ausgabe November 1999
Gareis, R. und Titscher, S.: Projektarbeit und Personalwesen, in: Gaugler, E. und
　　Weber, W. (Hrsg.): Handwörterbuch des Personalwesens. 2. Auflage,
　　Poeschel, Stuttgart 1992
GEFMA (Deutscher Verband für Facility Management) e. V.: GEFMA 122
　　Betriebsführung von Gebäuden, gebäudetechnischen und Außenanlagen,
　　Leistungsbild (Entwurf) (12.96)
Großhauser, M.: Baurecht - leicht gemacht, Ein Leitfaden für Architekten,
　　Ingenieure, Bauunternehmer und Bauherren. 3. aktualisierte Auflage, Haufe-
　　Verlag, Freiburg i. Br. 1993

Hartmann, R.: Die neue Honorarordnung für Architekten und Ingenieure (HOAI),
　　Handbuch des neuen Honorarrechts. Loseblatt-Ausgabe, WEKA-
　　Baufachverlag, Kissing, Stand Dezember 1995
Harzheim, J.: Ausschreibung und Durchführung von Abbruchmaßnahmen, in:
　　Ratgeber Abbruch & Recycling. Stein Verlag GmbH, Baden-Baden 1999
Heinrich L. J. und Roithmayr, F.: Wirtschaftsinformatik-Lexikon. 6. vollständig
　　überarbeitete und erweiterte Auflage, Oldenbourg Verlag, München und Wien
　　1998
Heinrich, M.: Der Baucontrollingvertrag. 2. Auflage, Werner Verlag, Düsseldorf
　　1998
Hobusch, R.: Was können Projektsteuerer leisten?, in: Der Architekt 04/1993
Hofmann, O. und Frickell, E.: Die Vergabe öffentlicher Bauleistungen. Verlag
　　Rudolf Müller, Köln 1985

Ingenstau, H. und Korbion, H.: VOB Verdingungsordnung für Bauleistungen A
　　und B: Kommentar. 14. Auflage, Werner Verlag, Düsseldorf 2000

Kalusche, W.: Der Architekt als Projektsteuerer, in: DAB 10/1996
Kalusche, W.: Generalplanung, in: Bautechnik 04/1999
Kalusche, W.: Kostenplanung beim Bau des Mietwagencenters MUC 2, in: DAB
　　05/1994
Kalusche, W.: Projektmanagement für Planer, in: DBZ 06/1999
Kalusche, W.: Vorbereitung der Planung - Aufgabe des Projektcontrolling. Bericht
　　über die Ausbauplanung eines Verkehrsflughafens, in: Bautechnik 05/1998
Kempinski AG (Hrsg.): Planungshandbuch Kempinski-Hotels. Interne Unterlage,
　　Teil A, Stand 14.05.1990
Kerski, M. und Howanietz, R.: Flughafeninbetriebnahme und
　　Inbetriebnahmeplanung für Neu- und Ausbaumaßnahmen, in: Motzel, E.
　　(Hrsg.): Projektmanagement in der Baupraxis. Ernst Verlag, Berlin 1993
Kessler, H. und Winkelhofer, G.: Projektmanagement - Leitfaden zur Steuerung
　　und Führung von Projekten. Springer Verlag, Berlin 1997
Kniffka, R.: Die Zulässigkeit rechtsbesorgender Tätigkeit durch Architekten,
　　Ingenieure und Projektsteuerer, in: ZfBR 06/1994

Knipp, B.: Rechtliche Rahmenbedingungen bei der Projektsteuerung, in: Seminar
      Rechtliche Problemstellungen am Bau, Schriftenreihe der Deutschen
      Gesellschaft für Baurecht e. V. Band 23, Bauverlag GmbH, Wiesbaden 1995
Knipp, B.: Vertragsgestaltung und Honorierung des Generalplaners, Vortrag im
      Rahmen der Informationsveranstaltung: Der Architekt als Generalplaner,
      durchgeführt von der Bayerischen Architektenkammer am 18.03.1999 in
      München
Kuchenmüller, R.: DIN 18205 - Bedarfsplanung im Bauwesen, in: DAB 08/1997

Langen, W.: Verträge mit ausführenden Unternehmen, in: Kapellmann, K. D.
      (Hrsg.): Juristisches Projektmanagement bei Entwicklung und Realisierung
      von Bauprojekten. Werner Verlag, Düsseldorf 1997
Lederer, M.: Die Wahl der Vergabeform und der Unternehmenseinsatzform, in:
      Kapellmann, K. D. (Hrsg.): Juristisches Projektmanagement bei Entwicklung
      und Realisierung von Bauprojekten. Werner Verlag, Düsseldorf 1997
Leimböck, E.: Bauwirtschaft. B. G. Teubner, Stuttgart 2000
Lippmann, B. und Krause, M.: Nachhaltige Sanierung von Plattenbauten, in:
      Lehrstuhlbericht Baubetrieb und Bauwirtschaft, Heft 7, Brandenburgische
      Technische Universität Cottbus, 2000
Litke, H.-D.: Projektmanagement - Methoden, Techniken, Verhaltensweisen. 3.
      Auflage, Carl Hauser Verlag, München 1995
Locher, H.; Koeble, W. und Frik, W.: Kommentar zur HOAI - mit einer
      Einführung in das Recht der Architekten und Ingenieure. 7. Auflage, Werner
      Verlag, Düsseldorf 1996
Locher, H.: Das private Baurecht. 6. Auflage, Verlag C. H. Beck, München 1996
Lufthansa Service GmbH: Grundlagenermittlung für den Supermarkt MUC 2,
      aufgestellt 1990

Madauss, B.: Handbuch Projektmanagement. 6. Auflage, Schäffer-Poeschel
      Verlag, Stuttgart 2000
Mantscheff, J., in: Hesse, G.; Korbion, H.; Mantscheff, J. und Vygen, K.:
      Honorarordnung für Architekten und Ingenieure - Kommentar. 5. Auflage,
      Verlag C. H. Beck, München 1996
Massow, H. von: Vorbereitung von Inbetriebsetzung von Anlagen, in: Motzel, E.
      (Hrsg.): Projektmanagement in der Baupraxis. Ernst Verlag, Berlin 1993
Möller, D.-A. und Kalusche, W.: Planungs- und Bauökonomie, Band 2:
      Grundlagen der wirtschaftlichen Bauausführung. 4. Auflage, Oldenbourg
      Verlag, München und Wien 2000
Möller, D.-A.: Planungs- und Bauökonomie, Band 1: Grundlagen der
      wirtschaftlichen Bauplanung. 4. Auflage, Oldenbourg Verlag, München und
      Wien 2001
Munke, G.: Standort- und Marktanalyse in der Immobilienwirtschaft, in: Schulte,
      K.-W. (Hrsg): Handbuch der Immobilien-Projektentwicklung. Verlag Rudolf
      Müller, Karlsruhe 1996

Naber, S.: Planung unter Berücksichtigung der Baunutzungskosten als Architektenaufgabe im Feld des Facility Management. Dissertation, Brandenburgische Technische Universität Cottbus, 2001

Neddermann, R.: Altbauerneuerung. Werner Verlag, Düsseldorf 1997

Oehmen, K.: Öffentliches Baurecht, in: Kapellmann, K. (Hrsg.): Juristisches Projektmanagement bei Entwicklung und Realisierung von Bauprojekten. Werner Verlag, Düsseldorf 1997

ohne Verfasser: Die „zweite Miete" wird immer teurer, in: Süddeutsche Zeitung Nr. 84, 11./12./13. April 1998

Patzak, G. und Rattay, G.: Projektmanagement. Verlag Linde, Wien 1996

Petzschmann, E. (Hrsg.): Demontage von Plattenbauten und partielle Wiederverwendung der Fertigteile. Lehrstuhlbericht Baubetrieb und Bauwirtschaft Heft 7, Brandenburgische Technische Universität Cottbus, 2000

Pfarr, K.: Grundlagen der Bauwirtschaft. Deutscher Consulting Verlag, Essen 1984

Pfarr, K.: Handbuch der kostenbewussten Bauplanung. Deutscher Consulting Verlag, Wuppertal 1976

Pfarr, K.: Trends, Fehlentwicklungen und Delikte in der Bauwirtschaft. Springer-Verlag, Berlin 1988

Pfeiffer, U.: Projektmanagement in Bauprojekten der öffentlichen Hand am Beispiel der Staatlichen Hochbauverwaltung in Hessen, in: Motzel, E. (Hrsg.): Projektmanagement in der Baupraxis. Ernst Verlag, Berlin 1993

Pierschke, B.: Facilities Management als ganzheitlicher Ansatz, in Schulte, K.-W. und Schäfers, W. (Hrsg.): Handbuch Corporate Real Estate Management. Verlag Rudolf Müller, Köln 1998

Quack, F.: Verträge über Projektmanagement, Projektentwicklung, Projektsteuerung, Nachtragsmanagement, baubegleitende Rechtsberatung - Neue Dienst-leistungen am Bau, in: Seminar Rechtliche Problemstellungen am Bau, Schriftenreihe der Deutschen Gesellschaft für Baurecht e. V. Band 23, Bauverlag GmbH, Wiesbaden 1999

Roller, H.: Vorbehalte gegen Sprengungen im Stadtgebiet - notwendig oder unberechtigt?, in: Ratgeber Abbruch & Recycling, Stein Verlag GmbH, Baden-Baden 1999

Rösch, W. und Volkmann, W.: Bau - Projektmanagement - Terminplanung mit System für Architekten und Ingenieure. Verlag Rudolf Müller, Köln 1994

Ruf, L.: Kostenermittlungsverfahren im Überblick, in: DAB 08/1994

Rußig, V.; Deutsch, S. und Spillner, A.: Branchenbild Bauwirtschaft. Schriftenreihe Nr. 141 des ifo-Instituts. Duncker & Humblot GmbH, Berlin 1996

Schlömilch, H.-E.: Generalplanervertrag, in: DAB 10/1992

Schnoor, C.: Projektsteuerung - Einsatz freiberuflicher Projektsteuerer in der Staatlichen Bauverwaltung, in: Die Bauverwaltung - Bauamt & Gemeindebau 04/1994

Schofer, R.: Erfolgreiche Terminsteuerung und Terminprognose durch Controlling. Vortrag zur Konferenz: Bau- und Projektcontrolling für den Auftraggeber am 23. und 24. September 1997 in Köln, veranstaltet durch Institute for International Research, Sulzbach

Schneider, H.: Outsourcing von Gebäude- und Verwaltungsdiensten. Verlag Schäfer Poeschel, Stuttgart 1996

Scholze-Volk, E. und Goecke, H.: Betriebsplanungsleistungen bei der Inbetriebnahme eines Klinikums, in: BBauBl 06/1988

Schulte, K.-W.: Handbuch ImmobilienProjektentwicklung. Verlagsgesellschaft Rudolf Müller, Köln 1996

Schütt, B.: Die Bauwirtschaft im Umbruch – Vom Bereitstellungsgewerbe zum Dienstleister. In: Steinmann, R. und Haardt, G. (Hrsg.): Die Bauwirtschaft auf dem Weg zum Dienstleister. Kosmos, Baden-Baden 1996

Seeling, R.: Projektsteuerung im Bauwesen. Verlag B. G. Teubner, Stuttgart 1996

Sellien, R. und Sellien, H. (Hrsg.): Dr. Gablers Wirtschaftslexikon. 10. neubearbeitete Auflage, Gabler, Wiesbaden 1979

Seyfried, K.-H.: Die Preistreiber - Wohnnebenkosten, in: Capital 03/1995

Sommer, H.: Projektmanagement im Hochbau. 2. Auflage, Springer Verlag, Berlin 1998

Staender, L. und Kötter R.: Gewerbeimmobilien, in: Kühne-Brüning, L. und Heuer, J. (Hrsg.): Grundlagen der Wohnungs- und Immobilienwirtschaft. Fritz Knapp Verlag, Frankfurt am Main 1994

Streich, R.; Marquardt, M. und Sanden, H. (Hrsg.): Projektmanagement - Prozesse und Praxisfelder. Schäffer-Poeschel Verlag, Stuttgart 1996

Unruh, H.-P.: Umgestaltung von Plattensiedlungen durch partielle und totale Demontage und Wiederverwertung der Fertigteile, in: Lehrstuhlbericht Baubetrieb und Bauwirtschaft, Heft 7, Brandenburgische Technische Universität Cottbus, 2000

Volkmann, W.: Bemusterungen, in: DAB 01/2001

Volkmann, W.: Projektsteuerung für Architekten, in: DAB 11/1996

Voß, R.: Instandhaltungsmanagement, in: Schulte, K.-W.: Facility Management. 2. Auflage, Verlag Rudolf Müller, Köln 2000

Weber, A.: Über den Standort der Industrien, Erster Teil: Reine Theorie der Standorte. Verlag J. C. B. Mohr, Tübingen 1909

Weindorf, F.: Erwartungen des Auftraggebers an die Projektsteuerung aus rechtlicher Sicht, in: Seminar Rechtliche Problemstellungen am Bau, Schriftenreihe der Deutschen Gesellschaft für Baurecht e. V. Band 23, Bauverlag GmbH, Wiesbaden 1995

Werner, U.; Pastor, W. und Müller, K.: Baurecht von A - Z. 6. Auflage, Verlag C. H. Beck, München 1995

Werwath, K.: Generalplaner versus Generalunternehmer (einschließlich Abdruck: „Gemeinsames Positionspapier der Architekten und Ingenieure zur Auftragsvergabe der Öffentlichen Hand"), in: Deutsches IngenieurBlatt 04/1999

Will, L.: Bauherrenaufgaben und Projektsteuerung, in: DBZ 03/1988

Will, L.: Vom Bauherrn zum Projektsteuerer, in: Bachmann, V.; Hasselmann, W.; Koopmann, M. und Will, L. (Hrsg.): Festschrift zum 60. Geburtstag von Prof. Dr. Karlheinz Pfarr. Selbstverlag, Berlin 1987

Wingsch, D.: Der Projektsteuerungsvertrag in rechtlicher Hinsicht, in: Bauwirtschaft 1984

Wischnewski, E.: Aktives Projektmanagement für das Bauwesen. Vieweg Verlag, Braunschweig 1995

Wischnewski, E.: Modernes Projektmanagement. 5. Auflage, Vieweg Verlag, Braunschweig und Wiesbaden 1996

Wöhe, G.: Einführung in die Allgemeine Betriebswirtschaftslehre. 17. Auflage, Verlag Franz Vahlen, München 1990

Woll, R.: Unbestimmte Rechtsbegriffe. Vorlesungsunterlagen zum Qualitätsmanagement, Brandenburgische Technische Universität Cottbus

Zielasek, G.: Projektmanagement. Springer Verlag, Berlin und Heidelberg 1995

Gesetze, Verordnungen und Normen

DIN 18205 Bedarfsplanung im Bauwesen (04.96)

DIN 18960 Baunutzungskosten (04.76)

DIN 18960 Nutzungskosten im Hochbau (08.99)

DIN 276 Kosten im Hochbau (06.93)

DIN 277 Grundflächen und Rauminhalte von Bauwerken im Hochbau,
    Teil 1 Begriffe, Berechnungsgrundlagen (06.87)
    Teil 2 Gliederung der Nutzflächen, Funktionsflächen und Verkehrsflächen
    (Netto-Grundfläche) (06.87)
    Teil 3 Mengen und Bezugseinheiten (07.98)

DIN 31051 Instandhaltung (01.85)

DIN 32541 Betreiben von Maschinen und vergleichbaren technischen
    Arbeitsmitteln (05.77)

DIN 32736 Gebäudemanagement, Begriffe und Leistungen (08.00)

DIN 4109 Schallschutz (11.89)

DIN 69901 Projektmanagement (12.80)

DIN 69901 Projektwirtschaft, Projektmanagement, Begriffe (08.87)

DIN EN ISO 8402 Qualitätsmanagementsysteme, Grundlagen und Begriffe
    (08.95)

DIN Taschenbuch 255 - Vorwort zur Instandhaltung Gebäudetechnik (05.92)

EN ISO 9000 Qualitätsmanagementsysteme, Grundlagen und Begriffe (12.00).
    Deutsche Fassung, Europäisches Institut für Normung, Brüssel 2000

HOAI - Text mit Amtlicher Begründung und Anmerkungen zu § 31 (09.76)

HOAI Honorarordnung für Architekten und Ingenieure (01.96)

Musterbauordnung des Bundes und der Länder

Rechtsberatungsgesetz (RBerG) (12.98), zuletzt geändert durch Gesetz zur
    Änderung des Einführungsgesetzes zur Insolvenzordnung und anderer gesetze
    vom 19. Dezember 1998 (BGBl. I S. 3836)

Verordnung über wohnungswirtschaftliche Berechnungen (Zweite
    Berechnungsverordnung - II. BV). Vierte Änderungsverordnung, Stand
    23.07.1996

Rechtsprechung

Urteil des BGH vom 09.01.1997 - VII ZR 48/96, in: NJW 1997, Heft 25, S. 1964

Urteil des BGH vom 12.10.1995 - VII ZR 195/94, in: BauR 1996, S. 138

Urteil des BGH vom 26.01.1995 - VII ZR 49/94, in: NJW-RR 1995, S. 855

Urteil des OLG München 1994, in: BauR 1994

Urteil des OLG Düsseldorf vom 16.02.1982 - 23 U 211/81, in: BauR 1982, S. 390

Urteil des OLG Düsseldorf vom 01.10.1998 - 5 U 182/98, in: BauR 1999, S. 508

Urteil des OLG Frankfurt vom 12.01.1994, in: IBR 1994, S. 465

Urteil des OLG Hamm, in: BauR 1990, S. 104

Stichwortverzeichnis

258

262